[人力资源管理实务丛书]



# 员工培训与职业生涯：实务、案例、游戏

边义霞 编著

首都经济贸易大学出版社
Capital University of Economics and Business Press
·北京·

图书在版编目(CIP)数据

员工培训与职业生涯：实务、案例、游戏／边文霞编著. -- 北京：首都经济贸易大学出版社，2021.4

ISBN 978-7-5638-3208-8

Ⅰ. ①员… Ⅱ. ①边… Ⅲ. ①人力资源管理-职工培训-教材 Ⅳ. ①F243

中国版本图书馆 CIP 数据核字(2021)第 050059 号

员工培训与职业生涯：实务、案例、游戏
边文霞 编著
YUANGONG PEIXUN YU ZHIYE SHENGYA：SHIWU ANLI YOUXI

责任编辑 刘元春
封面设计 风得信·阿东 FondesyDesign
出版发行 首都经济贸易大学出版社
地　　址 北京市朝阳区红庙（邮编 100026）
电　　话 (010)65976483 65065761 65071505(传真)
网　　址 http://www.sjmcb.com
E-mail publish@cueb.edu.cn
经　　销 全国新华书店
照　　排 北京砚祥志远激光照排技术有限公司
印　　刷 北京玺诚印务有限公司
成本尺寸 170 毫米×240 毫米 1/16
字　　数 248 千字
印　　张 13
版　　次 2021 年 4 月第 1 版 2021 年 4 月第 1 次印刷
书　　号 ISBN 978-7-5638-3208-8
定　　价 35.00 元

# 前言

最近,总是陷进一种困惑中:一时的火花灵感重要,还是厚积薄发更重要?早在2012年,我就着手本书的写作,没想到真正交稿时间是2020年,时间一晃8年过去了,不自觉地问自己:时间都去哪了?对于本书的材料积累这些年一直都在做,不仅如此,笔者还积极主持有关教育培训方面的课题研究,而且还将课题研究成果应用于教学实践中。

过去十年,笔者主持并完成的校级及以上级别课题包括:“高校教学模式变革对大学生就业能力、就业质量影响机制研究”“本科教学模式对大学生学习能力的影响机制研究”“高校教师教学能力发展对大学生创业能力培养的影响机制研究”“100分钟本科课堂教学效果与高校教师教材应用水平的关系研究”“赛教融合模式下高校HRM沙盘实训教学效果研究”“基于库伯学习圈理论HRM专业的体验式教学改革与应用研究”“财经类高校移动直播课堂教学质量评价体系研究”。本书中有的章首案例就是节选自笔者主持的课题研究报告,有的章节内容也是课题研究成果的再现。

对于教材写作内容的讨论,2006年笔者曾跟同事们做过这样的辩论——“是注重传承并沿用前辈们的经典思想,还是注重写作者个人的思想”。有着经典教材写作经验的老教师曾语重心长地教导我“这是作为本科生教学使用的基础教材,不能有你个人观点在里面,因为你的个人观点不代表这个行业内的观点”,但笔者却一直坚定地认为,教材编写者不是搬运工,否则同类型教材只需要买一本就够了。带着这样的信念,笔者与其他教师一起曾集中出版了18本教材。十年过去了,某出版社主编到访我们学院,并邀请笔者和学院其他几位教师参与后续写作计划研讨会,我们这几位教材写作者受邀理由只有一个:所编著的教材历经时间检验与证明,在没有修订版的前提下,这些年一直有高校订阅,未被市场淘汰,甚至成为某出版社重要的出版收益来源之一。

本教材与其他同类型教材有较大不同,主要体现在如下三点。

第一,目录。笔者坚信目录是教材编写者对该领域所掌握核心思想广度与理解深度的直观体现。此次前言写作与以往不同之处在于不做内容介绍,本教材的目录框架可使读者一目了然,其包含了本教材的所有理论知识点。

第二,案例。笔者精选的章首案例,主要用途在于带领读者进入该章节时,引起读者对章节内容探究的兴趣。在大家了解了整章内容后,章尾案例告诉读者这些理论知识的实践应用,进而提升读者对于本章节理论知识点的实践使用技能。

第三,沙盘规则。笔者于2009年主持校级重点课题“新教学法研究:案例沙盘游戏的制作与应用”,且自2016年以来,笔者每年都带领面向全校遴选的首都经济贸易大学代表队,参加全国人力资源知识与技能大赛,并取得优异成绩。章节内容有的来自笔者课题,有的来自大赛规则。

边文霞

2020年6月12日

# 目 录

# 第一章　培训开发：学习发展，赋能员工

## 章首案例：上接战略，下接绩效的培训开发——企业大学

1993年，摩托罗拉中国区大学成立，这是中国境内企业大学诞生的最早开端。在这一全新的企业培训理念和模式之后，跨国公司纷纷在中国建立起自己的企业大学，同时，中国本土企业建立企业大学的热情也在渐涨，企业大学在中国逐渐进入快速发展时期。如今，中国企业大学随着企业发展的逐步成熟，正在迈向另一个台阶。

上海交通大学为了深度参与产教融合、校企合作，在高等学校办学中发挥主体作用，为企业搭建一个可以增值的人才培养平台，自2011年始，上海交通大学海外教育学院发起中国企业大学最佳评比活动，并召开主题突出的中国最佳企业大学排行榜颁奖盛典（2017年"引领未来"，2018年"大学 · 无界"，2019年"思辨 · 有为"，2020年"聚力 · 共启"），发布中国最佳企业大学成熟度报告。

图1-1说明80%以上企业大学的最核心功能是人才培养。

图1-2说明企业大学价值追求最多的是人才成长和绩效贡献。

图1-3说明人才发展、领导力课程体系建设是企业大学工作重点。

图1-4说明众多的学习技术，如在线学习、场景化学习均大量应用于企业大学中，特别在培训运营的升级学习体验中，越来越注重体验，比如游戏化体验。

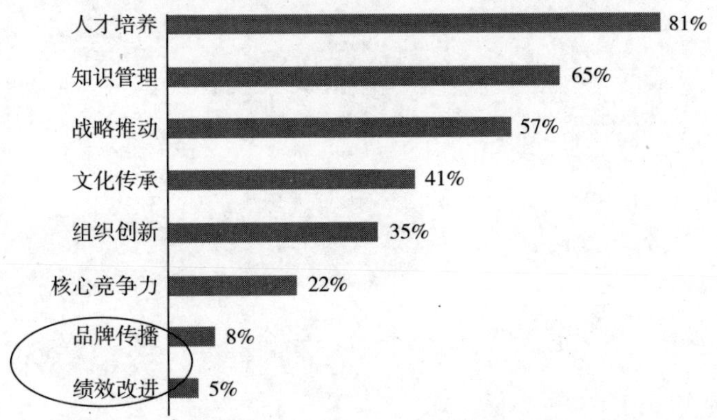


**图1-1　2017年中国最佳企业大学的功能定位图**

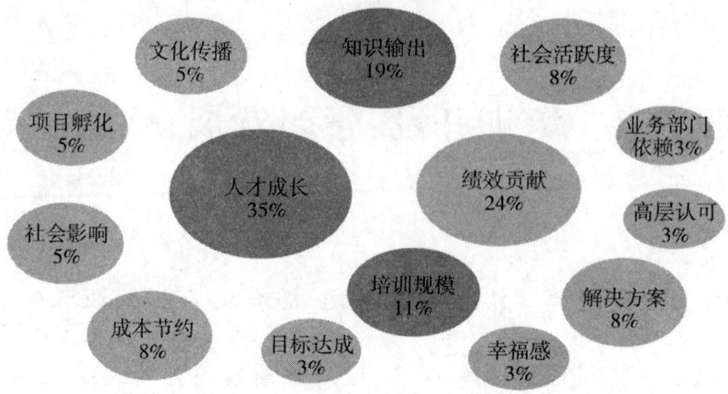


图 1-2　2017 年中国最佳企业大学的价值追求图

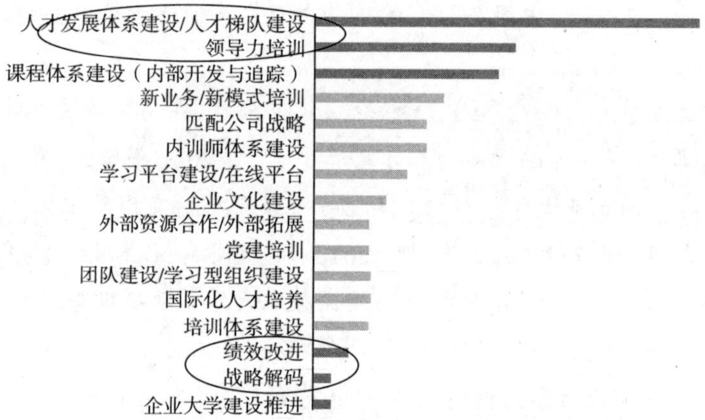


图 1-3　2017 年中国最佳企业大学的课程体系图

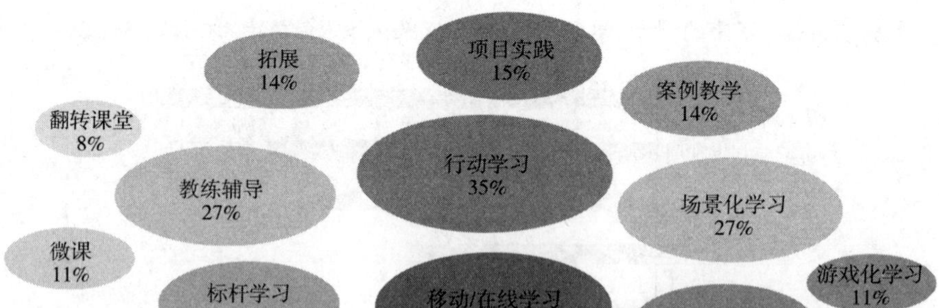


图 1-4　2017 年中国最佳企业大学的教学模式多样性图

2019 年历时三个多月征集,共 108 家单位申报,最终 88 家符合申报要求的企业大学参评,共评选出 20 家最佳企业大学。评价指标主要有“战略对接、组织协同、业务完备、知识集成、资源匹配、精益运营和价值彰显”,总分为 100 分。16 位专家评委是从业界学术专家,以及过往 7 届获最佳企业大学校长前列的企业大学校长中产生的。

2019 年,总体参评企业大学得分平均值为 79.9 分,标杆组平均值为 92.51 分,普通组平均值为 76.19 分,相差 16.32 分。最高分与最低分差值最大的为“战略对接”,相差 5.3 分,其次是“价值彰显”“组织协同”。平均分与最高分差值最大的为“战略对接”,与最低分差值最大的为“价值彰显”。七项指标中,标杆组与普通组差值最大项为“战略对接”(相差 3.15 分),其次为“组织协同”(相差 2.81 分)和“业务完备”(相差 2.58 分)。这些数据将为推动企业大学的发展提供思考和支撑。

表 1-1 为 2019 年中国最佳企业大学评价指标体系。

**表 1-1　2019 年中国最佳企业大学评价指标体系**

| 一级指标 | 内涵 | 二级指标 | 定义 |
| --- | --- | --- | --- |
| 战略对接 | 企业大学在对接战略主题、业务密联发展、推动人才成长方面表现卓越 | 规划引领 | 企业大学规划与企业战略的匹配度、清晰度和执行度 |
| | | 业务密联 | 发展规划同业务及管理改善的对接度 |
| | | 能力匹配 | 企业大学参与战略研讨及战略主题的对接能力 |
| | | 跨界整合 | 组织结构与企业组织模式的匹配度、责权界定与资源配置的完善度 |
| 组织协同 | 企业大学组织模式、管理机制、职能行使与其定位的匹配性和有效性 | 纵向一体 | 高层参与及投入企业大学的频率与深度 |
| | | 横向协同 | 与人力资源部及业务单元、职能部门的跨界协同度 |
| | | 组织有效 | 人才胜任的战略绩效、各级管理者人才培养责任、学习与职业发展的关系等机制界定明确程度,以及人才培养与管理流程的清晰度 |
| 业务完备 | 企业大学建立系统、领先、实效的人才培养工具,及其内容与方法 | 工具完备 | 人才规划、成长通道、绩效与能力模型、人才评价、人才库 |
| | | 内容契合 | 课程/项目与成长通道、模型及其评价结果、企业实践的对接 |
| | | 方法先进 | 课程/项目的培养方法与不同群体、知识/技能/能力/素质的对接 |

续表

| 一级指标 | 内涵 | 二级指标 | 定义 |
|---|---|---|---|
| 知识集成 | 企业大学推动员工知识生产、存储、分享、应用、创新，并成为人才培养最佳实践 | 知识管理 | 将组织中可得到的各种来源的信息转化为知识，并将知识与人联系起来的过程，便于知识产生、获取和重新利用 |
| | | 知识创新 | 企业大学在前瞻研究、创新管理方面的做法，即追求新发现、探索新规律、创立新学说、创造新方法、积累新知识 |
| | | 知识运营 | 企业大学在管理输出、资源整合、品牌传播方面的做法 |
| 资源匹配 | 企业大学师资队伍、实训设备、基础设施满足需求并有效利用 | 师资雄厚 | 企业大学专业工作者的胜任度、内训师队伍的实力强大 |
| | | 服务完善 | 课程/项目实训设备与基础设施使用完善，服务周到，管理有序 |
| 精益运营 | 企业大学创新形成培训精益项目，以及开发、实施的模式与做法 | 精致开发 | 在创造价值的目标下，通过改良流程不断地消除浪费，以此得到企业大学的创新培训项目 |
| | | 精细实施 | 培训项目从简单的开始做起，重复做直到成为精品培训项目 |
| | | 高效支撑 | 企业大学信息管理系统、教与学的文化发育程度 |
| 价值彰显 | 企业大学在员工和组织能力、绩效提升、学习品牌塑造等方面的价值显著 | 人才成长 | 关键人才胜任程度 |
| | | 绩效贡献 | 培训效率及满意度、标杆项目认同度 |
| | | 文化推动 | 企业大学在企业内部的影响力和吸引力 |
| | | 品牌影响 | 社会获奖、创新做法交流、推动企业大学整体发展 |

构建终身学习体系和学习型社会已成为国际社会的共识，成为世界教育发展的新目标。国家出台深化产教融合政策，鼓励企业依法参与举办职业教育、高等教育，必将推动企业大学蓬勃发展，这些政策成为人才培养的重要力量。未来企业大学发展趋势表现在以下五点。

第一，从人才培养到组织赋能。当下企业大学已超越组织人才培养的单一功能，逐渐转变为整个组织发展的赋能者。

第二，从内向型服务到生态型服务。企业大学已从内向型服务向生态型服务延伸，为供应链企业（代理商、客户等）提供培训，深度融入产业链，企业大学立足企业，解决企业"痛点"并满足企业需求。

第三,从成本中心到价值中心。中国企业大学由需求服务的提供者逐步聚焦业务价值,转变为企业创新的驱动者;服务内容由战略对接向组织变革推动延伸;地位从跟随者变为引领者,力求成为组织变革和创新发展的赋能者。

第四,从学习地图到成长地图。企业大学的人才培养模式已由构建学习地图向打造成长地图转变;由员工工作能力的培养向幸福能力培养转化;激活企业人才的成长动力,激发企业人才发展的自驱力,打造幸福组织。

第五,从传统管理到游戏化思维。调查研究中的企业大学已经开始脱离传统培训管理,开始完善激励机制,重点培训项目与员工的晋升、加薪、发展机会联动;建立学分制和积分制体系,积分可用于商城的礼品兑换;建立以认证培养体系为主的组织基础能力培养方式。在培训中加入趣味性学习体验设计,游戏化思维,让学员测评学习更加轻松有趣;竞赛制模式,持续时间更长,影响范围更广。

三种提高素质水平的方法有学习、教育、培训。在未能进入工作岗位之前,所接受的培训不能算作培训,而是教育。而进入工作岗位后,几乎所有的公司都会把学习能力作为公司的核心竞争力之一,特别是认为培训总会给企业带来回报,为员工带来福祉。

其实,这是一个很大的误区。培训并非万能,在输入创新理念、进行技术与技能创新、某一专业问题的全面解决方面它可能游刃有余,但对于超越这些层面的培训,其作用应该谨慎对待。如果某员工在连续不断接受培训后,工作绩效仍没有改善或者改善微乎其微,他就会对培训活动失去兴趣,产生厌倦情绪和冷漠态度(“习得性无助”的症状)。员工从原来的渴望培训转变成现在的排斥培训,原因何在?其主要是因为“培训过度,学习不足”。

有效的培训在启动之前应该明确以下几个问题:①培训需要解决的是什么方面的问题,②培训对象和培训内容,③选择何种类型的培训方式,④培训的可行性与可操作性等问题。只有这些问题均考虑清楚之后,参加培训的作用才能真正凸显出来。

## 第一节 培训开发的概念与实质

1967 年,美国学者伦纳德·纳德勒(Leonard Nadler)首次提出人力资源开发(human resource development,HRD)这一术语,并将培训和其他人力资源开发活动进行有效区分,使得该术语被学术界广泛接受。他认为 HRD 是雇主所提供的有组织的学习经验,在某一特定时间内,产生组织绩效与个人成长的可能性。其活动领域包括：①培训，重点放在学员现在所做的工作上；②教育，重点放在学员将来要做的工作上；③发展，不注重所做的某一项工作。

在当代，培训已经成为广义教育范畴的一个重要概念。"培训"一词已经由最初强调技能的训练，转变为一种个体为了满足社会或者自身需要，提高个人知识、技能，以及转变职业态度和职业行为方式的一种学习、培养活动。

## 一、培训与教育的比较

培训与教育之间的区别在于所授知识范围的不同，教育涉及个人成长和发展中的一系列问题，包括学科知识、道德品质、价值观、法律，以及能力等诸多方面；而培训的范围则较为狭窄，注重某一门专项的、与工作有关的技术或品格。总之，教育是培养生产力，而培训是使现有生产力保值、增值。

"未来唯一持久的优势是，比你的竞争对手学习得更快。"这是美国管理大师彼得·圣吉对企业领导人的忠言。人力资本需要培训才能增值，离开了培训人力资本只能是不断折旧、贬值。不仅普通员工是如此，企业的管理者更是这样。如果说教育（学校教育）是劳动者成为人力资源的基础条件，那么培训（职业培训）无疑是劳动者把所学的"软性"知识硬化为市场能力的关键。

企业大学将传统企业教育特征与现代企业培训特征有机地结合在一起，具体而言，传统企业教育特征与现代企业培训特征间的区别参见表1-2。

**表1-2 传统企业教育与现代企业培训的比较**

| 区别特征名称 | 传统企业教育 | 现代企业培训 |
|---|---|---|
| 教学效能 | 寄希望一次培训解决所有问题，包括未来可能遇到的问题 | 通过有针对性的训练提高某项能力，找到解决问题的答案 |
| 教学方法 | 面授法：依靠雄厚的外部师资力量 | 混合教学：强调学员自主性学习，导师针对性地进行理论与实践辅导 |
| 对待培训的意识 | 为跟上社会发展被动进行 | 有计划的培训成为企业发展战略 |
| 规范程度 | 随意性较大 | 程序化、标准化 |
| 教材 | 讲究系统性、条理性，修订时间长 | 活页、实用、求新，调整速度快 |
| 培训计划编制者 | 教育培训部门 | 直接用人部门 |
| 培训内容 | 以技术、业务为主 | 以开发人的潜能为主 |
| 培训目标 | 目标可追溯性不强，培训效果不明 | 培训目的性强，培训效果有效 |
| 组织方法 | 追求培训的理论高度，以理论为重点，内容求全，往往重叠分散 | 注重培训深度和实践性，培训需求明确 |

## 二、培训与开发的比较

尽管培训与开发这两个术语在一些场合可以混用,但实际上两者是有区别的。人员培训是根据组织和个人在某一时期的发展和工作需要,运用现代培训技术和手段,提高员工绩效和增强组织竞争力的过程;而人员开发则指为员工未来发展而开发的正规教育、在职实践、人际互动,以及个性和能力的测评等活动。两者的异同比较参见表1-3。

**表1-3　培训与开发的比较**

| 异同点 | | 培训 | 开发 |
|---|---|---|---|
| 不同点 | 关注焦点 | 目前工作 | 未来工作 |
| | 需求侧重点 | 基于外在需求的培训,更新知识技能等 | 基于员工内在需求的培训,挖掘员工潜力 |
| | 自愿性 | 强制要求 | 自愿参加 |
| 相同点 | 对象 | 员工个体 | |
| | 核心活动 | 学习 | |
| | 目的 | 培训和开发均是员工个体的一种学习过程,由组织规划,目的是把所学内容与所期望的相关工作目标联系起来,促使企业与个人的共同发展 | |

资料来源:王淑珍,王铜安. 现代人力资源培训与开发[M]. 北京:清华大学出版社,2010:4.

1979年诺贝尔奖获得者西奥多·W. 舒尔茨(Thodore W. Schults)是公认的人力资本理论的构建者。1960年,他在美国经济协会的年会上以会长的身份作了题为《人力资本投资》的演说,阐述了许多无法用传统经济理论解释的经济增长问题,明确提出人力资本是当今时代促进国民经济增长的主要动力,认为"人口质量和知识投资在很大程度上决定了人类未来的前景",而组织培训就是这种投资中重要的一种形式。

培训实质上是一种系统化的智力投资。企业投入人力、物力对员工进行培训,员工素质提高,人力资本升值,公司业绩改善,获得投资收益,它区别于其他投资活动主要在于它的系统性,企业的员工培训是一个由多种培训要素组成的系统。它包括了培训主体、培训客体、培训媒介,包括了培训的计划子系统、组织子系统、实施子系统、评估子系统,它还包括了需求分析过程、确立目标过程、订立标准过程、培训实施过程、信息反馈过程、效果评价过程等。

## 第二节　培训开发的作用

### 一、导入和定向

导入和定向即引导新进员工进入组织,熟悉和了解工作职责、工作环境和工作条件,并适应企业外部环境的发展变化。

企业的发展是内外因共同作用的结果。一方面,企业要充分利用外部环境所给予的各种机会和条件,抓住时机努力发展;另一方面,企业也要通过自身的变革去适应外部环境的变化。企业作为一种动态系统,作为企业主体的人也应当是动态的,即企业必须不断培训员工,才能让他们跟上时代,满足技术及经济发展的需要。

### 二、员工个体素质与组织绩效提升

培训的最终目的可以归结为一条:即通过提高员工工作绩效而提高企业效率,促进企业员工个人全面发展与企业可持续发展。员工通过培训,可在工作中降低因失误造成的损失。同时,员工通过培训可获得新方法、新技术、新规则,能够提高员工的技能,使其工作质量和工作效率不断提高,从而提高企业效益。

现代企业对人力资源总体素质提出了新的要求,要求人力资源具有竞争性、学习性、创新性、团队精神等特征。从个体来说,员工要满足现代企业人力资源的要求,必须参加培训接受继续教育。企业员工通过科学合理的培训在知识、技能、效果和态度四个方面得到提高,以提高员工适应性,为其进一步发展和担负更大的职责创造条件,从而满足员工自我成长的需要,增加员工价值。

### 三、职业素养的培育

员工通过培训,知识和技能都得到提高,这仅仅是培训的目的之一。培训的另一个重要目的是使具有不同价值观、信念,不同工作作风及习惯的人,按照时代及企业经营要求,接受文化养成教育,以便形成统一、和谐的工作集体,使劳动生产率得到提高,员工的工作及生活质量得到改善。

### 四、高层领导素质改善与提升

通过培训高层次管理人员的思想素质和管理水平,使之更新观念、改善知识结构,从而满足组织变革和发展的需要。

可以培训为企业经营管理带来以下好处:①可以减少事故发生,②可以改善工作质量,③可以提高员工整体素质,④可以降低损耗,⑤可以提高研制开发新产品的能力,⑥可以改进管理内容。

## 第三节　培训开发的分类

由于培训开发与企业战略目标间的关系越来越密切,培训与开发间的边界变得越来越模糊,因此,本书以"培训"的概念来代表传统意义上的"培训与开发"。

培训的种类较多,依据不同的划分标准,可将培训分为以下几类。

### 一、按受训者与工作岗位的关系划分

按受训者与工作岗位的关系,可以将培训划分为新员工入职培训、在岗培训、脱产培训。

#### (一)新员工入职培训

新员工入职培训又称岗前培训、职前培训、入职培训、入司教育等,主要是对每一个初入公司的新员工介绍公司历史、基本工作流程、行为规范、组织结构、人员结构和同事关系等内容,目的是为了使员工尽快融入这个团队。这种培训一般由人事主管和部门主管进行,除了对工作环境的介绍和人员结构的介绍之外,最重要的是对企业文化的介绍,包括企业的经营理念、企业的发展历程和目标。

要适应新的工作职位,新员工必须调整那些原有的且不适应新环境的行为、观念、价值观等,这一调整过程就是新员工入职培训,其实质是员工社会化的一种形式,即新员工从圈外人到圈内人转变的过程。

#### (二)在岗培训

在岗培训是指员工在正常工作环境中所进行的培训,这是最普遍的培训,大多数员工都接受过或多或少的这种培训或辅导。在岗培训形式有结构化培训(指定的培训师实施)、一对一指导(员工之间或员工与主管之间的非正式培训方式)。

#### (三)脱产培训

脱产培训指受训者在一定时间内脱离工作岗位,到专门培训机构或学校集中学习。与在岗培训不同,这种学习有充足的时间保证,因而学习内容比较有系统性。脱产培训按受训者是否完全脱离工作岗位到专门机构学习,又分为全脱产培训与半脱产培训。半脱产培训既要占用受训者一定的业余时间,同时又占用其一定的工作时间,员工要同时兼顾工作与学习,如 MBA、MPA、DBA 的学习即为半脱

产培训。

## 二、按培训对象划分

按培训对象,可以将培训划分为操作人员培训和管理人员培训。

### (一)操作人员培训

操作人员培训又称一线人员的培训、工人培训。培训目的是培养员工有积极的工作心态,掌握工作方法,提高劳动生产率。培训主要内容有:保持良好工作心态的途径、工作安全事故的防范、企业文化和团队建设、新设备操作方法、人际关系技能等。操作人员培训重在实用性。

### (二)管理人员培训

管理人员培训可分为基层管理人员的培训、中层管理人员的培训,以及高层管理人员的培训。管理者的职责是变化的和复杂的,管理者需要特定的技能来履行其职责。

1955年,罗伯特·卡茨(Robert Katz)在美国哈佛《商业评论》发表了《高效管理者的三大技能》一文,这是作者针对当时美国企业界涌起的一股寻找"理想经理人"的狂热而撰写的个人著作。罗伯特·卡茨认为,有效的管理者应当具备三种基本技能:技术性(technical)技能、人际性(human)技能和概念性(conceptual)技能。

(1)技术技能——使用某一专业领域内有关的工作程序、技术和知识来完成组织任务的能力。如工程师、会计、技术员等。技术技能强调内行领导。

(2)人际技能——与处理人际关系有关的技能。如人际交往等。

(3)概念技能——能够洞察企业与环境相互影响的复杂性,并在此基础上加以分析、判断、抽象、概括,并迅速做出决断的能力。具体包括:系统性、整体性能力,识别能力,创新能力,抽象思维能力。

三种技能在不同管理层次中的要求不同,技术技能由低层向高层重要性逐渐递减;概念技能由低层向高层重要性逐步增加;人际关系技能对不同的管理层的重要程度区别不十分明显,但比较而言高层要比低层相对重要一些。一个成功的管理者,肯定具有良好的人际关系。

卡茨认为基层管理者三项技能培训内容比例为"技术技能∶人际技能∶概念技能=50∶38∶12";中层管理者三项技能培训内容比例为"技术技能∶人际技能∶概念技能=35∶42∶23";高层管理者三项技能培训内容比例为"技术技能∶人际技能∶概念技能=18∶43∶39"。

## 三、按学习成果独占性划分

按照企业对培训开发的学习成果是否具有独占性，可以将培训划分为通用培训和专门培训。

### （一）通用培训

培训开发所获得的技能对多个企业同样有用，具有外部经济性。如一般管理类课程：听说读写的技巧、项目管理等；职业技能类课程：工程师、会计师等。

### （二）专门培训

培训开发所获得的技能只能对提供培训的组织有用，不具有外部经济性。如企业文化类课程，新员工培训、产品知识等；企业经营哲学和战略开发类课程；特种职业类课程，如宇航员培训、导弹发射员培训等。

## 四、按培训性质划分

我国著名的人才学家王通讯按培训性质，将培训划分为知识培训、技能培训、思维培训、观念培训和心理培训。

### （一）知识培训

知识培训的主要任务是对参训者所拥有的知识进行更新。现代社会的主要特征是知识的爆炸与知识的老化几乎同步进行。人才是知识的载体。身处现代社会环境之中，知识的老化与知识的更新在同一个人头脑中循环交替，当知识更新速度大于老化速度时，人才就保持了其竞争的优势；当老化的速度超过更新的速度时，人才就逐渐落伍于时代，被后来者赶上。"终身教育"思想已被现代社会普遍认同。

### （二）技能培训

技能培训的主要任务是对参训者所具有的能力加以补充。随着社会的进步，每个岗位都会有新的能力要求。此外，现代产业结构的不断调整，使诸多旧行业消失、新行业兴起，必然要进行大量的转岗培训。新的形势对技能培训提出了许多新要求，这些要求包括质与量两个方面。联合国教科文组织有一个说法，未来世界有三张绿卡：文化素质、专业才能和创业本领。这里说的创业本领，是一种把知识内化的能力。因此，以胜任岗位工作的能力为基础的培训越来越得到人们的欢迎。这种能力不是指简单的技能，而是对人的综合能力的一种表述。

### （三）思维培训

思维培训的主要任务是使参训者固有的思维定式得以创新。所谓"人才"，就是能够进行创造性思维的人。如果培训仅仅是灌输知识、传授技能，就只能培训人的一种“重现”能力，而不是一种可以重新“整合”的创新能力。近年来，一类被称为“创造性思维训练”的培训项目在我国火热兴起。通过训练，参训者向自己原有的思维定式提出挑战，学会以一种崭新的视角看问题。人的思维定式往往是自己造成的，改变思维定式要战胜自己，那必然会是很困难的。现代思维培训使获得创新思维成为现代人的一种新的追求，从而使社会科学与自然科学的发展更加日新月异。

### （四）观念培训

观念培训的主要任务是使参训者持有的与外界环境不相适应的观念得到改变。如果我们的观念是落后的，则我们的行动也必然是落后的。对个体来说，观念是一种生活沉淀下来的惯性，落后的观念则是由于遵循长期的社会惯性形成的。试想，同处一个地球，同在一个时代，为什么我们与发达国家人们之间会对同一个事物有那么多的不同观念？又比如，面对同一个难题，有人认为是灾难，赶快跑了；但有人认为是机遇，积极地面对了，结果他成功了。观念培训就是要认真地引导参训者实现观念的转变，以适应社会环境的急剧变化。

### （五）心理培训

心理培训的主要任务是开发参训者的潜能，其主要目的是通过心理的调整，引导他们利用自己的显能去开发自己的潜能。潜能开发培训就是希望能用人的20%的显能，去开发那些未知的、看不见的却是大量的潜在能力。此外，现代社会中人际的沟通与合作成为现代人关注的焦点。世界发展越快，竞争越激烈，人的心理压力越大，心理调整自然形成了一种广泛的需求，心理培训也越来越受人们欢迎。

## 第四节　智能时代下的培训开发新趋势

1999年“互联网”概念的提出，标志着智能时代的到来。互联网的本质是开放、共享，其创造了一个全新的虚拟开放空间，该空间可以实现资源的快速更新，进入一种“自组织—超循环”状态。人们正在依靠集体的智慧不断创造一种新的学习模式，即人机学习系统模式——在不断发展的云端和终端支撑下，把人类智慧联结起来，赋予学习者更强的创造性学习能力。

智能化的前提是云计算、大数据、网络基础的建设和普及等，智能化可以简单比喻成每一个产品和服务都是为每一个个体提供单独服务的，因此，智能化的基础是用户需求个性化,未来很难用一个通用的标准产品或服务满足全部用户。

因此,智能时代下的培训者由"知识传播者"向"知识生产者"转变;培训内容由"承袭式"向"创新式"转变;培训模式由"线下培训"向"线上线下(O2O)"方式转变。

## 一、培训开发理念的变化①

### (一)更加注重速度

现代培训开发不仅重视培训开发的内容,而且更加注重培训开发的效率。其主要表现:一是不断地增加学习能力的训练课程;二是在培训开发中改变传统的方式方法,更多地采用互动式教学、模拟训练、案例教学等,其目的是努力创造能使学员更快、更有效地掌握知识与技能的环境和条件。

### (二)从"以工作为中心"到"以人为中心"

传统培训开发是以工作为导向的,培训过程就像机械化地生产产品一样,即:输入毛坯—机械加工—输出产品。这种培训的优点是标准化、效率高,但其缺点是缺乏激励性、能动性和灵活性,很难开发人的潜能。未来的培训开发,企业将更重视员工的潜能开发和个人价值的提升。企业为了留住人才和提高人才的竞争力,不断在开发人才自身潜力上下功夫。因此,培训开发不仅要满足工作的需要,也要以人为本,注重人的潜能开发。近年来,许多企业在员工培训开发中贯彻以人为本的中心思想,采取了许多积极的尝试,如实行个人设计培训计划,提倡参与式培训、职业生涯设计和终生教育以及开展丰富人生的培训活动等,都是这种趋势的表现。

### (三)从注重"投资"到注重"效益"

自美国经济学家舒尔茨1960年提出著名的"人力资本"学说以来,企业逐渐将培训开发的消费观念转变为投资的理念。人力资本的理念使得企业在培训开发上的投资不断增加。既然是投资企业就要考虑收益,就要运用经济投资的模式、方法规划和运作培训开发资源。20世纪90年代以来,信息技术快速发展,知识经济初见端倪。人们越来越重视培训投资的效益问题,很多企业根据经济准则建立了培训开发政策与体系,尝试对培训开发投资进行成本核算和效益评估。一些企业为了提高培训的有效性,培训开发前要做好培训开发需求分析,激励员工学习的主动性和积极性,提高他们的学习效率,采用科学、灵活的培训开发方法,促进员工思

① 陈胜军. 培训与开发[M]. 北京:中国市场出版社,2010:24.

想和行为得到有效的改变。一些企业将培训开发评估作为培训开发工作的重要组成部分,通过制定培训评价标准、选择评价方法,进行评估和反馈,为有效应用培训成果、改进和完善以后的培训工作、提高培训效益提供了重要依据。

### (四)从"福利"到"竞争之本"

以前,许多企业的员工将培训开发作为一种福利或待遇。但是,在快速变化和激烈竞争的时代,企业的竞争就是人才的竞争,人才竞争力的强弱主要取决于人力资本的增值和人才资源的有效运作,而人力资本增值的主要手段是培训开发。研究表明,对培训开发的投资与生产率的提高密切相关。许多国外企业将其工资总额的3%~5%投资于培训开发。因此,现代培训开发已经成为企业提升竞争力的一把"利器"。比如,许多企业加大员工培训开发的投资力度,提高员工素质;有的企业将提供培训开发机会作为企业留住人才的重要举措;一些优秀企业的培训开发系统可以有效帮助企业的资产升值;某些企业的培训课程已经能够成为拳头产品或服务进行销售;等等。

## 二、培训开发部门地位与职能的变化

### (一)培训开发任务越来越重

相关数据表明,20世纪90年代末,知识型工人已占劳动力的1/3,超过了产业工人,成为最大的工作群体。这样,在更多的人转入知识型工人队伍时,需要受到更多、更复杂的培训开发。据《美国新闻与世界报道》预测,在今后50年里,企业将会在更大程度上投资培训和职业训练。从这一角度看,培训部门的任务会日益加重。

### (二)培训开发部门的战略地位提高

21世纪的企业将面临越来越多的变化与挑战,企业的经营目标和手段必须不断进行战略性调整。由于企业经营战略在很大程度上影响着培训需求、培训类型、培训数量,以及培训所需资源的配置,因此培训职能也必然会受到企业经营环境和经营战略变化的强烈影响。为了适应企业的战略变化,帮助企业赢得竞争优势和实现经营目标,培训部门从职能构建、工作方式和工作内容上,形成以企业经营战略为中心的管理模式。比如,培训部门参与领导层战略的制定,将培训计划纳入企业发展战略规划之中,根据战略变化调整培训开发策略和活动等。培训开发部门成为企业的战略伙伴。

### (三)培训开发角色的拓展

随着企业经营战略的变化,培训部门的角色和作用也在变化。比如,在周围环境变化缓慢时,企业能够预测员工掌握的知识和技能,培训部门的角色主要是向员工传授特定的知识和技能。然而,当面对环境快速变化和竞争挑战时,企业很难预测未来将遇到什么问题。这时,培训要密切关注周围环境和企业战略变化,预测由此而产生的培训需求变化,并将培训活动与业务需要结合起来。这时,培训部门更多地扮演着观察者、预测者和连接者的角色。

再有,随着智能时代的到来,人们相信赢得竞争优势的关键在于开发和利用智力资本。然而,智力资本开发与利用不仅在于传授知识和技能,其更深层次的价值在于培养企业内员工的系统理解能力和创新能力。也就是说,只有让员工了解企业的整个生产和服务过程及各部门之间的关系,才能够激励他们提供高质量的创新产品和服务。为了达到这一目标,企业的培训部门必须建立一种能够促进知识创造和知识共享的机制,对智力资本进行管理。

为此,许多企业中出现一批头衔为"知识主管""学习主管""智力资本主管"等的高级管理人员,他们主要负责使企业智力资本升值。他们收集、挑选有价值的知识并将其传递给员工。企业通过内部的知识交流,不断地将员工的智力资本转化为企业的共享资产,使企业成为一个能够适应环境变化、不断提高竞争能力的学习型企业,培训部门的工作也日益受到重视。

## 三、培训开发内容的变化

### (一)热点变化频繁

从行业发展上,有关对从事某行业的资格要求不断提高,满足各种职业和职业资格要求的培训不断出现。从专业发展上,专业分工细化的趋势使得各类新的专业培训层出不穷。

### (二)由"基层培训"向"领导层培训"扩展

企业的培训开发不可以仅局限于员工的培训,还要对老板和高层管理人员进行培训开发,因为需要提升的不只是基层员工,作为管理人员也要适应不断发展变化的企业环境,要为适应企业发展的需要而不断充电。

### (三)由"补缺型"向"挖潜型"转变

按照"由表及里,由浅入深"的规律,培训内容可以分为不同的层次:知识学习—技能培训—态度养成—潜能开发。

受传统思维方式的影响,培训遵循的一直是"缺什么、补什么"的原则,大多数企业的培训内容,着眼于从业者的"应知""应会",以及操作技能掌握、基本知识应用、解决具体问题能力等方面的"补缺"培训。

随着智能时代个性化需求的挑战和日益激烈的市场竞争，培训仅为“补缺”是远远不够的，应把挖掘潜力作为培训的重点，把思维变革、观念更新、潜能开发纳入培训的内容，使各行业的从业人员能够从培训中真正学会思考、学会创新，实现个人潜能的有效释放。

## 四、培训队伍专业化与培训方法的变化

培训开发管理逐渐成为一类专业化的力量，专业人员队伍也逐渐形成。有些企业开始对培训开发人员使用专业称谓。目前，对于培训开发专业人员的称谓有多种，如培训经理、培训主管、培训工程师、培训师等。

从广义角度来看，培训开发方法包括知识能力培训开发的一切手段，如集体授课、实习体验、工作轮换、自我开发等。20 世纪 50 年代以后，在美国等一些工业发达国家中，为了满足现代管理培训的需要，出现了许多新的培训开发方法，如个案研究、经营演习、敏感性训练、管理风格训练、问题分析与决策方法培训等。

同传统讲授法或实习法等比较，这些新方法有如下优点。

第一，新方法汲取了参与式教学的思想，通过讨论、思考和体验，将学员从被动学习者转化为主动学习者，激发了员工的学习动机，增强了他们在实践中运用学习成果的意愿。

第二，除了个人开发外，新的方法更注重企业目标和集体开发、集体训练，立足于全体人员建立变革的意愿，并逐步、有计划地进行全员培训，从而增强和保持了培训效果；同时，新方法有助于克服个人培训开发后的“回归倾向”问题，即培训后回到旧的集体中，又恢复了原来的作风和习惯。

第三，新方法强调体验式教学，对员工更具有启发性和激励性，更适用于员工的潜能开发，为员工开发向深层次发展提供了更有效的工具。

第四，移动互联网时代，线上自主学习蔚然成风。原本培训需要讲师一场一场地讲授，学习者需要用专门的时间来参加学习，现在随着各种学习技术和应用的发展，把传统的线下课程，碎片化、结构化成各式各样的线上课程，企业通过搭载线上学习平台，员工可以通过线上学习平台进行自主学习或完成组织要求的学习任务。

总之，现代企业培训新趋势如下：①以国际化培训应对人才竞争的白热化；②以信息化技术带动企业培训的现代化；③以市场化招标推进委托培训的节俭化；④以制度化管理促进企业培训的规范化；⑤以模块化培训引领企业培训的多元化；⑥以职业化要求实现培训师素质的标准化；⑦以教练化促进培训的理论与实践一体化；⑧以协作化推动同行业专业培训的深入化；⑨以最优化获取培训产业链特有的效能化；⑩以人本化培训促进创建卓越的企业文化。

## 第五节 培训开发的工作程序

由于人才的培训体系、培训模式与方法还没有完全形成最佳实践,因此,绝大多数国内企业的培训实际效果并不理想。培训经理常常反思如下问题。

第一,为了培养人才,我们做了很多培训,可为什么钱花了却没有效果呢?

第二,员工经常抱怨公司培训少,可安排了培训,他们为什么又不愿意参加呢?

第三,培训做了不少,当时的考试成绩也不错,可为什么实际工作没有改善呢?

第四,领导经常抱怨:HR 培养人才太慢了,我们部门缺人,你们难道不知道吗?

……

从图 1-5 中得知,"培训运作不规范"是企业培训管理中常见的认识与操作误区之一。规范化、标准化的培训流程,参见图 1-6。

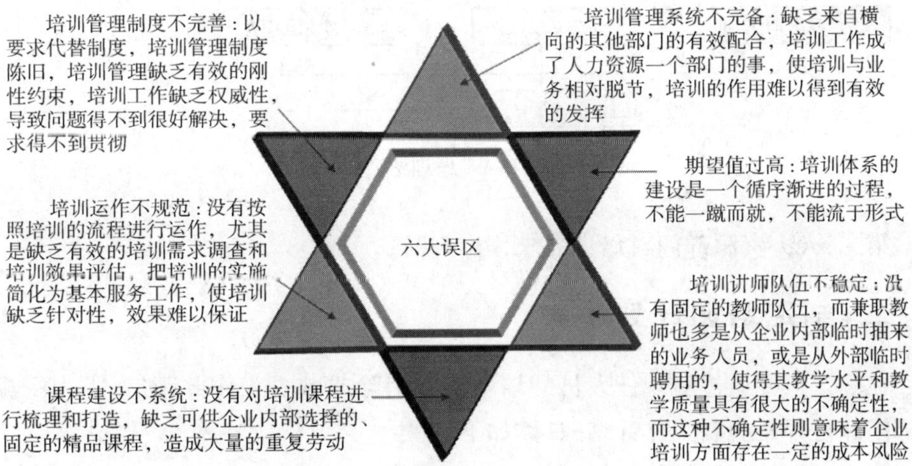


**图 1-5 企业构建培训体系中常见误区**

### 一、培训需求分析

培训需求分析的目的是确定是否需要培训,需要培训哪方面内容。需求分析一般包括以下两个步骤。

第一,人力资源管理部门根据企业的战略规划,参考各部门所报计划,分析企业需求与现实的差距,提出培训需求意向。

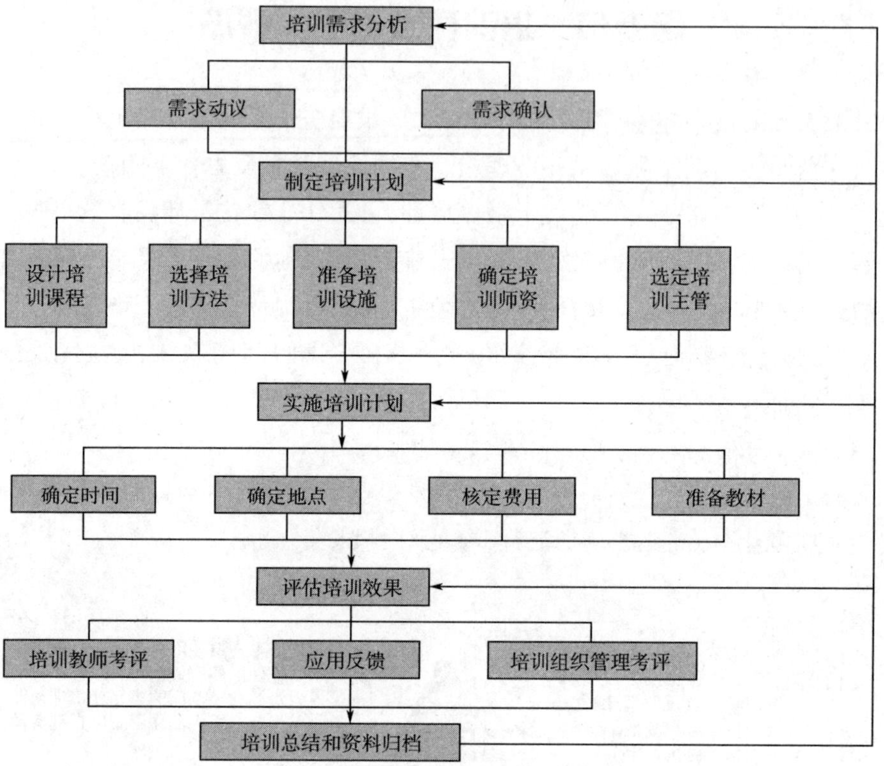


**图 1-6　培训流程**

第二，人力资源部门对培训需求作出判断。

## 二、制定培训计划

在确认只要通过对现任人员的培训就可消除或减少工作差距后，人力资源管理部门即可开始编制工作计划，具体如下。

(1)根据培训需求分析确定培训内容，包括培训课程设计。

(2)确定培训时间。

(3)选择合适的培训方法。

(4)确定受训人员，要考虑时间安排、培训成本等因素。

(5)培训师的筛选与确定。

(6)培训费用的预算。

## 三、实施培训计划

在企业培训组织管理部门或相关岗位人员的组织下，由培训教师实施培训，并由该培训项目的组织管理负责人组织考核,此外要注意以下几点。

(1)培训时间、培训地点及培训环境的确定和安排。

(2)对受训人员进行考核。

(3)对受训人员进行奖惩。

### 四、评估培训效果

评估培训效果是组织管理中对培训修正、完善和提高的必要手段,更是企业组织与管理中必不可少的一个环节,具体如下。

(1)培训教师的考评,采用问卷的形式,不记名填写。

(2)培训组织管理的考评。

(3)延时反馈(又叫应用反馈),即在培训后,受训人员到工作岗位上工作一段时间后,对其受训作用进行考查。

(4)培训总结和资料归档。

培训组织管理责任人要对培训项目进行善后处理与总结,这样可以为今后增强培训效果提供依据。同时,责任人要将培训的相关资料编辑归档。

## 第六节　中国企业培训现状分析①

我国的企业培训还处于成长期。培训市场的规范性还未得到完全认可,除了一线城市正在向理性化培训转型,我国二、三线之后的城市大部分还是在盲目跟风做培训。培训机构的发展逐渐完善,开始出现咨询公司,整体的企业培训流程和内容也渐趋完善,最终都向大型管理咨询公司发展。随着近几年的互联网技术的成熟,传统的咨询公司也逐渐向信息化路线转型,致力为企业培训提高效率并降低实施成本。其他各大品牌的培训平台也越来越多。

数据显示,到目前为止,全国已有大约 3 万家培训机构,规模较大的有 2 550 家(如图 1-7 所示)。

不同培训机构价格差异较大,目前,我国企业培训机构市场主要分为基层班、中管班、高管班、总裁班,以及培训师培训班。主要价格如表 1-4 所示。

---

① 中国产业信息网 www. chyxx. com,《培训是企业发展的需要,六张图表看懂 2018 年中国企业培训市场现状》,2019 年 10 月 8 日(图与表均来自智研咨询发布的《2019—2025 年中国企业培训行业市场供需预测及发展前景预测报告》)。

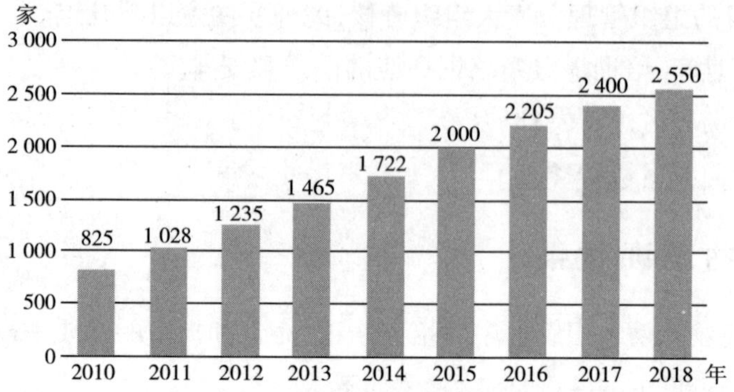


**图 1-7　2010—2018 年中国规模较大企业培训机构数量**

**表 1-4　企业各类培训班市场价格情况**

| 培训班级别 | 价格(万/场) |
|---|---|
| 基层班 | 1~3 |
| 中管班 | 3~5 |
| 高管班 | 5~8 |
| 总裁班 | 2~3 |
| 培训师培训班 | 0.1~1 |

从行业容量来看，2018 年我国企业培训行业市场规模约 1 762 亿元人民币，同比 2017 年的 1 585 亿元人民币增长了 11.17%，2010—2018 年我国企业培训行业市场规模情况如图 1-8 所示。

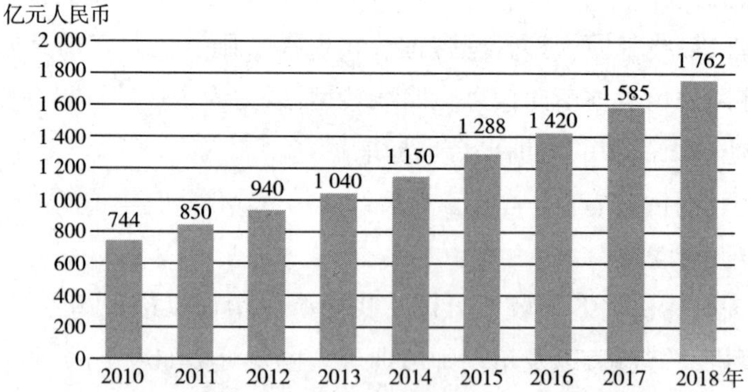


**图 1-8　2010—2018 年中国企业培训行业市场规模**

企业培训市场竞争激烈，发达国家的企业培训品牌商主要集中在产品的开发、设计、品牌经营。国内企业培训存在以下问题。首先，国内企业培训行业专业化程度较低，技术研发水平普遍不高，企业培训市场产品同质化严重；其次，国内企业培训市场激烈的竞争集中于为数众多的小规模厂家之间的低层次竞争，但是对于行业内的优秀企业来说，竞争既是挑战又是机遇，通过激烈的竞争淘汰一些企业，可使整个行业进行整合，建立良好的市场竞争秩序。如果企业不能提高研发能力和市场营销能力，不能利用先进技术，企业将陷入缺乏竞争力的困境，从而加大了企业经营的风险。

图 1-9 为 2018 年中国企业培训行业市场规模集中度。

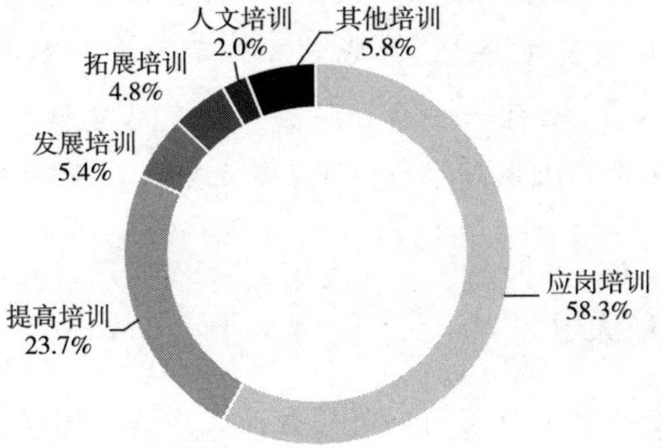


**图 1-9　2018 年中国企业培训行业市场规模集中度**

企业培训的变革和发展都是企业人才战略的需要，是企业发展的需要，没有一种固定的培训模式可完全适用于在变化环境中发展的企业。培训中心或企业大学是企业培训的重要载体和平台，它们来源于企业，植根于企业，所以培训中心或企业大学要时刻同企业的发展战略协同，同时不断满足企业战略要求，创新培训模式，以适应培训发展新趋势。根据相关预测，2025 年中国企业培训行业市场规模有望增至 3 948 亿元人民币，行业前景广阔，如图 1-10 所示。

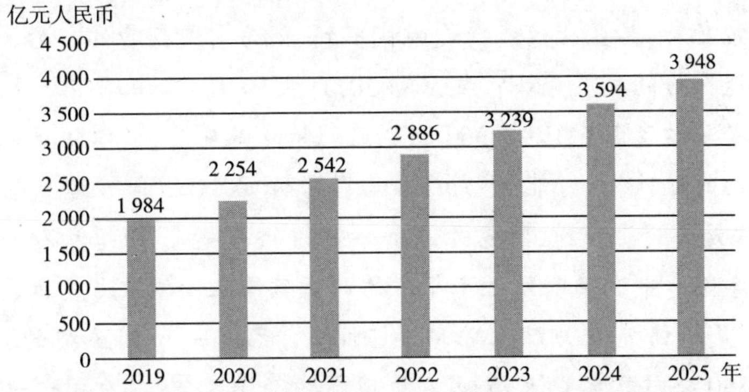


**图 1-10　2019—2025 年中国企业培训行业市场规模预测**

## 章尾案例：赢在学习——企业大学培养与发展最佳实践

### 一、樊力越谈万达学院

万达比较专注于商业地产，人们把它叫作城市综合体，其建有商业广场、写字楼、酒店等。万达差不多有五万名员工，现在很多城市都有万达广场，很多人都到万达看过电影，万达院线在亚洲排名第一，可能在未来两三年的时间内万达会成为全球排名前五。2011 年 12 月万达建立了一个位于廊坊的实体学院，离 CBD 只有 46 公里。此项目一期投资七个亿，占地 5.3 万平方米。整个学院编制的人数是 160 多人，除了教学人员，还有一些后勤服务人员。从建造水平和投资规模看，万达学院在国内甚至在世界上也是很少见的，建立万达学院的目标是要做中国企业培训的典范。

### 二、吕顺发谈中航大学

中航大学是中国航空工业集团公司的企业大学。中国航空工业集团公司是国有企业，其拥有十几个产业板块，两百多家成员单位，拥有 40 万员工。在中华人民共和国成立 60 周年阅兵式上，15 种战机、151 架飞机飞过天安门广场，那些战机和飞机都是中国航空工业集团公司设计制造的。中航大学成立于 2008 年 10 月，中航大学设有经管学院、工程学院、人文学院和马克思主义学院。中航大学是中国航空工业集团公司的人力资本投资中心，也是文化的传承中心和创新思维的推进中心，中航大学定位于各类高层次人才培训的主渠道和主阵地。

### 三、朱晓南谈 360 学院

360 公司于 2011 年 3 月 31 日在纳斯达克成功上市，360 公司非常神奇，它的商业模式非常独特，其盈利模式在美国找不到，因为它是免费的。为什么一个免费的公司会有这么好的发展势头？截至到 2011 年 10 月，在中国市场上，360 安全浏览器用户数量超过了 IE6、IE9。360 浏览器的特点是安全，可以防止钓鱼网站还有一些虚假网站的欺诈，同时能够防止弹出恶意网页，此外能够防止电脑被木马侵害。360 学院是公司上市前，特意为这个公司的长远发展、组织和人才的储备构建的一个实体学院。中国互联网近十年中的四位领军人物依次是马云、李彦宏、马化腾、周鸿祎。周鸿祎非常关注人才培养，他说自己是一个创业型的企业家，他对 360 学院和 360 公司非常关注，公司人员现在才两千人，但是公司创造的产值和利润在中国互联网行业排在第三位。

第一,老板对培训效果的困惑:我愿意投钱给你,但是我怎么知道你的工作符合我的战略呢?

企业大学服务于企业的战略,这是它与生俱来的责任和义务。首先企业大学要把企业的战略转化成企业大学的课程体系和课程内容,且员工对企业战略有理解、认同、执行三个步骤,即“知、信、行”。

360公司的愿景是要让360公司成为全球最受尊敬的互联网企业。360学院的目标是有效地把我们的使命和愿景传递给内外部客户。因此,我们筹建了针对中国985院校的360互联网安全学院,这个互联网安全学院是一个免费的,做互联网安全技术培训以及职业化的学院。我们让大学生们真正了解了互联网企业,而且让他们知道安全是多么重要。基于这个策略,我们分解出360公益课堂,主要做基本的技术培养,如北航、清华直接把360公益课堂纳入它们的选修课中,现在已经有十几所院校跟我们合作,同时我们也为政府进行了一些安全技术培训,我们非常荣幸地拿到了政府给我们的培训基地。

因为互联网主要的资产就是人才,互联网就是一个一个年轻的活跃的人,对内要让我们的员工知晓企业对中国互联网、对世界互联网的使命感和责任感。要将我们五个企业文化词条(用户至上、创业心态、不断反思、开放协作、微创新)有效传递到我们的员工:利用腾飞训练营,因为互联网企业很难从校园找到成熟的人才,我们先进行培训,就是腾飞。我们通过典型的人物,典型的事件,典型的培训活动,把这五个词条有效地传递给员工,无论员工是新人和老人。比如在腾飞项目里面有一个产品创意大赛,激励你去思考你现在的业务,普普通通的工作怎么能够去创新,怎么跟企业相关的发展模式能够紧扣起来,所以当我们把这个产品创意大赛做好之后,现场人员非常感动。有的企业领导就说,能不能在公司举办一个产品创意大赛,所以我们在11月份、12月份举办了一个产品创意大赛和技术大赛,培训不再是面对面的课堂形式,更多的是能够有效地帮助员工的一种技能和绩效提升。应该说我们在分解这些企业战略目标的时候,都落得非常实在。对一个企业大学的考核,你很难期望在短短一两年看到它的效益。无论是投资回报率,还是员工的成长速度,你需要有耐心。我认为培训和人才培养,能让你感受到的是一种非常滋润、非常有共同语言的方式,而不是从企业大学拿到直接的效益。

第二,人事总监的困惑:如何构建将“战略落地”的人才培养体系?

工艺流程、生产流程就是我们的培训体系,而关键岗位的人才就是我们的培训对象。培训形式主要分为两种:一是研究室的培训,即指处在同一层面上一组固定人群,对一个共同的问题进行解答的培训。比如针对“如何在执行中沟通,如何在沟通中执行”的问题，学员们通过深入探讨，得到切实的解决办法。此种培训，主要先“培”后“训”，即先“培土、栽培”，后“催化”（将学员们达成共识但只能意会的术的内容，经培训师之口说出来），最后“升华”（培训师将常识性内容升华至道的理论层面，最终由道指导术）。二是践行式的培训，如专题性的、岗位性的、专业性的培训。一个很小的主题，放在一个很特定的岗位环境中，每月只有一天进行主题培训，而用 29 天将培训内容转化成个人的岗位素养和岗位行为习惯，由此形成以工作为导向，以集中培训和回到岗位上自己培训自己的螺旋式培训方式，并用工作效果来检验培训是否精确和符合实际。在此，强调一点：所有在岗员工都是解决问题的人，都是内训师。

人岗匹配工具如图 1-11 所示。

岗位：

能力要求

| | 重要性 | 能力的任职要求 | 岗位得分 | 个人评价 | 个人得分 |
|---|---|---|---|---|---|
| 价值观 | | | | | |
| 1忠诚 | 3 | 4 | 12 | 4 | 12 |
| 2主动性 | 3 | 4 | 12 | 5 | 15 |
| 3创业心/事业心 | 2 | 3 | 6 | 4 | 8 |
| 4坚持性 | 3 | 4 | 12 | 3 | 9 |
| 5创造性 | 3 | 4 | 12 | 4 | 12 |
| 行为能力 | | | | | |
| 1人际沟通 | 1 | 4 | 4 | 4 | 4 |
| 2关系建立 | 2 | 4 | 5 | 3 | 6 |
| 3分析能力 | 3 | 4 | 12 | 3 | 9 |
| 4持续学习 | 3 | 4 | 12 | 3 | 9 |
| 5灵活性 | 3 | 4 | 12 | 4 | 12 |
| 6冲突解决 | 1 | 4 | 4 | 3 | 3 |
| 7演示能力 | 2 | 3 | 6 | 4 | 8 |
| 8团队领导 | 2 | 3 | 6 | 4 | 8 |
| 9发展他人 | 2 | 3 | 6 | 4 | 8 |
| 知识技能 | | | | | |
| 1技术 | 3 | 4 | 12 | 5 | 15 |
| 2操作流程 | 2 | 4 | 8 | 5 | 20 |
| | | 岗位总得分： | 144 | 个人总得分 | 158 |
| | | | | 人岗匹配率 | 109.72% |

**图 1-11 人岗匹配工具图**

企业培训都会根据客户委托，对客户的培训需求、学员水平及培训资源等进行实时调研和专业评估，确定实际需求和可用资源，然后提供一套量身定制的培训解决方案。企业培训不仅为客户提供各种专业商务英语培训服务，还根据客户的需求提供多元化的全方位整体培训服务。

企业服务流程如图 1-12 所示。

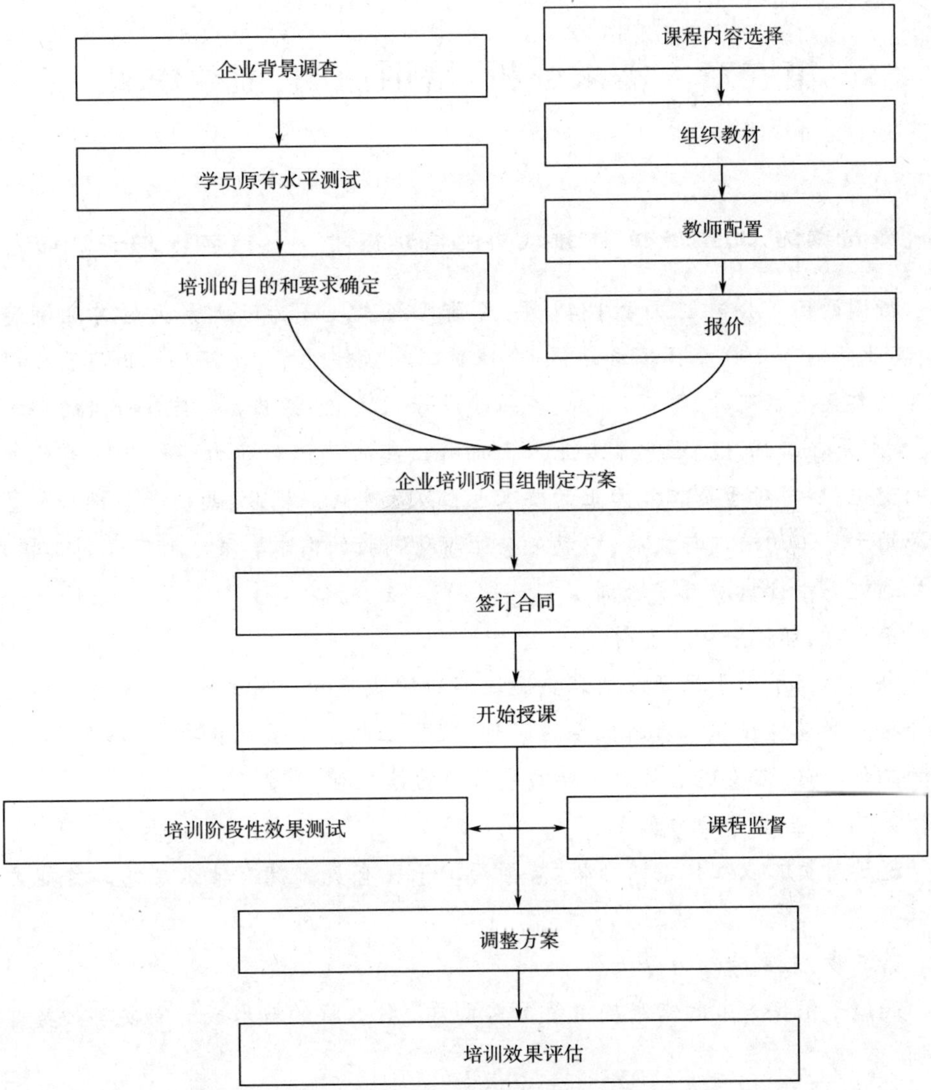


**图 1-12 企业培训服务流程图**

# 第二章　需求分析:培训活动,绩效成果

**章首案例:上接活动,下接成果的培训需求——德国西门子公司**

德国西门子公司创立于1847年,目前已经发展成为欧洲最大的工业制造公司,其业务遍布190个国家和地区,全球员工人数超过了40万人。西门子公司的业务主要集中在能源、医疗、工业、基础建设等领域,它要求员工具备一流的个人素质,特别是在工程、IT、医学等专业方面拥有出色的知识和能力。但是随着业务环境的变化,公司对于员工能力上的要求也在发生变化。因此,西门子会投入大量的资源用于员工的培训与发展,以满足企业对于创新的需求。关于西门子员工培训,首先通过五步分析法确定培训需求。

第一步,环境分析。

每当西门子由于生产计划需要搬迁到新的城市和地区的时候,就要对环境展开分析。新环境在意味着新机会的同时,对企业也提出了新的要求,例如,需要额外的工作人员、需要现有员工去学习掌握新的技能等。

第二步,当前劳动力盘点。

通过对员工以往档案的分析,掌握西门子现有员工拥有什么样的工作能力和技能。

第三步,未来劳动力分析。

西门子根据未来的需求确定员工需要学习什么样的技术或者需要哪种类型的培训。

第四步,分析和确定目标。

确定了培训需求,就可以拟定未来的预期或者培训目标。

第五步,缩小差距。

有了目标,可以通过一系列的有效方式来缩小乃至弥补技能上的差距。

针对培训需求的分析可以分为两类:基于任务的分析和基于员工绩效的分析。无论是新员工,还是现有员工,西门子都将评估他们的培训需求。由于西门子非常重视创新,如何快速去适应不断变化的业务环境就显得格外重要。

例如,当前地球气候的变化,环保理念越来越流行,西门子现在专注于风力涡轮机和可再生能源技术。西门子有两种办法来解决问题:一是雇佣更多的能够操

作风力涡轮机的新员工；二是对现有员工进行培训，让他们掌握风力涡轮机的运行。

再比如，2012年，西门子参与了竞标伦敦奥运会的某些建设项目。当时如果竞标成功，西门子需要提供安全保障、医疗保障、运动项目的沟通及媒体技术等。因此，如果西门子想要得出较好的结果，他们应该雇用新人或培养现有的拥有合适技能的员工。通过人力资源规划，西门子建立了人才发展的模式：通过新老员工的替换来缩小技能差距，并让现有员工提升技能来填补技术空白。

章首引导案例告诉我们，企业能通过有计划地提高员工的专业技能来提升企业业绩，但现实中的企业培训，往往是管理者“说起来重要，做起来次要，忙起来不要”；基层员工参加完培训后他们“第一天激动，第二天想动，第三天不动”。是什么原因造成培训开发在理想和现实间的巨大反差？其中最重要的原因是培训开发对企业经济绩效贡献不足。

如何走出培训开发活动理想与现实的困境呢？答案是构建有效的培训体系。企业要重视和加强培训需求分析，使得培训开发能满足企业提升经济绩效的需要，让培训开发活动对企业绩效目标的达成和战略的实施发挥重要的作用。

## 第一节　培训需求分析的内涵

### 一、培训需求分析的概念

培训需求分析是指在规划与设计每项培训活动之前，由培训部门采取各种办法和技术，对组织及成员的目标、知识、技能等方面进行系统的鉴别与分析，从而确定培训的必要性及培训内容的过程。培训需求分析就是采用科学的方法弄清谁最需要培训、为什么要培训、培训什么等问题，并进行深入探索研究的过程。它具有很强的指导性，是确定培训目标、设计培训计划、有效实施培训的前提，是现代培训活动的首要环节，是进行培训评估的基础，对企业的培训工作至关重要，是使培训工作准确、及时和有效的重要保证。

### 二、培训需求分析的3W模型

需求分析是连接培训开发活动与企业绩效“成果区”的桥梁，麦吉（McGehee）和塞耶（Thayer）于1961年合作出版了专著《企业与工业中的培训》，在该书中提出培训需求分析3W模型（如图2-1所示），即培训需求主要回答三个问题：①为什么要进行培训(why),这是组织层面的分析;②谁需要培训(who),这是人员层面的分析;③哪些方面需要培训(what),这是工作任务层面的分析。

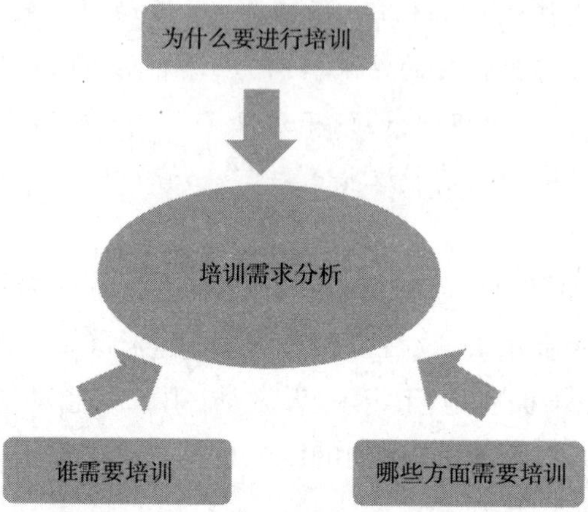


**图 2-1 培训需求分析的 3W 模型**

## (一)组织分析

所谓组织分析就是明确培训的必要性和培训的内容,即通过培训需求分析方法对组织的战略、目标、资源、环境等方面进行鉴定和分析。这是培训需求分析的第一层次,它是任务分析与人员分析的前提。组织分析的目的是决定组织中哪里需要培训,其具体包含两部分:一是对企业未来发展方面进行分析,以确定企业今后的培训重点和培训方向;二是对企业的整体绩效做出评价,找出存在的问题并分析问题产生的原因,以确定企业目前的培训重点。

高层管理者关注点:①培训对实现企业的经营目标的重要性,②培训对企业实现战略目标的作用。

中层管理者关注点:①是否愿意花钱搞培训,②要花多少钱。

培训者关注点:①是否有足够多资金来购买培训产品和服务,②经理们是否支持培训。

## (二)任务分析

所谓任务分析就是对作业部门关键性任务的现有状况和应有状况进行比较,找出它们之间的差距,同时明确关键性任务所需要的知识、技能、态度、行为等方面的要求。任务分析的目的是确定新引进人员或职位变动人员培训需求。

高层管理者关注点:公司是否拥有具有一定知识、技术、能力、可参与市场竞争的雇员。

中层管理者关注点:在某些工作领域内培训是否可大幅度地改变产品质量或客户服务水平。

培训者关注点:①需要培训的任务,②该任务需要具备的知识、技能或其他特点。

(三)人员分析

所谓人员分析是决定谁应该接受培训和他们需要接受什么样的培训内容。针对员工个人而言:一是对员工个人的绩效做出评价,找出存在的问题并分析产生的原因,以确定解决当前问题的培训需求;二是根据员工岗位变动计划,将员工现有能力与未来岗位要求比较,以确定解决将来问题的培训需求。

高层管理者关注点:需要培训的职能部门和经营单位。

中层管理者关注点:需要接受培训的人。是经理或专业人员,还是一线雇员。

培训者关注点:需要培训的雇员。

## 第二节 培训需求分析的方法

### 一、培训需求分析的三个视角

视角一,企业发展战略与环境:战略目标+客户/外部环境变化→要求做到什么。

管理者要明确指出企业希望员工拥有什么样的专长和技能,同时要了解培训可利用的资源情况,以及管理者对培训活动的支持情况。

视角二,人员与绩效分析:员工职业生涯规划+绩效考核结果→实际做到什么。

管理者要了解谁需要培训、弄清楚绩效不令人满意的原因并让员工做好接受培训的准备。

视角三,工作与任务分析:胜任力模型+任职资格标准→应该做到什么。

管理者要确定重要的任务,以及需要在培训过程中加以强调的知识、技能和行为方式,以帮助员工完成任务。

图 2-2 是培训需求分析的双轨模型,图中可以看出最终由培训需求才能得出准确恰当的培训目标。

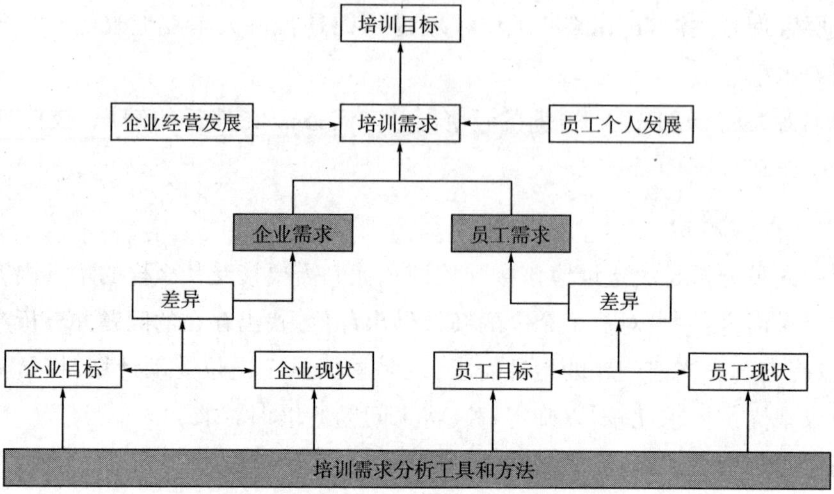


图 2-2　培训需求分析的双轨模型

## 二、培训与开发需求的类型

### (一)绩效差距需求

培训需求分析中的核心活动是找出企业现有绩效状况与预期绩效状况的差距(参见图 2-3),这种差距可从两方面理解:一种是员工或组织的绩效现状与理想绩效之间的差距,即培训需求;另一种是员工或组织现有绩效与未来发展需要达到的绩效之间的差距,即开发需求。

图 2-3 中,需要注意的是:企业出现问题只是培训需求的可能性,并不是一出现问题就必须进行培训。只有当出现的问题通过培训能够加以解决时,企业才应当进行培训,这是培训需求的现实性。

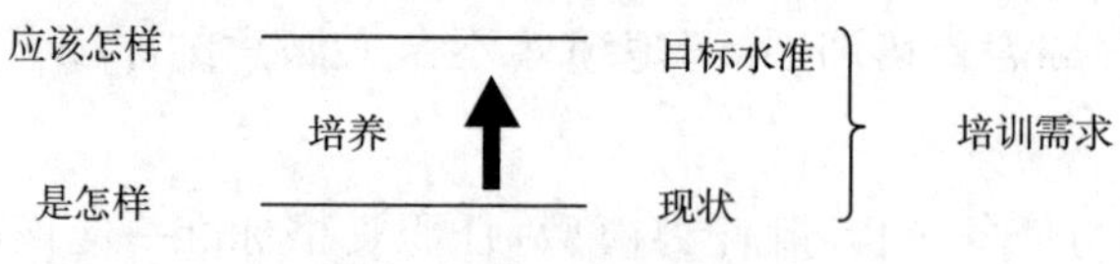


图 2-3　培训需求的识别

绩效差距引起的培训开发需求是企业管理需求派生出的最基本需求,由企业的一般管理需求还可以派生出另外三种培训开发需求:员工 KSA 差距需求(K-knowledge 知识,S-skill 技术,A-ability 能力)、合规强制性需求和员工偏好需求(如表 2-1 所示)。

**表 2-1　培训与开发需求的四种类型**

| 需求类型 | 描述 | 时效性 |
|---|---|---|
| 绩效差距需求 | 当前绩效与目标绩效间的差距 | 当前 |
| KSA 差距需求 | 人员实际知识、技术、能力与工作胜任力的差距 | 当前和未来 |
| 合规强制性需求 | 健康和安全、环境保护、社会责任等国际和国内法规要求 | 当前和未来 |
| 员工偏好需求 | 鼓励人员参与、获得培训和开发活动的支持 | 当前 |

## (二)KSA 差距需求

美国学者汤姆 · W. 戈特将“现实状态”与“理想状态”之间的“差距”称为“缺口”。通过对“理想技能水平”和“现有技能水平”之间关系的分析来确认培训需求。

KSA 差距需求示例,参见图 2-4 与表 2-2。

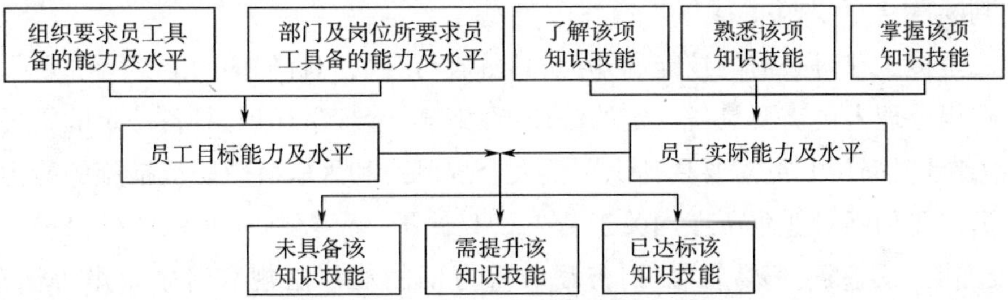


**图 2-4　KSA 差距需求**

**表 2-2　某部门员工的知识技能矩阵**

| 能力维度 | 能力要点 | 员工姓名 | | |
|---|---|---|---|---|
| | | 张三 | 李四 | 王五 |
| 组织层面 | 知识(技能)A | | 熟悉 | |
| 部门及岗位层面 | 知识(技能)B | 了解 | | 掌握 |
| | 知识(技能)C | 掌握 | 掌握 | |
| | 知识(技能)D | | 了解 | |

备注:■表示不具备;■表示需提升;■表示已达标。

## (三)合规强制性需求

2018 年 11 月 2 日,国资委印发《中央企业合规管理指引(试行)》(以下简称

《中央企业合规指引》），2018 年 12 月 29 日，发改委、外交部、商务部、国资委等七部门联合制定并发布《企业境外经营合规管理指引》（以下简称《境外合规指引》），两个文件均明确了合规培训是企业合规管理的重要运行机制之一。合规理念的导入是合规文化培育的基础，也是企业合规管理建设和运行的前提，因此，如何开展合规培训成为政府、企业，以及专业机构共同关注的话题。

《合规管理体系指南》指出“培训项目的目标是确保所有员工有能力以与组织合规文化和对合规的承诺一致的方式履行角色职责”，对此，我们理解合规培训主要实现以下两个目的。

一是员工理解企业的合规目标，自觉遵循企业的合规要求。

通过培训，员工了解企业的合规理念、合规价值观、合规目标，才能按照企业的对外承诺，遵守企业制定的员工手册和合规规范。而“自觉”的更高境界是，员工手册或合规规范可能无法对所有的合规义务或风险给出具体的行为指引，这就需要员工根据企业的合规价值观、合规目标，发挥主观能动性，做出符合企业合规要求的判断。

二是员工获得必需的技能和知识，具备履行合规职责的能力。

合规管理人员需要具备一定的法律、经济学、管理学知识，具备一定的管理、宣教能力；重要岗位人员需要具备识别重大合规风险和采取有效防范措施的能力；海外人员需要加强对业务所在国关于劳工权利保护、环境保护、知识产权保护、反腐败、反贿赂、反垄断、贸易管制、财务税收等方面的法律法规和时事政策等信息的了解。

员工在充分理解企业合规目标，熟悉企业合规要求的基础上，发挥相应的工作能力，才能真正有效履行岗位职责。

特别是合规培训记录要做好归档留存工作。合规培训记录是企业开展合规管理、履行合规培训义务的重要证明，在企业人员涉嫌违规时，记录可以用于证明企业已向行为人开展了合规管理培训，抗辩境外的司法机关、监管机构对企业提出的“违规”指控，如合规培训记录证明有效，企业只需承担较轻的处罚，有关高管人员被证明已履行合规管理义务的，则可以达到免除处罚的目的。

例如，合规培训需求调查问卷如下。

指导语：为树立全员合规的理念，实现公司合规文化建设，合规部将持续组织开展合规培训项目。为提升合规培训的针对性、实用性、有效性，合规部特组织纷发本次培训意向调查问卷。您的填答是我们不断优化的动力。

* 您的职位

□高管

□部门/分支机构负责人

□主管及以上

□其他

* 你认为单场培训的时长应为多长？

□0~30 分钟

□30~45 分钟

□45~60 分钟

* 您认为培训的频率应为多久？

□半个月一次

□每月一次

□两个月一次

□及时（新法规/新制度或事件促发专项培训）

* 您认为最有效的培训方式是什么？

□远程视频培训

□现场集中授课培训

□通过 OA 下发学习资料（视频、音频、文档）

□到业务部门或分支机构现场交流

* 您希望由谁担任讲师？【多选题】

□外部专业人员（如顾问律师，集团、子公司专业人员等）

□合规部同事

□公司内部经验丰富的相关岗位的同事

* 对以下培训内容，请您选择最有兴趣参加的三项？【多选题】

□新法规培训

□新制度培训

□年度重点合规工作培训

□合规审核要点及技能培训

□各主营业务合规展业专项培训

□反洗钱制度及操作技能培训

□系统权限申请设置合规培训

□合规检查/外部检查要点培训

□分支机构合规管理培训

□风险事件/投诉/处罚案例培训

□投资者适当性培训

＊ 目前您最迫切希望通过合规培训了解哪方面的内容？

____________________________________________

____________________________________________

## 三、培训开发需求的分析方法

常用的培训开发需求的分析方法有观察法、访谈法、问卷调查法、技术手册分析法、专家/关键人物咨询法、绩效考核资料研究法、评估过去项目法、评价中心法等，而这些需求分析方法各有优势与劣势，具体参见表2-3。

**表2-3 培训需求信息收集和分析技术优缺点比较**

| 方法 | 优点 | 缺点 |
| --- | --- | --- |
| 观察法 | ·得到有关工作环境的数据<br>·将评估活动对工作的干扰降到最低<br>·比较深入、全面了解工作要求<br>·所得资料与实际培训需求间相关性高<br>·有利于将来培训成果的转化 | ·需要高水平的观察者<br>·只能在观察的环境中收集信息<br>·员工的行为方式有可能因为被观察而受影响<br>·适应范围有限 |
| 访谈法 | ·直接了解到利益相关者的态度、问题的缘由和可能解决的方法 | ·每个访谈加起来耗时长<br>·访谈结果不易进行量化分析<br>·对访谈者的访谈技巧要求高 |
| 问卷调查法 | ·在线调查费用低<br>·可短时间从大量人员处收集到数据<br>·对标准问题的回答易于量化分析<br>·被调查者能独立、无干扰地回答 | ·问卷设计专业性要求高<br>·问卷编制和准备时间周期长<br>·问卷回收率可能低，或有大量废卷<br>·开放性问题回答时效性差 |
| 技术手册分析法 | ·有关工作程序的理想信息来源目的性强<br>·新的工作或任务的有效指导信息 | ·专业术语太多<br>·材料可能已经过时 |
| 专家或关键人物咨询法 | ·有利于发现培训需求的具体问题及问题原因，并得到解决问题的方法<br>·简单、成本低 | ·取得信息资料只代表少数人的意见，可能具有片面性<br>·对特定项目专家或关键人物的确定至关重要 |
| 绩效考核资料研究法 | ·有助于弄清楚绩效不佳的原因<br>·针对性强，可以形成绩效辅导清单 | ·对问题的分析和得出的结论过于理论化，带有较强的主观性<br>·二手资料，且时效性滞后<br>·达到方法有效性的条件十分苛刻 |

续表

| 方法 | 优点 | 缺点 |
|---|---|---|
| 评估过去项目法 | ·可为发现问题提供线索<br>·在集体活动中，为问题的解决提供客观证据 | ·问题产生的原因和解决方法很难发现<br>·材料中的观点，是对过去有所反映，而不是对现在的情况或最近变化的反映 |
| 评价中心法 | ·是对人员发展潜力分析和初步确认的有效工具<br>·全面系统的综合测试，减少测量误差，是人才测评的科学方法 | ·需要外部咨询公司介入，成本高<br>·评价的建立是关键的问题 |

不同时间长度的培训需求调查，其调查目的、调查对象、调查方法均有不同，具体参见表2-4。

**表2-4　培训需求调查分类与调查方法表**

| 培训需求调查分类 | 调查目的 | 调查对象 | 调查方法 |
|---|---|---|---|
| 年度需求调查 | 战略 | 董事会、总经理 | 面谈、企业战略计划 |
| | 年度计划 | 职能部门经理 | 面谈、部门年度计划 |
| | 职位要求 | 管理者与下级 | 调查表、抽样面谈 |
| | 个人成长愿望 | 管理者与下级 | 员工职业生涯规划 |
| 项目需求调查 | 了解差距确定培训重要性 | 目标学员及其上级 | 面谈、调查表 |
| 课程中需求调查 | 了解差距确定培训重要性 | 学员 | 课前抽样、小组交流 |

## （一）通过培训需求调查问卷获取信息

表2-5是工业和信息化部人才培训需求调查示例表。

**表2-5　工业和信息化部人才培训需求调查示例表**

| |
|---|
| 说明：<br>1. 根据《国家中长期人才发展规划（2010—2020年）》的要求，配合《工业和信息化部人才培训计划》，为了解广大干部对培训的需求状况，特此设立此调查表。望广大干部积极配合，准确填写<br>2. 为了减轻大家的负担，在科学调研的基础上，此表选用选择题的方式，共四部分，35题，除特殊说明多项选题外，其他都为单项选择题<br>3. 填表过程中请不要落题。如选择“其他”项时，请在横线上填写具体内容<br>4. 1~16题为基本情况调查，便于分类；17~21题为上年度人才培训满意度调查，未参加上年度人才培训的不用填写；22~35题为本年度培训需求，会根据最新反馈意见和建议进行选项修改<br>5. 根据此表汇总，形成人才培训需求分析报告，确定本年度人才培训计划 |

续表

| |
|---|
| 一、基本情况调查<br>1. 您所在单位的性质是：<br>(1)部属单位□ (2)司局机关□<br>(3)地方主管部门□ (4)直属高校和共建高校□<br>2. 您的职级是：<br>(1)厅(局)级正职□ (2)厅(局)级副职□ (3)处级正职□<br>(4)处级副职□ (5)科级正职□ (6)科级副职□ (7)科员□<br>3. 您担任现职时间：<br>(1)1年以内□ (2)1~2年□ (3)2~5年□ (4)5年以上□<br>4. 性别：<br>(1)男□ (2)女□<br>5. 您的年龄是 $X$ 岁：<br>(1)$X<30$□ (2)$30\leqslant X<40$□ (3)$40\leqslant X<50$□<br>(4)$50\leqslant X<55$□ (5)$X\geqslant 55$□<br>6. 您的学历：<br>(1)大学专科及以下□ (2)大学本科□ (3)研究生□<br>7. 您的学科背景：<br>(1)工业与信息化专业□ (2)非工业与信息化专业□<br>8. 您所学专业背景是否与从事的岗位相关：<br>(1)是□ (2)否□<br>9. 您是否了解“工业和信息化部干部培训班计划”：<br>(1)了解□ (2)听过，不了解□ (3)不了解□<br>10. 近5年您参加过何种培训：(可多选)<br>(1)部里组织的培训□ (2)省厅组织的培训□ (3)本单位组织的培训□<br>(4)系统外组织的培训□ (5)没参加过培训□<br>11. 近5年您参加各级各类干部培训的频次：<br>(1)一次□ (2)二次□ (3)三次及以上□ (4)没参加过□<br>12. 您希望通过培训达到的目的是：(可多选)<br>(1)取得学习证书□ (2)档案有记载□ (3)与任职或任用挂钩□<br>(4)提升个人素质和工作能力□ (5)促进工作交流□<br>(6)完成组织要求的培训任务□ (7)结交新朋友□<br>(8)取得学历学位□ (9)其他□<br>13. 影响您参加培训的主要原因是：(可多选)<br>(1)培训信息匮乏□ (2)缺乏经费□ (3)领导重视力度不够□<br>(4)培训意义不大□ (5)工作忙□ (6)其他□<br>14. 您所在单位是否将培训作为干部考核、任职和晋升的重要依据：<br>(1)是□ (2)否□ (3)仅供参考□<br>15. 目前您所在单位干部参加培训机制是：<br>(1)采用轮换机制，人人都有机会□ (2)根据工作需要，对口选送□<br>(3)由主管领导统一安排□ (4)由自己申请□ |

续表

| |
|---|
| 16. 您认为干部培训工作存在的主要问题是:(可多选)<br>(1)培训经费缺乏□ (2)培训政策不明,制度不清晰□<br>(3)不知道有培训规划与培训计划□ (4)多头调训□<br>(5)监督检查不到位□ (6)培训机构硬件设施较差□<br>(7)培训机构的理念落后□ (8)培训内容与工作岗位不对口□<br>(9)师资水平不够□ (10)单位无法处理干部工作与培训间的矛盾□<br>(11)其他□ |
| 二、2019 年度人才培训调查(若您未加过 2018 年度人才培训,请跳至第三项,22 题)<br>17. 您对培训中的课程内容评价是:<br>(1)满意□ (2)较满意□ (3)一般□ (4)不满意□<br>18. 您对培训中的培训形式评价是:<br>(1)满意□ (2)较满意□ (3)一般□ (4)不满意□<br>19. 您对培训中的教师授课质量评价是:<br>(1)满意□ (2)较满意□ (3)一般□ (4)不满意□<br>20. 您对培训中的食宿等后勤安排评价是:<br>(1)满意□ (2)较满意□ (3)一般□ (4)不满意□<br>21. 您对培训中的参观考察总体评价是:<br>(1)满意□ (2)较满意□ (3)一般□ (4)不满意□ (5)没参加□ |
| 三、2019 年度培训的需求调查<br>22. 您认为最理想的培训周期是:<br>(1)每半年 1 次□ (2)每年 1 次□ (3)每两年 1 次□<br>(4)每三年 1 次□ (5)每五年 1 次□ (6)其他□<br>23. 您认为最理想的培训形式及时间:<br>(1)短期在职班,不超过 3 天□<br>(2)短期脱产班,不超过 5 天□<br>(3)中期脱产培训,一般不超过 1 个月□<br>(4)较长时间脱产,1 个月以上 3 个月以内□<br>(5)长时间脱产,1 年以上□<br>(6)其他□<br>24. 您最喜欢的培训方式是:<br>(1)脱产学习□ (2)远程网络培训□ (3)短期专题研究班□<br>(4)出国培训□ (5)在职学习□ (6)提供资料自我学习□<br>(7)拓展训练□ (8)学历教育□ (9)其他□<br>25. 如果培训经费有限,您认为最有效的培训方式是:<br>(1)脱产短期培训□ (2)在职短期培训□ (3)远程网络培训□<br>(4)提供资料自我学习□ (5)其他□<br>26. 如果出国、学历等培训项目费用超过标准,一部分需要个人承担,您可承受的自费比例是:<br>(1)70%□ (2)50%□ (3)30%□ (4)不愿承担□ (5)其他□ |

续表

27. 在培训经费有限的情况下，您认为哪种轮训结合方式比较合理：
(1)平均到人，费用少，每年每人都进行培训□
(2)以处为单位，一定费用，每年选送轮训□
(3)以司局为单位，集中经费，开展培训项目，每年选送轮训□
(4)其他□
28. 您喜欢的授课教师是：(可多选)
(1)党校(行政学院、干部院校)专职教师□ (2)领导干部□
(3)企业经营管理者□ (4)高校、科研机构专家学者□
(5)工业与信息化工作一线实践者□ (6)名师名家□
(7)其他□
29. 如果名师名家课程费用高，现场名额有限，您希望：
(1)争取名额，一定去现场□ (2)无所谓，下次有机会再去□
(3)如果去不了现场，通过远程网络观看□ (4)没兴趣，不会去□
30. 您希望在哪里培训：
(1)本单位培训□ (2)部属在京培训机构□ (3)大专院校□
(4)度假培训中心□ (5)其他地区□
31. 您喜欢的教学方式：(可多选)
(1)课堂讲授 □ (2)交流研讨 □ (3)案例教学□
(4)现场观摩 □ (5)参观考察 □ (6)其他□
32. 您认为当前干部培训工作最需要改进的是：
(1)课程内容□ (2)培训形式□ (3)师资水平□ (4)培训教材□
(5)食宿安排□ (6)培训费用□ (7)考察安排□
33. 您认为自己在目前工作中遇到的主要问题是：(可多选)
(1)缺少管理手段□
(2)使用计算机技巧不足□
(3)职能交叉，权责不对应□
(4)在工作中如何兼具原则性和灵活性□
(5)新技术、新概念层出不穷□
(6)国内工作秩序与国际规则、国际惯例之间的差别□
(7)其他□
34. 您认为在培训中应着重对哪些能力的培养：(可多选)
(1)管理能力□ (2)统筹协调能力□ (3)业务能力□
(4)知人善任能力□ (5)开拓创新能力□ (6)应对风险能力□
(7)媒体应对能力□ (8)外语能力□ (9)其他□
35. 您希望参加哪些专业班、专题班的学习：(可多选)
(1)办公软件高级应用□
(2)思维导图□
(3)哲学思维方式与领导工作方法□
(4)机关公务礼仪□
(5)演讲技巧□

续表

| |
|---|
| (6)通信业发展热点难点问题□<br>(7)世界经济发展与中国战略选择□<br>(8)电子信息产业发展热点难点问题□<br>(9)企业的转型升级□<br>(10)提高经济增长的质量和效益□<br>(11)团队拓展训练□<br>(12)办公英语□<br>(13)其他□ |
| 四、您对干部培训工作还有哪些意见和建议？ |

问卷到此结束，谢谢您的参与！

如果您有其他意见和建议，请发邮件至×××

## (二)通过岗位胜任素质要求和绩效考评结果来获取信息

图 2-5 是某员工岗位胜任力示例图。

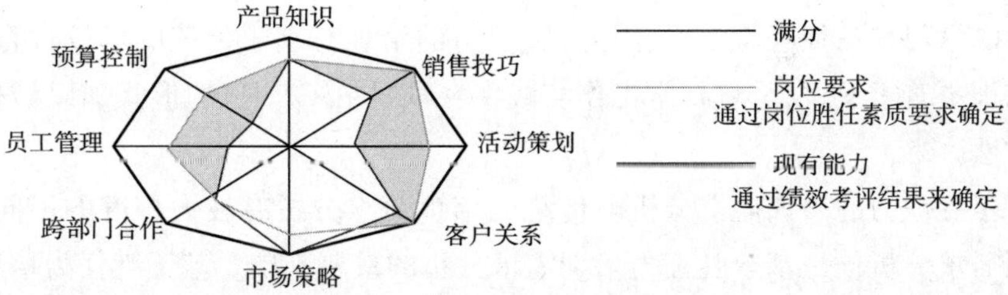


**图 2-5 某员工岗位胜任力示例**

首先，根据工作说明书分析标准，分析个人业绩评价标准，要完成任务所需的知识、技能、行为、态度。

其次，确认理想绩效与实际绩效差距，分析其成因及重要性。

最后，根据分析确认需求和对象，拟定培训项目需求。例如，是否采用培训的方式？培训什么内容？谁接受培训？培训的目标是什么？员工对培训的期望以及可能出现的问题？培训的资源有哪些？……

## 第三节 基于胜任力的培训需求分析特点与分析步骤

基于胜任力的培训需求分析是以胜任力为基本框架,通过对组织环境、组织变量与优秀员工关键特征来确定岗位的培训需求,是一种战略导向的分析方法。通过这种方法,培训内容和程序一方面能够满足组织当前对岗位的要求,另一方面能够适应组织发展的需要。

### 一、基于胜任力的培训需求分析的特点

与传统培训需求分析相比,基于胜任力的培训需求分析具有以下几个特点。

(1)基于胜任力的培训需求分析提供了职位分析和人员分析的组织背景,以组织分析统领其他层次的分析;调整培训与组织的长期匹配,而不是与岗位的短期匹配,并同组织经营目标与战略紧密联系。

(2)基于胜任力的培训需求分析具有范式转移的意义,从较多关注"绩效差距"和"缺口分析"等消极因素,向关注胜任力等积极因素的方向转移。

(3)基于胜任力的培训需求分析强调优秀员工的关键特征,具有较高的表面效度,更容易被培训者所接受。

(4)基于胜任力的培训需求分析注重培训方法分析,提倡"内隐"学习模式。胜任力的学习是一种经验学习,因此,胜任力的培训有别于传统的学校教育模式,该类培训更着重发展,是将日常工作实践中获取"内隐知识"的形式加以结构化的培训方法。

基于胜任力的培训需求分析与传统的培训需求分析有较大程度的不同,传统的培训需求分析仍是基于胜任力培训需求分析的重要基础。基于胜任力培训需求分析吸收了传统培训需求分析中的三层次结构,以及定性和定量的评价手段。

### 二、基于胜任力的培训需求分析的步骤

#### (一)确定组织培训需求

确定组织培训需求包括组织的核心技术能力、核心运作能力,以及组织的文化学习能力。以上三个维度构成识别组织的标识,表示整个公司的集体学习和绩效能力。此外,在分析组织的核心胜任力的同时,还应与组织战略、目标、文化等结合,保证将要建立的胜任模型适合特定的组织文化,必须对组织环境和组织变量进行分析,如组织现状、困难、发展战略、行业特征等因素,这样可以预测组织发展和工作任务的变化可能,准确推测组织未来发展所需要的职务胜任要求,以及核心竞

争力。

### （二）确定任务和群体培训需求

确定任务和群体培训需求包括确定绩效标准、确定访谈样本、收集资料、确认工作任务特征和胜任力要求、验证胜任力模型五个步骤。在确定所分析岗位的绩效评估标准过程中，关注硬指标的同时，如利润率、销售额、成本，还必须关注软指标，如主管评价、同级评价、下属评价、顾客评价等。绩效标准确立后，选择一个工作表现优秀的样本和一般的样本进行对比，由受过专业训练的人员分别对样本进行观察、行为事件访谈，并区分优秀业绩者与一般业绩者的关键行为，然后运用关键事件分析、问卷调查方法，以及统计分析技术确认工作任务特征和胜任力要求。此外，必须对胜任力模型进行验证，考察假设的胜任力是否能有效区分业绩优秀者与业绩一般者，进行研究的效度检验。

### （三）进行个体分析

根据第二步确定的胜任力模型，通过对个体进行培训需求调查和访谈，收集分析关键事件，通过对员工技能、知识和态度的了解来决定职工是否需要培训以及培训的具体内容。

### （四）培训方法需求分析

胜任力的培训有别于传统的学校教育模式。因为“内隐知识”依靠经验的积累而获得，因此，进行方法的需求分析与确认胜任力结构同样重要。在正式进行培训时，应尽量采用师徒制、现场学习等仿真程度较高的方法进行培训，如指导计划和情景模拟等。

### （五）剪裁培训程序

完成上面四个步骤后，最终进入正式培训。培训应同职工职业生涯、组织发展和后备计划等人力资源策略结合起来，选择合适的培训课程，并进行科学合理的安排。需要注意的是，上述基于胜任力的培训需求分析所建立的胜任力模型是针对特定行业与职务序列的。为了能够达到“人员—职务—组织”的匹配，一方面要求我们在宏观上把握组织的核心要求和组织发展对培训所提出的新要求，另一方面必须在微观上了解岗位具体的胜任力要求，提高培训需求分析的适用性。

## 第四节 培训需求分析报告

培训需求分析结果是确定培训目标、设计培训课程计划的依据和前提。需求分析报告可为培训部门提供关于培训的有关情况、评估结论及其建议。

培训需求分析报告包括以下主要内容。

(1)需求分析实施的背景,即产生培训需求的原因或培训动议。

(2)开展需求分析的目的和性质。撰写者需说明此活动实施以前是否有过类似的分析,如果有的话,评估者能从以前的分析中发现有哪些缺陷与失误。

(3)概述需求分析的方法和过程。说明分析方法和实施过程可使培训组织者对整个评估活动有一个大概的了解,从而为培训组织者对分析结论的判断提供一个依据。

(4)阐明分析结果。

(5)解释、评论分析结果并提供参考意见。

(6)附录。附录包括收集和分析资料用的图表、问卷、部分原始资料等。加附录的目的是让别人可以鉴定研究者收集和分析资料的方法是否科学,结论是否合理。

(7)报告提要。报告提要是对报告要点的概括,是为了帮助读者迅速掌握报告要点而写的,要求简明扼要。

### 示例:中层管理人员技能培训需求分析报告

一、培训需求分析实施背景

××××年××月,通过对中层管理人员进行年度培训需求调查,了解到企业现任的中层管理人员大部分在现任的管理岗位上任职时间较短,并且大多是从基层管理职位或各部门的业务骨干中提拔上来的。

通过需求调查分析,把管理技能的提升列为中层管理人员需要培训的重点内容之一。

二、调查对象

企业各职能部门主要负责人(共计40人)。

三、调查方式及主要内容

(一)调查方式:访谈、问卷调查

1. 访谈。由人力资源部经理作为培训需求分析的主要负责人,同企业各职能部门负责人(共计40人)分别进行面谈,并与企业部分高层分别就这40人的工作表现进行沟通。

2. 问卷调查。问卷调查共发出40份,回收有效问卷35份。

(二)调查数据分析

1. 岗位任职时间。表2-6告诉我们,50%中层管理者任职年限低于1年,这足以说明中层管理干部的管理经验急需提高。

表 2-6 岗位任职时间调查表

| 任职时间 | 1~6 个月以内 | 6 个月至 1 年 | 1~2 年 | 2 年及以上 |
|---|---|---|---|---|
| 中层管理者人数(人) | 4 | 16 | 8 | 12 |
| 所占比例(总人数 40 人) | 10% | 40% | 20% | 30% |

2. 管理幅度。从表 2-7 中可以看出,20%的中层管理者的直接管理人员在 10 人及以上, 40%的中层管理者的直接管理人员在 4~6 人。目前有 8 个管理者没有直接管理下属,但只是暂时的 ,因为企业对这部分业务正在进行调整或重组 ,所以管理者角色认知是其必备的管理知识之一。

表 2-7 管理幅度调查表

| 管理幅度 | 无 | 1~3 人 | 4~6 人 | 7~9 人 | 10 人及以上 |
|---|---|---|---|---|---|
| 中层管理者人数(人) | 8 | 0 | 16 | 8 | 8 |
| 所占比例(总人数 40 人) | 20% | 0 | 40% | 20% | 20% |

3. 制定工作计划。从访谈及回收问卷获得的信息来看,大多数中层管理者是以月或季度作为制定计划的时间单位,很少有制定长期规划的。从与他们访谈的信息中得知,在具体制定计划的过程中,关于如何围绕总目标制定具体的可行性计划、如何确保计划的实现等问题,他们存在着诸多不足之处,因而制定工作计划是其所需的重要内容。

4. 有效授权与激励。授权和激励是管理者的重要管理技能之一,根据培训需求调查的结果来看 35 人都表示自己会授予下属一定的权限并激励员工,但在工作中具体如何操作, 40%的人员表示希望得到此方面的培训。

5. 高效团队的建设。团队作用发挥得好,就能产生 1+1>2 的效果,至于如何带领及组建一支高效的团队,60%的人员表明自己缺乏这方面的技巧。

6. 员工培训。所有此次培训对象的管理者都会对员工进行培训,但只有 10%的人员制定了员工培训计划且认真执行,10%的人员认为没有时间对下属进行培训。由此可以看出,他们大都意识到对下属进行培训的重要性,但真正能落实的人比较少,而且对于培训技巧他们还需要学习。

四、培训计划建议

1. 时间安排。培训时间:××日至××日,共计××天。

2. 课程设置安排,参见表 2-8。

表 2-8 中层管理人员培训课程设置安排一览表

| 培训课程 | 培训课时 |
|---|---|
| 1.管理者的角色定位与主要工作职责 | 2 |
| 2.部门工作计划的制定与执行 | 4 |
| 3.有效的授权 | 4 |
| 4.员工激励 | 4 |
| 5.高效团队的建设 | 4 |
| 6.培训技巧 | 3 |
| 7.如何与上级领导进行有效沟通 | 2 |
| 8.如何与下属员工进行有效沟通 | 2 |

### 章尾案例：D 公司的标准化、规范化的培训需求分析[①]

D 公司是一家提供移动通信网络全面解决整体方案的高科技公司，主营业务为移动通信网络设计、系统设备、网管计费、移动智网新业务等网络支撑软件开发。一直以来，公司高层就很看重企业的培训工作，总经理亲自监督完成培训中心的硬件建设，确定了培训中心组织机构、人员、资金与场地设备，同时制定了公司的培训工作制度，其中规定：在每次培训项目的实施过程中，HR 的首要工作是进行培训需求分析，在此基础上制定相应的培训计划，比如说新员工的入职培训或现有员工的能力提升与职业发展等。

D 公司的培训需求分析工作流程主要包括"培训需求调查""《培训需求详表》初步成形""《培训需求详表》完善"这三个环节。

## 一、员工的心思你别猜——踏踏实实做好培训需求调查

针对员工实际情况进行调查是做好培训需求分析工作的首要环节，切忌想当然地猜测员工对于培训的需要。培训需求信息的收集需要从两个层面进行：第一是部门层面，从企业战略目标出发分析本部门的培训需求；第二是员工层面，根据岗位任职资格要求、员工职业发展要求以及绩效改进要求，分析员工层面的培训需求。

基于此，D 公司的培训需求调查工作分以下两个步骤进行。

---

① 李芳，白洁．让培训需求分析步入正轨：D 企业培训需求分析流程[J]．人力资源管理，2007(5)：58-62.

## （一）第一步，培训需求沟通

在培训需求调查之初，D公司HR指导部门直线经理就培训需求做了两方面的沟通工作，既包括各部门经理与本部门员工就培训需求问题的沟通，也包括人力资源部门与各部门经理的培训沟通，历时四天（企业规模大小不同，此过程需要的时间也不同）。经此过程，直线经理能够全面了解所属部门员工的岗位任职资格标准以及员工的绩效评价结果。然后根据部门业务发展需要和员工个人的职业发展需要，与员工共同确定培训需求，并填写《员工培训需求调查表》（参见表2-9）。

**表2-9　员工培训需求调查表**

填表人__________　填写时间__________

| 部门 | | 员工姓名 | | 岗位 | |
|---|---|---|---|---|---|
| 员工绩效达成需求 | 项目 | 需要提高的内容 | | 所需培训 | |
| | 1 | | | | |
| | 2 | | | | |
| | 3 | | | | |
| | …… | | | | |
| 业务技能提升需求 | | | | | |
| 员工职业发展需求 | | | | | |

## （二）培训需求的收集与汇总

在部门直线经理完成《员工培训需求调查表》之后，D公司HR要求各部门培训管理人员完成本部门所有表单的收集汇总工作，形成《员工培训需求表》（参见表2-10）。此项工作最好在部门直线经理完成培训需求沟通之后的一天内完成。

**表2-10　员工培训需求表**

○专业类　○通用类　○新员工　○汇总表

填表人__________填写时间__________

| 公司 | | 部门 | | 审批 | |
|---|---|---|---|---|---|
| 序号 | 培训内容 | 培训目标 | 培训对象 | 人数 | 备注 |
| 1 | | | | | |
| 2 | | | | | |
| 3 | | | | | |
| …… | | | | | |

## 二、整理、访谈、分析——形成《培训需求详表》

此阶段的目的是由 HR 对部门培训需求进行汇总分类与补充完善，以形成《培训需求详表》（见表 2-11），具体包括以下三个步骤。

**表 2-11 培训需求详表**

○专业类 ○通用类

填表人_________ 填写时间_________

| | | | | | |
|---|---|---|---|---|---|
| 培训班名称 | | | 培训班代号 | | |
| 培训目标 | | | 培训对象 | | |
| 培训内容 | | | | | |
| 负责人 | | 时间 | 地点 | | |
| 期数 | | 时长 | | 人数 | |
| 教材级别 | | 教材名称 | | | |
| 培训方式 | | | | | |
| 师资类别 | | 薪酬标准 | | 其他费用 | |
| 培训班类型 | | | | | |
| 评估层次 | | | 评估方法 | | |
| | | | | | |

### （一）第一步：分类整理部门培训需求

在培训需求调查工作结束后的一周内，各部门培训管理人员按照培训需求类别对所收集到的《员工培训需求表》进行分类整理。在此过程中，工作关键点是通过合并筛选各部门的培训需求，区分出通用类和专业类两种培训需求。上交部门主管审批通过后，将《员工培训需求表》提交人力资源部主管培训的部门。

### （二）第二步：进行培训需求访谈

为了获取战略性培训需求与领导班子方面的培训需求信息，D 公司 HR 在收集到员工需求信息后，没有忽视对相关领导进行培训需求访谈工作。他们依据访谈所得到的培训需求做好记录，为接下来《培训需求详表》的成形工作提供相关参考信息，这一任务在培训需求调查后的第二周内完成。

### （三）第三步：详细分析形成《培训需求详表》

根据访谈结果与已分类的《员工培训需求表》，D 公司人力资源部培训人员依据培训需求深入分析控制程序，由通用与专用两类《员工培训需求表》确定《培训需求详表》包含哪些信息（参见表 2-11）。此项工作继访谈结束后的两周之内完成。

### 三、一切从实际出发——完善《培训需求详表》

制定好《培训需求详表》之后，D 公司 HR 在接下来的两天内需要完成相关项目的设计工作。此工作主要涉及两方面内容：一是选择培训形式；二是规划培训课程。在此过程中，需要注意的是培训内容和形式的选择要从每次培训的实际情况出发，考虑到员工个性化需求、经费限制与时间限制等因素，寻求最佳方法与途径。

### 四、总结——D 公司的培训需求分析流程

#### （一）流程一：员工培训需求调查工作流程（见图 2-6）

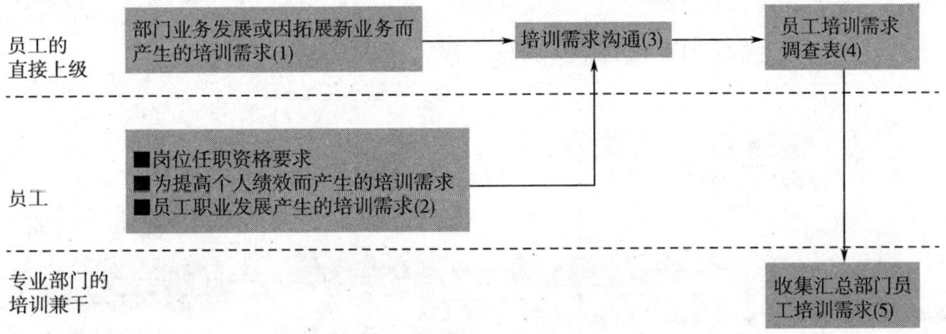


**图 2-6 员工培训需求调查工作流程**

（1）员工的直接上级根据人力资源部提供的员工岗位任职资格标准、员工的绩效评价结果和部门业务技能提升需要，分析员工的培训需求。

（2）员工从自己的职业生涯发展需要出发，分析自己的培训需求。

（3）员工的直接上级和员工就培训需求进行沟通，共同确定培训需求。

（4）员工填写《员工培训需求调查表》。

（5）各部门培训兼干收集汇总部门内所有员工的《员工培训需求调查表》。

#### （二）流程二：《培训需求详表》成形流程（见图 2-7）

（1）人力资源部依据总经理办公室下达的培训任务，对班子成员进行需求访谈。

（2）人力资源部结合访谈内容汇总分析《员工培训需求表》，形成公司通用类

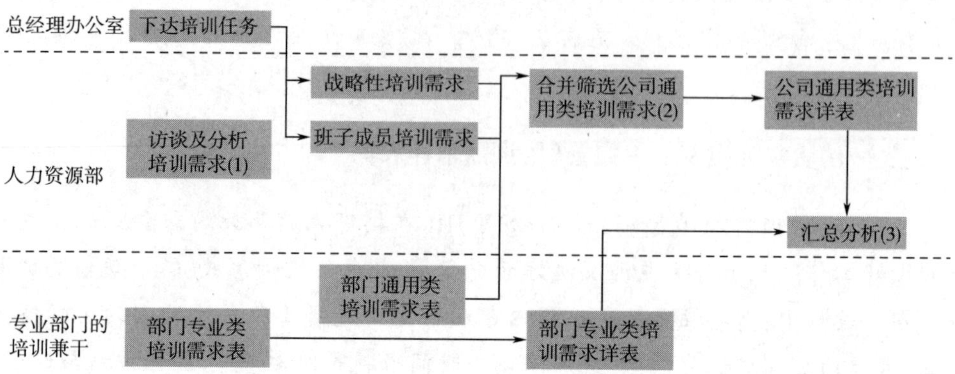


**图 2-7 《培训需求详表》成形流程**

培训需求。

(3)人力资源部对公司通用类与专业类培训需求情况进行详细分析,形成《培训需求详表》。

## (三)流程三:《培训需求详表》填写流程(见图 2-8)

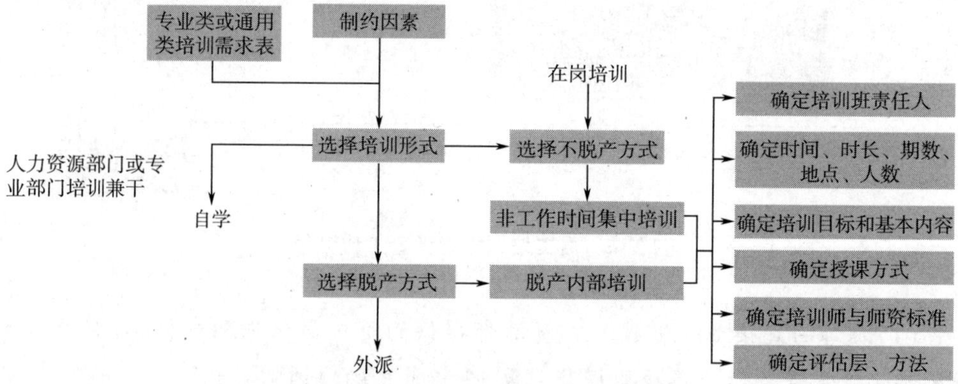


**图 2-8 《培训需求详表》填写流程**

(1)针对《员工培训需求表》中各项内容,综合考虑员工个性需求、经费与时间等限制因素,人力资源部或者各部门培训兼干选择适宜的培训形式。

(2)针对已经确定的培训内容,人力资源部或培训需求提出部门的培训兼干负责完成培训规划制定与《培训需求详表》填写工作。

# 第三章　培训计划:谋定后动,拟降风险

**章首案例:院前急救人员2019年培训计划方案**

岁末年初,是企业制定一年工作目标和年度工作计划的时候,作为人力资源计划重要组成部分之一的培训计划编制就成为人力资源部的工作重点之一。但令培训经理尴尬的是,培训计划年年做,但年年都是老一套。如何使新的年度培训出现亮点,全面提升培训效果,如何更好地实现培训的年度"接力",是培训经理岗位必须接受的挑战,也是其岗位技能专业性的重要体现。

众所周知,制定培训计划要本着有利于公司总体目标的实现,有利于提高竞争能力、获利能力及获利水平的原则,以员工为中心点,切实提高和改善员工的态度、知识、技能和行为模式。良好的培训计划是成功的一半,当培训计划在为企业经营和业务发展提供帮助,在为管理者提高整体绩效时,培训将发挥出最大的作用。

2018年,笔者带领课题组,历时半年做出了基于岗位胜任力测评院前急救人员的培训与开发项目,现摘录其中部分培训计划方案。

## 一、培训目的

表3-1是根据2018年10月31日—11月2日院前急救人员所填写的培训需求调查问卷得到的。通过调查,可知院前急救人员渴求个人成长,特别是工作技能与能力的提升。有鉴于此,本次培训目的主要有以下两点。

**表3-1　院前急救人员培训目的调查表**

| 培训目的 | 人数 | 占比(%) |
| --- | --- | --- |
| 1. 提升个人素质和工作能力 | 58 | 93.5 |
| 2. 促进工作交流 | 40 | 64.5 |
| 3. 取得学习证书 | 35 | 56.5 |
| 4. 完成组织要求的培训任务 | 29 | 46.8 |
| 5. 结交新朋友 | 21 | 33.9 |
| 6. 与任职或任用挂钩 | 20 | 32.3 |
| 7. 档案有记载 | 12 | 19.4 |

续表

| 培训目的 | 人数 | 占比(%) |
| --- | --- | --- |
| 8. 取得学历学位 | 11 | 17.7 |
| 9. 其他 | 6 | 9.7 |

第一，打造高绩效团队，提升个人素质与工作能力。

具体而言，加强院前急救人员的职业素养与敬业精神，提高员工的工作技能、工作态度与行为模式，减少工作失误，提高工作效率，在满足院前急救服务水平发展需要的同时，更好地完成院前急救各项工作计划。

第二，拓宽渠道，有效开展培训工作。

具体而言，完善各项培训制度、培训流程，以及建立系统的培训体系，做好分层分类培训工作。例如，以提升经营管理为目标的领导人员培训，以提升业务能力为目标的专项培训，以提升专业技术为目标的高研班。

## 二、培训理念

### (一)体验式轮岗(job rotation)

体验式轮岗指短期到另一岗位体验学习，学习完毕后回原岗位工作的一种轮岗方式。

### (二)行动学习法(action learning)

行动学习法指通过行动实践学习，即学习者通过对实际工作中的问题、任务、项目等进行处理，打破学习与工作的边界。

### (三)动态学习法(dynamic learning)

动态学习法指以结果为导向的学习法，在企业各种实际大小会议中进行，打破学习与工作的边界，是企业培训、学习与发展的趋势。

## 三、培训原则

(1)按需施教，学用结合。

(2)各个部门各负其责，密切配合，通力协作。

(3)培训内容必须有益于公司管理和公司发展。

(4)以素质提升、技能强化、能力培养为核心。

## 四、培训课程设计

基于院前急救人员岗位胜任力模型，编写培训需求问卷调查表，培训准备阶段由各业务部门负责人收集员工所填写的培训需求调查表，由被调查员工签字确认后，提交至人力资源部。再经汇总，得到员工切实的培训课程需求。

(一)培训时间的确定

表3-2显示，院前急救人员倾向于短期在职班，因此，拟定三天之内的培训课程。

表3-2　院前急救人员培训时间需求

| | 频数 | 有效百分比 | 累计百分比 |
|---|---|---|---|
| 短期在职班，不超过3天 | 25 | 40.3 | 40.3 |
| 短期脱产班，不超过5天 | 16 | 25.8 | 66.1 |
| 中期脱产培训，一般不超过1个月 | 6 | 9.7 | 75.8 |
| 较长时间脱产，1个月以上3个月以内 | 8 | 12.9 | 88.7 |
| 长时间脱产，1年以上 | 4 | 6.5 | 95.2 |
| 其他 | 3 | 4.8 | 100.0 |
| 总计 | 62 | 100.0 | |

(二)培训模式的确定

表3-3显示，院前急救人员对于培训模式偏好前三位的依次是现场观摩、案例教学、课堂讲授。

表3-3　院前急救人员最喜欢的培训模式调查表

| 喜欢的授课方式 | 人数 | 占比(%) |
|---|---|---|
| 课堂讲授 | 42 | 67.7 |
| 交流研讨 | 33 | 53.2 |
| 案例教学 | 46 | 74.2 |
| 现场观摩 | 48 | 77.4 |
| 参观考察 | 34 | 54.8 |

(三)培训课程的确定

根据前期岗位胜任力测评结果与培训需求调查结果，可初步评估院前急救人员亟须提升的能力素质为风险控制、自控力、执行力、主动性与尽责性。再通过关键员工的焦点访谈，确定培训课程的名称(参见表3-4)。

表 3-4　培训课程表

| 提升能力 | 课程名称 | 培训模式 | 授课小时数 |
|---|---|---|---|
| 风险控制 | 风险管理与控制 | 课堂讲授、案例分析+行动式学习 | 4 |
| 自控力 | 管理者的自我管理 | 课堂讲授、案例分析+角色扮演 | 4 |
| 执行力 | 高效执行力开发与塑造 | 课堂讲授、案例分析+小组讨论 | 6 |
| 主动性 | 《把信送给加西亚》研讨会 | 交流研讨、体验式学习 | 4 |
| 尽责性 | 医护人员责任心与责任感 | 现场观摩、室内拓展训练 | 6 |

### (四)培训师的选择与管理

为充分开发内部讲师资源，2019 年增加内部培训师授课权重，课程开发优先内部讲师选课，只有那些学员满意度达 80%以上的内部讲师才可以选择时间再开班；外部讲师选择具有丰富的专业知识、良好的沟通能力，且只有那些学员满意度达 88%以上的外部讲师才可以选择时间再开班。

## 五、培训的实施

由中心根据本计划负责具体组织实施，包括培训讲师的选择、培训场地和设备的准备等。培训时应填写《员工培训签到表》，培训完毕应填写《内部培训效果评估表》和《培训训后总结报告》。所有材料由中心人事部门统一存档备案，并作为以后的晋升参考依据。

## 六、培训效果评估

培训效果评估是对参加者的知识、技能、态度的接受与更新能力，综合素质与潜在发展能力的评价。参与评估的学员和主管应以对自己、对同事、对培训师、对急救中心负责任的态度，正确认识评估的重要性，客观地、实事求是地进行评估。评估是为了改进培训质量、增强培训效果、降低培训成本。针对评估结果，重要的是要采取相应的纠偏措施并不断跟踪反馈，而不是评估过就完事了。

### (一)培训评估数据来源

培训评估与绩效考核可以结合在一起，通常需要收集的资料来源如下。

(1)培训课堂考核(纪律和态度)。

(2)培训评估。

(3)考试、心得报告、工作笔记、案例分析。

(4)日常工作应用(有记录或成果)。

(5)工作改善计划或方案,并组织实施(主要指标)。

(6)分享、授课或主持研讨会。

### (二)培训评估数据收集与处理步骤

1. 一级评估

数据收集方式有问卷,课程结束后面谈/电话,选定小组教室里讨论,本次培训主要是通过参训者填写培训评估反馈表的方式收集相关培训数据。

数据收集时间可选择在每个模块结束后、每天结束后、每个课程结束后或几周后进行,建议本次培训在每个课程结束后进行数据收集。

培训结束后向参训员工发放培训评估反馈表,此项工作由培训组织者负责,并及时对反馈信息进行汇总和分析,及时对培训工作进行有效调整。

2. 二级评估

数据收集方式有测试、角色扮演等。

数据收集可以在培训前及培训后或在培训中进行。

在一级反应评估的基础上,要求运用所学的知识解答试题;进行现场操作;对于专业性岗位课程,要求参训员工提出改善方案并执行。

3. 三级评估

数据收集的方式有培训学员填写着重于技能方面的问卷,访谈培训学员,以及其同事和主管观察其工作中的表现等。

可以在几个月内进行数据收集,据此衡量参训员工在工作中的技能或通过小组学习对比评价等。

主管、同事、下属等通过观察对参训员工进行评估,或参训员工进行自我评估。这些评估需要借助调查问卷或访谈提纲等资料。

## 七、培训档案管理

### (一)个人培训档案管理

建立员工培训档案,凡是员工所受的各种培训,应将培训记录、证书、考核结果、相关资料都要进行汇总,由人事部整理归档,纳入个人档案。

### (二)课程档案管理

建立课程培训档案,包括培训的时间、地点、内容、培训对象、培训讲师等。培训中展开的各类培训课程、参加者签到记录、课程考核评估等都由人事部门进行分类登记、保管。每次培训的归档资料应包括以下内容。

(1)培训通知。

(2)培训教材或讲义。

(3)培训考核问卷。

(4)受训人员名单及签到情况表(包括迟到、缺席以及请假手续)。

(5)培训效果评估表。

(6)受训学员书面考核成绩或心得总结。

图 3-1 是培训评估中的数据收集与分析程序。

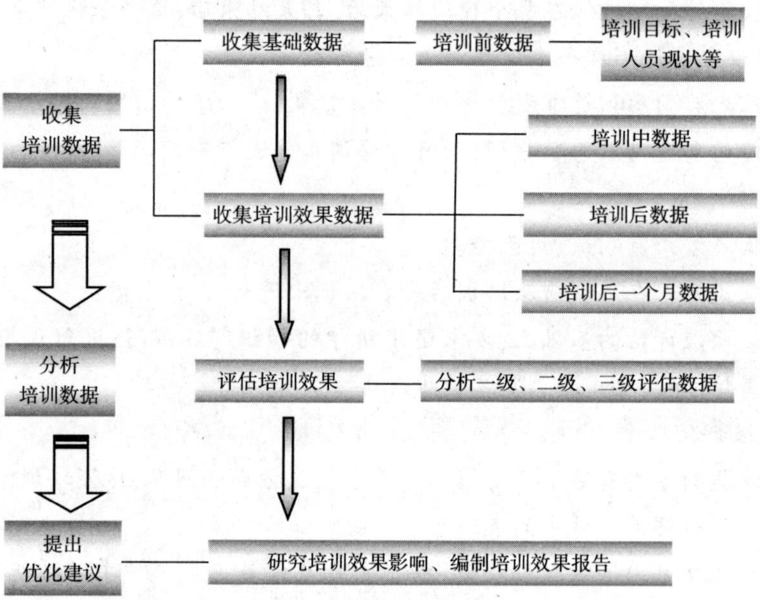


**图 3-1　培训评估中的数据收集与分析程序**

## 八、培训纪律

(1)培训时不准吸烟。

(2)接受培训人员应提前到达指定场所并签到。

(3)手机必须调至震动状态，接听电话请到走廊。

(4)培训时，受训人员应认真听讲，必要时做笔记。

(5)在规定的培训时间内，不准从事与培训无关的事情，即使是本职的业务工作，也不能在培训时间内开展。

## 九、请假规定与考核处理办法

特殊情况不能参加培训的人员，必须按照培训中心规定履行请假手续并由人事部门记录在档。培训迟到、缺席者，按中心考勤制度处理。

每到年底，很多培训经理和HR经理都开始积极筹备年度培训规划的编制工作，但笔者发现许多企业的年度培训规划是做得漂亮，却不实用；做得热闹，却不实际；规划年年做，年年差不多。人才的培训教育是企业提升人才素质，实现企业绩效最重要的手段。人才竞争归根结底就是企业的核心竞争力之争，一个企业重视对员工的培训，就必须要重视员工的培训规划。

## 第一节　年度培训规划界定与编制诀窍

所谓企业的年度培训规划，是基于企业年度战略发展方向的，针对年度经营的重心和员工素质、组织素养不足等问题，通过系统性、科学性、有效性、可执行性的培训方案展开，以此确定企业员工培训目标、培训主题、培训内容、培训对象、培训方式等一系列工作，确保培训规划高效实施。因此，能否把企业年度培训规划做好，是考量企业培训经理、主管或人力资源经理是否专业的标志。要做好规划，除了要熟悉企业战略、企业文化，了解员工素质外，做好以下五个关键点，才能确保规划有的放矢。

### 一、依托发展战略和经营重点，明确年度培训目标

企业年度培训规划之所以存在年年做，年年差不多的情形，是因为人力资源部门在做规划时对企业年度发展战略和年度经营管理重心不熟悉所致。同时，企业老总在审批年度培训规划时，也没有仔细观察、理解和分析就一笔挥过，在实施的时候却又不批准不履行培训计划，造成规划流产。因此，做企业培训规划的负责人要花一周或更长时间同企业最高领导人、营销团队、研发团队、管理团队充分互动沟通，掌握企业年度战略重心、经营重点、管理对策，以此来满足组织、部门和员工在重要工作计划上所需要的核心理念、核心能力、核心行为同企业目标要求相一致，最终找到年度培训的总目标、季度目标、月度目标、每一个与培训主题的相关目标，从而选择有针对性、合理性、系统性的培训。

以雀巢培训中的七大目标为例。

#### (一)传播公司文化

瑞士总部的一些价值观与原则在经年累月的考验下，非常值得推广。公司高层将培训作为传播渠道，希望能将这些价值观传递给每一位员工。雀巢相信，每个员工都是个人职能领域的领导者，尽管他也许并非处于管理岗位，但仍具备自身的影响力。因此，只有当每位员工都了解且遵循公司的价值观与原则时，公司的文化才会得到有效传承。

（二）教授产品知识

对于业务人员而言，产品知识非常重要。雀巢的产品不下万种，每个业务单元的员工都需要了解相关产品是什么、为什么要去销售、其质量如何等。业务人员应该信任自己公司产品，就好像产品大使一般，对其了如指掌。

此外，雀巢的愿景是“营养、健康和幸福生活”，由于食品公司的性质，员工还需参与一套关于营养的培训。“我们每个员工都要认识到，雀巢每一个产品当中含有哪些营养元素，为什么比其他公司的产品更好。”这种培训在雀巢又称为培养NQ（nutrition quotient），由专业的营养师进行指导。

（三）确保食品安全

作为全球最大的食品公司之一，雀巢必须对品牌负责，食品安全是重中之重。因而，合规培训在雀巢也有着重要地位，相关人员必须熟知国际以及大中华区的食品安全标准，确保过关。

（四）维护内部平等

组织中常常会出现无意识偏见（unconscious bias），而雀巢内部一直宣扬尊重与平等，提倡消除偏见。这些观念通过培训灌输给每一位员工。

（五）提升岗位能力

提升岗位能力属于常规培训，针对不同的职能领域进行定制化培养。

（六）培养管理与领导能力

从普通员工晋升为管理者之后，所需的基本技能也会增加，例如，策划、组织、监督、授权、教练等。

（七）紧跟时代潮流

除了保持优良传统，雀巢也在紧跟当前学习与发展趋势，尝试推广 e-Learning 与移动学习，帮助员工更方便快捷地学习。

## 二、针对不足和问题，明确年度培训需求

培训的主题形成来源于组织和员工的培训需求，而培训需求的产生一般遵循木桶原理，即缺什么补什么。因此培训规划在拟定前，培训规划负责人要通过各种工具如绩效分析法、面谈法、观察法、岗位要因分析法等分析组织和员工的培训需求，同时企业的整体培训需求要从企业发展战略、企业文化、企业年度工作计划、行业特性、企业发展阶段等不同方面统一寻找，要召开部门和企业中高层碰头会议讨论、分析总结、提炼形成培训需求。所以，培训需求分析是制定培训规划最重要的

一环，让各部门的管理人员通过规划可以认识到自己的工作重心是要提高员工士气还是提升员工能力，或者是提高管理绩效。

## 三、收集意见和建议，明确年度培训的内容、要点

制定企业年度培训规划，人力资源部门不能闭门造车，要发动全体员工的力量，听取不同层次人员的意见，并要让各部门负责人和高层领导充分参与进来，明确各层次领导在制定年度培训规划时的工作重点。高层领导负责把关并提出建设性意见；部门领导负责把关、实施和拟定本部门培训规划方案；人力资源培训专员和培训主管负责各部门培训需求的分析汇总、培训主题的确认等工作；而人力资源最高负责人要对培训规划的有效性、可操作性、针对性、系统性进行把关。只有群策群力、集思广益，培训的内容和要点才能明确、才能清晰、才能高效。

## 四、筛选分析企业培训需求，形成培训开发计划

培训需求分析完成后，培训主题的明确和提炼是重点。通过明确的需求来实施培训，制定课程开发计划。因此，最终要形成企业常规类培训课程、技术类培训课程、管理类培训课程、领导类培训课程、岗位晋升类培训课程、特色类培训课程等不同门类、不同层级的教学计划，建立起完整的课程目录表，加强对培训课程的管理，进而保证课程的延续和持续改善。根据课程日录计划表，组织企业领导进行需求讨论，达成共识，进行自我分析，确定计划的可行性，从而使开发计划有标准、有层次、有方向、有重点，培训更系统、更完善。

## 五、推行培训管理和内训体系，全面提升培训效果

年度培训规划不只是培训课程的罗列，而是培训管理的深入和培训体系的规范。因此，培训规划要与企业的培训制度、培训实施执行、培训效果评估、培训效果转化、培训奖惩激励联系起来，并在企业内部建立一支优质、好学、乐为人师的内训师队伍，把内部培训师训练成一支高效之师、能力之师、专业之师。针对年度一些重要的课程与技能培训，以及一些核心员工的培训，人力资源部可以采取“分步培训→分步练习→集中评估→效果转化→成果发表→奖惩激励”的方式，以极大地增强培训效果。

总之，要想做好企业培训规划，绝不是简单的培训计划的罗列或抄袭，它考量的是培训规划团队和负责人的业务能力、分析能力、规划能力、会议总结和提炼能力。年度培训规划一定要选择 1 至 3 个年度的经营工作重点和管理方向作为突破口。这是企业在进行新年度培训规划时所需采用的策略，从而给企业员工提供最

优质、最满意、最实用的培训服务，通过具体的培训规划制定真正为企业经营能力提升和员工素质水准的提升做出切实保障。

## 第二节 培训计划界定与内容框架

所谓培训计划是指按照一定的逻辑顺序排列的记录，它是从组织的战略出发，在全面、客观的培训需求分析基础上做出的对培训时间、培训地点、培训者、培训对象、培训方式、培训内容等的预告设定。从某种意义上讲，培训计划的作用就如同驾车外出旅行时常需要的道路指南。

具体的培训计划内容见表 3-5。

**表 3-5 具体的培训计划内容**

| 项目 | 具体内容 |
|---|---|
| 培训目的 | 每个培训项目都要有明确的目的：为什么培训？要达到什么样的培训效果？怎样培训才能做到有的放矢？培训目的要简洁，具有可操作性，最好能够衡量，这样就可以有效检查人员培训的效果，便于以后的培训评估 |
| 培训对象 | 主要培训对象包括中高层管理人员、关键技术人员、营销人员，以及业务骨干等。确定培训对象后，就可作分组分类培训，避免培训浪费 |
| 培训课程 | 按轻重缓急原则，分为重点培训课程、常规培训课程、临时性培训课程三类。其中，重点培训课程主要针对全公司的共性问题、未来发展大计进行培训，或者针对重点对象进行培训 |
| 培训形式 | 培训形式分为内训与外训两类。内训包括集中培训、交流讨论、在职辅导、个人学习等；外训包括外部短期培训、MBA 进修、专业会议交流等 |
| 培训内容 | 培训内容涉及管理实践、行业发展、企业规章制度、工作流程、专项业务、企业文化等课程 |
| 培训讲师 | 讲师在培训中起到了举足轻重的作用，分为外部讲师与内部讲师 |
| 培训时间 | 培训时间包括培训执行的计划期或有效期、培训计划中每一个培训项目的实施时间，以及每一门课的课时。时间安排需要具有前瞻性，时机选择要恰当，以尽量不与日常工作时间相冲突为原则，同时要兼顾学员的时间 |
| 培训地点 | 培训地点包括每个培训项目实施地点，及实施每个培训项目时的集合地点 |
| 培训设备准备 | 培训设备准备为教学正常进行所准备的各种器材，以及给学员发放的各种资料 |

续表

| 项目 | 具体内容 |
|---|---|
| 考评方式 | 培训评估数据收集时,采用多种考核测试与评价手段 |
| 调整方式 | 计划变更或调整的程序及权限范围 |
| 培训预算 | 培训预算包括整体计划的执行费用和每一个培训项目的执行或实施费用 |

## 第三节 培训课程开发的模型与工具

根据企业对人才培养的不同需要,根据教学设计专家长期的研究结果,总结出七种不同的课程开发(教学设计)模型,即 ADDIE 模型、SAM 模型、ISD 模型、HPT 模型、CDOS 模型、霍尔模型、纳德勒模型。

对于培训师而言,课程开发能力是培训技术的核心,它决定了培训师在培训行业里能走多远;如果说授课的方法、技巧只是“招数”的话,课程开发才是真正的竞争王道。

### 一、ADDIE 模型

ADDIE 模型(亦称瀑布式课程开发模型)的全称是 Analysis 分析、Design 设计、Development 发展、Implementation 实施、Evaluation 评估,是一套系统的发展教学的方法,是目前企业培训课程开发领域最为经典一个理论模型,它主要包含了:要学什么——学习目标的制定;如何去学——学习策略的运用;如何判断学习者已到达学习成效(学习效果评估)。当前,大多教育设计模型是其副产品或 ADDIE 的变异塑造。

图 3-2 是 ADDIE 瀑布式教学设计流程图。

图 3-3 是 ADDIE 瀑布式课程开发流程图。

图 3-3 清楚地告诉我们,ADDIE 瀑布式课程开发模型的操作步骤,如下述应用案例。

#### (一)A——需求确定

某大型国企北京总部某年招进应届生 90 人。入职后,公司针对员工开展了基本的入职培训,然后安排到之前设置好的岗位上,正常参加工作。但是不久之后,各部门主管分别反映新人工作技能达不到岗位要求,任务常常完成不了。人力资

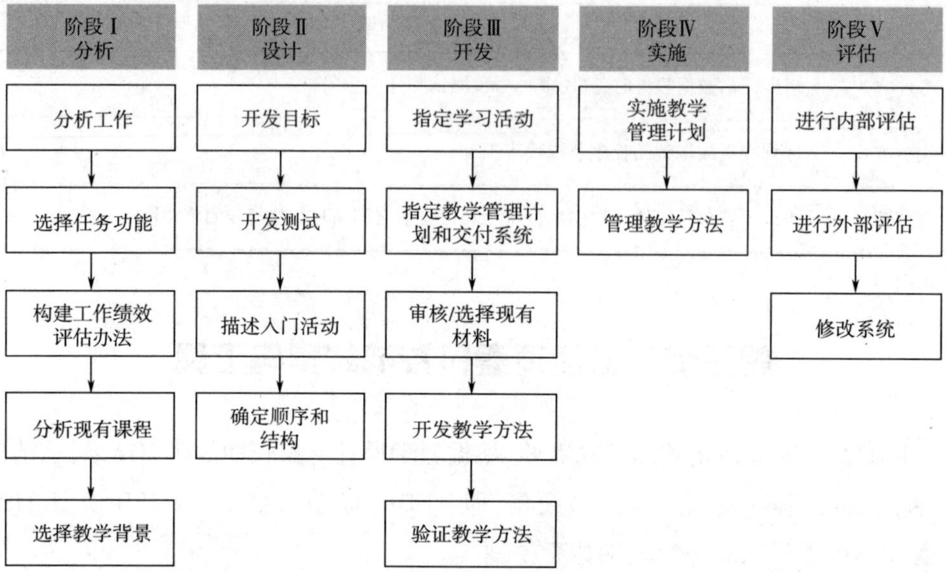


**图 3-2　ADDIE 瀑布式教学设计流程**

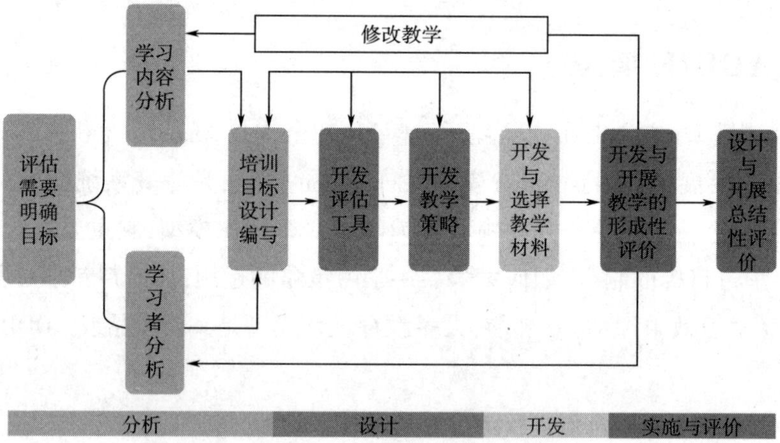


**图 3-3　ADDIE 瀑布式课程开发流程**

源部对相关人员就问题进行调研核实，发现新人比较欠缺公文写作技能、资料整理技能、信息收集与应用技能、时间管理技能。针对以上这些问题，人力资源部运用 ADDIE 模型开发了“新员工提升工作技能的四项修炼”课程。

（二）D——培训设计

确定课程大纲如下。

第一项修炼,商务写作技能
- 明确什么是商务写作
- 如何进行商务写作
- 商务写作的技巧
- 企业内部文书书写
- 企业对外文书书写

第二项修炼,资料整理技能
- 资料分类方法
- 不同资料整理技巧
- 办公桌整理艺术

第三项修炼,信息收集及应用技能
- 工作中需要哪些信息
- 七种收集信息方法
- 七步完成信息收集
- 避免收集错误信息的方法

第四项修炼,时间管理技能
- 什么是时间管理
- 如何进行时间管理

(三)D——开发

培训策略设计如下。

(1)培训教学活动程序设计。

①开场后有一个破冰活动,小到一个与主题相关的幽默小故事分享,大到一起动手完成一个五分钟左右的游戏,拉近距离,提高培训者的兴趣和投入度。

②正式讲解课程内容,过程中培训师应当亲切幽默,适时采用互动、引导思考等手段,让员工积极参与培训。

(2)培训授课方法设计。

面授、游戏体验、案例分析。

(3)培训教学组织形式设计。

采用分组教学形式,每小组五人,选组长一名,以便开展各类课堂活动。

(4) 培训教学内容传递顺序设计一。

①应届生对商务写作是什么、有何作用、怎么操作等不甚了解,所以该模块教学内容按照“商务写作梗概→怎么进行商务写作→什么是优秀的商务写作→不同类型的商务文件写作(内、外部)”的顺序展开。

②新员工之前在学校接触的都是教材等比较单一的资料形式,而在工作中所接触到的资料则是多种多样、千差万别的。因此,第二项修炼的顺序为“工作资料是什么→工作资料怎么分类→每种类型的资料整理技巧→办公桌整理技巧”。

(5)培训教学内容传递顺序设计二。

①作为应届毕业生,缺乏工作经验,他们并不知道工作中到底需要哪些信息且如何获得、如何甄别,所以第三项修炼的顺序应该是“工作中需要哪些信息→怎样收集信息(方法与步骤)→信息收集的一些注意事项”。

②学校生活总是按部就班,到什么时间上什么课。工作则不同,时间规律性不

强，需要自己规划，尽可能让所有工作不超过完成期限，对于某些交叉进行的任务，需要较强的时间管理的能力，因此，第四项修炼的顺序应该是“为什么要进行时间管理，如何做好时间管理”。

(6)培训教学媒体应用设计。

电脑、投影、写字笔、写字板及配件。

## (四)I——实施

课程实施前，明确并填写策略表如下(见表3-6)。

**表3-6 培训课程基本信息**

| | | | |
|---|---|---|---|
| 课程编号 | | 课程名称 | |
| 课程时长 | | 课程对象 | |
| 培训课程策略设计 | | | |
| 培训教学活动程序设置 | | | |
| 培训授课方法设计 | | | |
| 培训教学组织形式设计 | | | |
| 培训教学内容传递顺序设计 | | | |
| 培训教学媒体应用设计 | | | |

## (五)E——培训评估

表3-7是培训评估表。

**表 3–7　培训评估表**

<table>
<tr><td colspan="10">课程基本信息</td></tr>
<tr><td colspan="2">课程名称</td><td colspan="2"></td><td colspan="3">讲师姓名</td><td colspan="3"></td></tr>
<tr><td colspan="2">授课时间</td><td colspan="2"></td><td colspan="3">授课方法</td><td colspan="3"></td></tr>
<tr><td colspan="10">培训对象基本情况</td></tr>
<tr><td colspan="2">姓名</td><td colspan="2"></td><td colspan="3">岗位</td><td colspan="3"></td></tr>
<tr><td colspan="2">联系方式</td><td colspan="2"></td><td colspan="3">工作年限</td><td colspan="3"></td></tr>
<tr><td colspan="10">调查项目（在相应方框内打“√”）</td></tr>
<tr><td colspan="2" rowspan="2">评价项目</td><td colspan="8">评价标准</td></tr>
<tr><td>很满意</td><td>满意</td><td colspan="2">一般</td><td colspan="2">较差</td><td colspan="2">差</td></tr>
<tr><td rowspan="5">课程内容</td><td>课程目标明确，可量化</td><td></td><td></td><td colspan="2"></td><td colspan="2"></td><td colspan="2"></td></tr>
<tr><td>内容与需求相匹配</td><td></td><td></td><td colspan="2"></td><td colspan="2"></td><td colspan="2"></td></tr>
<tr><td>课程内容编排合理</td><td></td><td></td><td colspan="2"></td><td colspan="2"></td><td colspan="2"></td></tr>
<tr><td>课程理论知识难易适当</td><td></td><td></td><td>难</td><td>易</td><td>较难</td><td>较易</td><td>太难</td><td>太易</td></tr>
<tr><td>案例互动有趣</td><td></td><td></td><td colspan="2"></td><td colspan="2"></td><td colspan="2"></td></tr>
<tr><td rowspan="6">讲师</td><td>对课程内容可以驾驭</td><td></td><td></td><td colspan="2"></td><td colspan="2"></td><td colspan="2"></td></tr>
<tr><td>仪容仪表得当</td><td></td><td></td><td colspan="2"></td><td colspan="2"></td><td colspan="2"></td></tr>
<tr><td>激发学员积极性</td><td></td><td></td><td colspan="2"></td><td colspan="2"></td><td colspan="2"></td></tr>
<tr><td>节奏掌握得当</td><td></td><td></td><td>快</td><td>慢</td><td>较快</td><td>较慢</td><td>太快</td><td>太慢</td></tr>
<tr><td>对沟通技巧的掌握</td><td></td><td></td><td colspan="2"></td><td colspan="2"></td><td colspan="2"></td></tr>
<tr><td>对工具的熟练程度</td><td></td><td></td><td colspan="2"></td><td colspan="2"></td><td colspan="2"></td></tr>
<tr><td rowspan="4">培训组织者</td><td>对课程时间安排合理</td><td></td><td></td><td colspan="2"></td><td colspan="2"></td><td colspan="2"></td></tr>
<tr><td>现场服务到位</td><td></td><td></td><td colspan="2"></td><td colspan="2"></td><td colspan="2"></td></tr>
<tr><td>教材、通知下发</td><td></td><td></td><td colspan="2"></td><td colspan="2"></td><td colspan="2"></td></tr>
<tr><td>教具的准备情况</td><td></td><td></td><td colspan="2"></td><td colspan="2"></td><td colspan="2"></td></tr>
<tr><td colspan="10">本次培训最受益匪浅的内容是：</td></tr>
<tr><td colspan="10"></td></tr>
<tr><td colspan="10">对课程不满意的地方有：</td></tr>
<tr><td colspan="10"></td></tr>
<tr><td colspan="10">其他建议：</td></tr>
</table>

## 二、SAM 模型

SAM 敏捷迭代课程开发模型（SAM 模型）亦称为持续性逼近开发模型（参见图 3-4），此模型强调将课程拆分成碎片化来开发课程，从课程设计之初就快速获取用户反馈，并最终接近最佳课程设计标准。

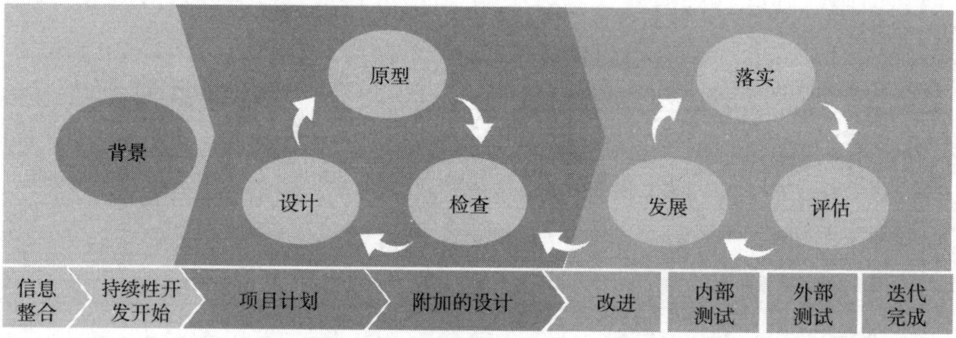


图 3-4　SAM 敏捷迭代课程开发模型

图 3-5 是 SAM 敏捷迭代课程开发流程图。

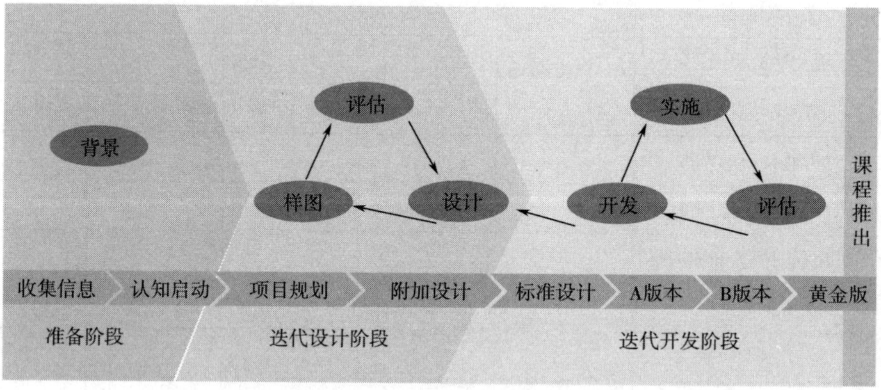


图 3-5　SAM 敏捷迭代课程开发流程

## 三、ISD 模型

ISD（instructional system design）即教学系统设计，ISD 模型即教学系统设计模型，它是以传播理论、学习理论、教学理论为基础，运用系统理论的观点和知识，分析教学中的问题和需求并从中找出最佳答案的一种理论和方法。

图 3-6 是 ISD 课程开发流程图。

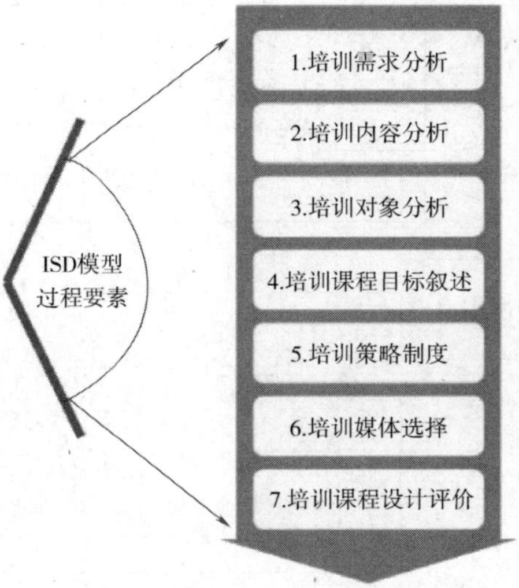


图 3-6 ISD 课程开发流程

## 四、HPT 模型

国际绩效改进协会(International Society for Performance Improvement)于 1992 年发布了 HPT(human performance technology)模型。HPT(人类绩效技术)模型,是通过运用涉及行为心理学、教学系统设计、组织开发和人力资源管理等多种学科的理论实施的广泛干预措施。因此,它强调对目前的以及期望达到的绩效水平进行严密分析,找出产生绩效差距的原因,提供大量帮助改进绩效的干预措施,指导变革管理过程并评价其结果。一言以蔽之,人类绩效技术就是一种绩效改进策略。

图 3-7 是 HPT(人类绩效技术)模型。

## 五、CDOS 模型

CDOS(course design operation standard,课程设计操作标准)的理论体系建立在以下三个基本假设之上。

假设 1——流程假设,要产生可以控制的培训效果,培训课程至少要满足以下两个条件之一:一是培训课程本身就是流程化任务的一部分,二是培训课程为学员提供了完成任务的流程。

假设 2——刺激假设,只有刺激(冲突、变化和问题)才能促成一个人的学习和改变。

假设 3——五方模型假设,课程设计与开发的完整过程可以假设为由五个模块组成的环状结构,即分析需求、整理结构、化解复杂、引导视听和追踪效果。

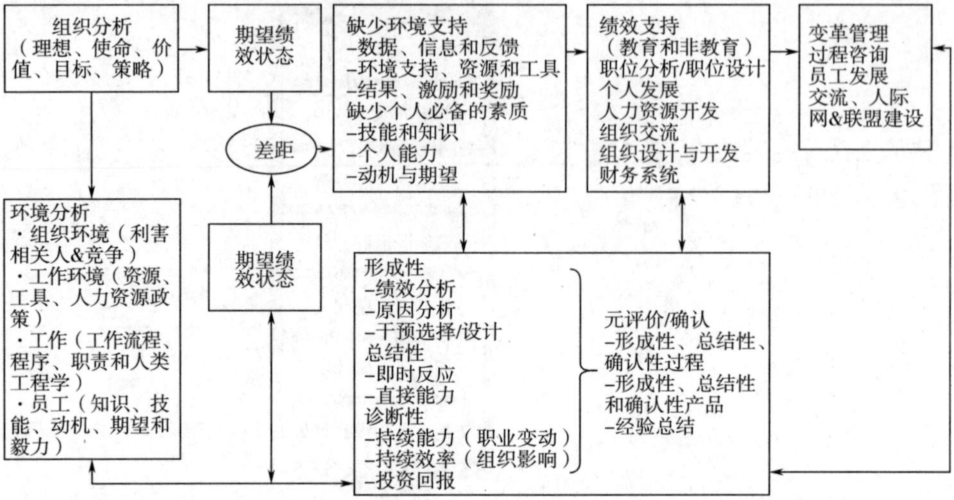


**图 3-7　HPT(人类绩效技术)模型**

此外，CDOS 还有四个非常重要的基本概念："流程""冲突""变化""问题"。流程，即可以控制的、从输入到输出的一个增值过程。冲突，即不能接受的状况或意外的状况。变化，即基于可比性的差异。问题，即不确定性。流程主要涉及组织的培训行为，流程、冲突和变化这三个概念合称为"刺激"，主要涉及学员个人的学习行为。

图 3-8 是课程设计的 CDOS 标准模型。

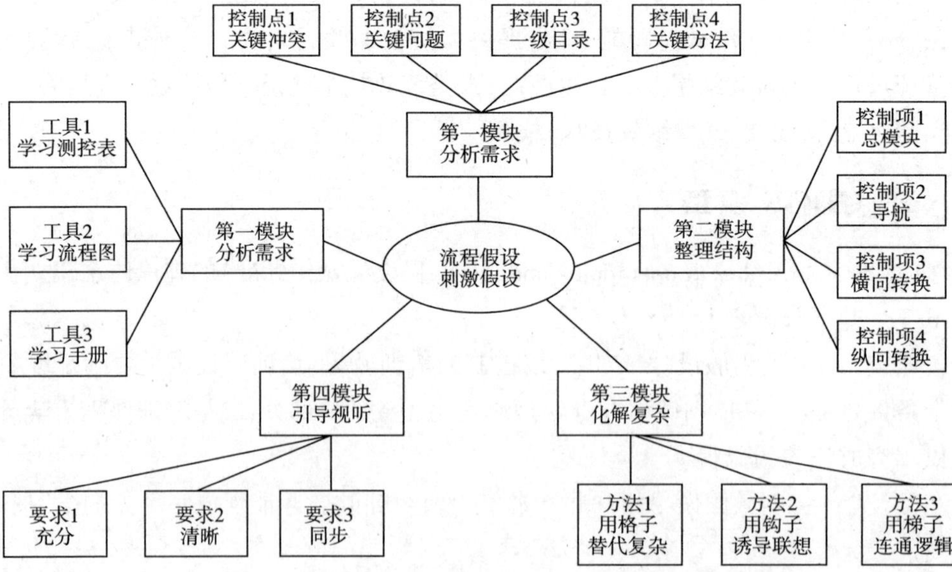


**图 3-8　课程设计的 CDOS 标准模型**

## 六、霍尔模型

1972年，美国著名成人教育专家霍尔（Hole）在多年研究的基础之上提出了接受培训的成人学习者的课程开发模式，即霍尔模型。该模型一共包括七个步骤，即确认可能的培训活动、对培训活动做出进一步的决策、确信与精选目标、设计合适的课程（资源、领导者、方法、时间安排、顺序、社会强化、个别化、角色和关系、评价标准、设计方案的阐述）、使课程适应更多培训对象的生活方式、实施课程计划、测量和评价结果（见图3-9）。

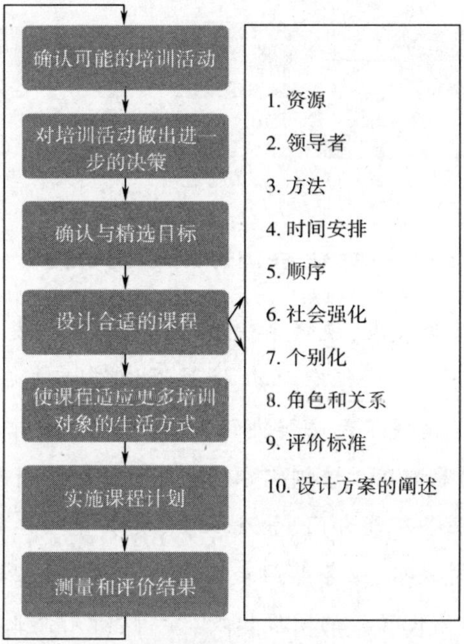


**图3-9　霍尔模型**

## 七、纳德勒模型

在人力资源开发领域，设计和开发各种课程以提高员工的工作效益是一项重要的工作。纳德勒模型就是一种开发企业培训课程的模型，其目的是通过培训课程方案的设计来促进企业的人力资源开发，在提高个人工作效益的基础上提升企业的效益。

纳德勒模型由八个重要的事件组成，即确定企业需求、指明工作绩效、确认学习需求、确认目标、建立课程、选择教学策略、选择教学资源、实施培训课程（见

图 3-10)。

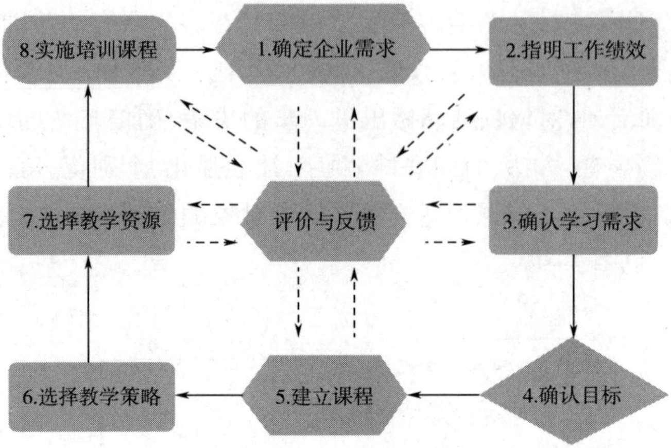


**图 3-10 纳德勒模型**

**章尾案例：集团企业一体化培训计划编制研究**①

随着我国经济的飞速发展，现代企业越来越重视人员发展，也纷纷开展了多种方式的员工培训，如课堂面授、行动学习、情景模拟、现场观摩、案例分析、在线学习等，但却效果甚微，甚至造成了无法解决的“工学矛盾、培训专业户”等新问题。究其原因，更多的问题溯源都在于培训需求、培训计划缺乏针对性，难以从企业整体战略、年度工作重点、业务职能部门、管理人员、员工等一体化管控线条出发，难以将员工个人需求同公司战略、业务部门与职能部门等多方战略进行综合平衡。有鉴于此，本案例将从一体化管控的角度出发，分析、研究企业培训计划编制，以期能给国内企业界提供一些参考意见及建议。

培训全年工作计划是配合企业年度工作目标、完成全年工作任务的有力保障。

## 一、年度培训计划制定的目的

### (一)实现培训工作的可控化

企业最核心的资源就是人力资本，通过科学化地设计员工培训计划，可以从长远规划企业各类员工的成长路径及知识地图，实现公司战略与员工执行之间的可控化，如通过全方位收集从上到下及从下到上的需求信息，确定集团整体规划。各

① 彭海跃．集团企业一体化培训计划编制研究[J]．人力资源管理，2014(4)：118-120.

子公司分别进行计划编制，可以实现公司层面培训工作可控、基层单位层面培训忙闲分配适当、员工层面培训助力工作的多方共赢。

### （二）提高培训工作的针对性

在培训计划编制过程中，可以通过采用多元化的培训需求调研方式，如针对公司层面的高管、中层及基层单位的高管、中层、骨干员工等通过网络调查、问卷调查、集体访谈、一对一访谈等方式，尽可能全方位地了解不同层面、不同岗位、不同工种的员工对于培训工作的需求分析，同时再结合公司历年提供的培训内容及培训成本实施情况，设计出内容突出、针对性强、形式多样、成本可控的年培训工作计划。

### （三）保证培训效果的可测性

在设计具体培训内容、培训方式、培训频次及培训覆盖率的时候，做好培训计划制定的事前工作，通过培训效果的历史数据对比、分层分类图表分析、有效培训形式的聚类分析等方法，从培训需求的源头出发，结合公司培训资源情况，针对每类培训内容设计有针对性的培训实施方式、培训评估方式，清晰界定培训对象、培训效果责任主体，确保培训效果的可测性。

## 二、年度培训计划制定思路及框架

年度培训计划的制定，需要五层次的相互支撑，共同作用。流程层上起源于培训需求的收集，进一步对这些需求进行分析后，做出对培训需求的决策，以此作为依据编制年度计划草案，通过内部讨论，形成年度培训计划的终稿。方法层上，需要利用访谈、调研问卷、直接观察、绩效考核结果运用等多种调研手段。工具层是制定年度计划中用到的一些模型工具，用以分析培训需求。执行层则涉及计划制定过程中培训中心、培训基地与业务部门的职能分工。

除此之外，制定培训计划还需要顺畅的沟通机制、必要的资源保障和重视项目的氛围来支撑，具体如图 3-11 所示。

## 三、年度培训计划制定的步骤

### （一）制定需求编制工作计划

具体编制可以通过项目启动会，明确各级专兼职培训管理人员的角色，明确本年度培训计划制定的目标或要求、规范。

### （二）收集培训需求信息

培训需求的收集，通常是多渠道、多种工具、多种方法的综合运用。需求采集

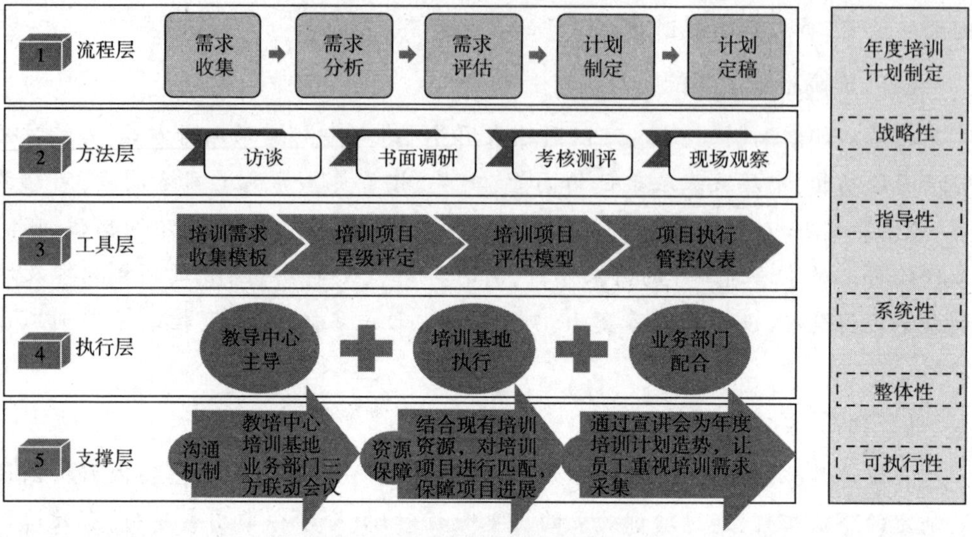


图 3-11 年度培训计划制定框架图

分为两类：一是针对全年培训开展以及针对培训行业发展情况、各项考核测评工作的结果进行培训需求的总结；二是向各专业部门通过书面调研的形式采集各专业领域的培训需求。具体如表 3-8 所示。

表 3-8 培训需求收集方法

| 人员 | 需求 | | | |
|---|---|---|---|---|
| | 公司层面 | 业务线条 | 部门班组 | 个人发展 |
| 公司领导 | ▲■ | ★ | – | ▲●■ |
| 线条负责人 | – | ▲ | – | ▲●■ |
| 部门领导 | – | – | ▲ | ●▲ |
| 员工个人 | – | – | ▲ | ● |
| 收集方式 | ▲访谈，●问卷，★资料分析，■标杆对比 | | | |

## (三)培训需求分析

掌握实际培训需求是培训的基础和灵魂，是增强员工培训工作针对性、实效性的关键，是提高员工培训质量的前提和基础。需求分析从公司、部门和员工三个维度出发。公司整体的培训需求可从五个方面进行：企业发展战略、年度工作计划、企业文化、行业特性、企业发展阶段等。部门培训需求主要是征求各部门主管的需求，由其根据部门的工作目标来提出自己的需求。员工个体培训需求则可以通过调查问卷的形式完成，并由部门主管来判断是否符合企业的需求，同时借助GAPS模型，实现学习与业务需求的成功密联。这样，培训满足的不仅是公司的培训需求，还满足了部门及员工的培训需求；不但满足了当前工作任务的需求，还满足了长远的企业发展战略的需求。

(四)培训需求决策

依据培训需求分析的结果，通过结构化评分，充分考虑项目的执行情况、组织因素、筹划情况、资源现状等，决定各项培训需求的重要、紧急程度，并按照全年可使用的资源进行决策，对培训需求做出取舍。

(五)计划编制及反馈

将收集到的分散的培训需求信息汇总到一起，分析访谈数据，概述所有的访谈结果，汇总访谈的数据，寻找共同点，按公司、部门不同层面进行分析，可得出公司、部门层面分别需要的培训，具体人群与人数，并形成培训计划初稿。明确培训目的、对象、培训方式、培训内容、培训师资、培训费用、培训时间等要素。进而将培训计划初稿下发至各业务部门、培训基地、基层单位，广泛收集各方反馈意见，据此进行平衡和调整年度培训计划。

(六)培训计划定稿

通过公司领导及教育培训委员会批准后，形成报批稿，最终形成下发稿，同时下发《培训项目完成情况统计表格》等管控工具，按照要求，定期上报，以指导和管控公司及下属各单位的教育培训工作(如图3-12所示)。

| 项目完成率 | | | | |
|---|---|---|---|---|
| 部门名称 | 上报项目数量 | 截止目前完成数量 | 完成率 | 完成状态 |
| 安全监察质量部 | 7 | 5 | 71.4% | 一般 |
| 办公室 | 11 | 8 | 72.7% | 一般 |
| 财务资产部 | 7 | 4 | 57.1% | 差 |
| 党群工作部 | 8 | 5 | 62.5% | 一般 |
| 电力调度控制中心 | 22 | 12 | 54.5% | 差 |
| 发展策划部 | 4 | 4 | 100% | 好 |
| 基建部 | 7 | 5 | 71.4% | 一般 |
| 监察审计部 | 7 | 6 | 85.7% | 好 |
| 人力资源部 | 9 | 4 | 44.4% | 差 |
| 营销部 | 11 | 8 | 72.7% | 一般 |
| 检修部 | 28 | 25 | 89.3% | 好 |
| 总计 | 121 | 86 | 71.1% | 一般 |

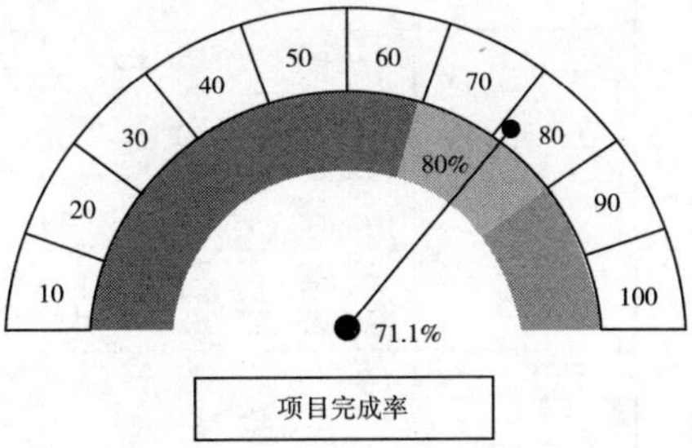


**图3-12 培训计划管控工具示例**

表3-9是企业培训计划初稿。

表 3-9 企业培训计划初稿

| 序号 | 主办部门 | 培训项目名称 | 培训目标 | 主要培训内容 | 培训对象类别 | 培训层级 | 培训对象概述 | 培训人数 | 培训期数 | 培训学时 | 培训方式 | 培训类别 | 培训地点 | 项目负责人 | 经费预算（万元） |
|---|---|---|---|---|---|---|---|---|---|---|---|---|---|---|---|
| 1 | 人力资源部 | 时间管理与个人效能提升 | 帮助一般管理人员明确工作方向和工作目标，明确轻重缓急、长短期结合，提升工作效率 | 1. 把事情做对：认准方向<br>2. 把事情做好：用对方法<br>3. 把事情做快：提升效率 | 管理 | 公司层面 | 公司各部门管理专责 | 80 | 2 | 24 | 集中培训 | 通用能力 | 苏电宾馆 | 赵俊杰 | 6 |
| 2 | 办公室 | 保密知识培训 | 帮助一般管理人员明确工作方向和工作目标，明确轻重缓刀、长短期结合，提升工作效率 | 保密知识 | 管理 | 公司层面 | 保密员 | 45 | 1 | 5 | 集中培训 | 岗位能力 | 苏电宾馆 | 赵俊杰 | 2 |
| 3 | 办公室 | 合同承办人培训 | 帮助一般管理人员明确工作方向和工作目标，明确轻重缓刀、长短期结合，提升工作效率 | 合同承办相关知识 | 管理 | 公司层面 | 合同管理人员 | 100 | 1 | 5 | 集中培训 | 岗位能力 | 苏电宾馆 | 赵俊杰 | 4 |

续表

| 序号 | 主办部门 | 培训项目名称 | 培训目标 | 主要培训内容 | 培训对象类别 | 培训层级 | 培训对象概述 | 培训人数 | 培训期数 | 培训学时 | 培训方式 | 培训类别 | 培训地点 | 项目负责人 | 经费预算（万元） |
|---|---|---|---|---|---|---|---|---|---|---|---|---|---|---|---|
| 4 | 办公室 | 保安技能培训 | 帮助一般管理人员明确工作方向和工作目标，明确轻重缓刀、长短期结合，提升工作效率 | 保安技能 | 技能 | 公司层面 | 公司本部、各基地保安专职、保安及各基地业委会成员 | 50 | 2 | 20 | 集中培训 | 岗位能力 | 苏电宾馆、公司会议室 | 赵俊杰 | 6 |
| 5 | 办公室 | 保洁技能培训 | 帮助一般管理人员明确工作方向和工作目标，明确轻重缓刀、长短期结合，提升工作效率 | 保洁技能 | 技能 | 公司层面 | 公司本部、各基地保安专职、保安及各基地业委会成员 | 50 | 2 | 20 | 集中培训 | 岗位能力 | 苏电宾馆、公司会议室 | 赵俊杰 | 6 |
| 6 | 办公室 | 会议服务礼仪培训 | 帮助一般管理人员明确工作方向和工作目标，明确轻重缓刀、长短期结合，提升工作效率 | 会议服务礼仪 | 技能 | 公司层面 | 公司本部、各基地会议服务管理专职、会议服务人员及各基地业务会成员 | 15 | 1 | 5 | 集中培训 | 岗位能力 | 苏电宾馆 | 赵俊杰 | 2 |

## 四、年度培训计划制定的关键环节

### (一)需求收集关键点

第一,正确指导需求填报。对员工需求进行收集时,最好同时下发需求填报指引,指导员工正确思考个人培训需求,结合岗位及个人职业生涯发展规划,尽量避免提出不合理的培训需求。

第二,清晰的需求收集模板。制定培训需求时收集的模板尽量做到清晰、明确,避免使用模糊性语句,以免引起歧义。较好的做法是给个示例,要求员工按此填报,方便后期数据的统计和处理。

### (二)需求分析关键点

企业,尤其是集团公司涉及培训的专业多、分工细、覆盖面广,开展大规模分层分类培训均会面临培训需求精细、培训数量庞大等困难。分析培训需求时,必须考虑到企业的实际情况,这就要求项目参与者必须了解企业的发展历程和发展战略,熟悉企业的文化;对培训行业要有相当的了解,熟悉大量的培训公司和培训讲师;掌握培训需求调查的基本方法和手段,能够深入了解员工状况;掌握培训预算管理办法和培训实施管理办法;掌握培训评估的主要方法和手段等。因此,有必要对各级培训管理者进行统一思路的培训,学习培训计划制定的理念、方法及手段。

### (三)反馈修正关键点

培训计划的制定,起源于自上而下的发起,完善于自下而上的反馈,在公司本部与各基层单位之间,存在信息的沟通交流,在相互影响的过程中,日臻完善。因此,保持及时顺畅的沟通,对年度培训计划制定项目的成败具有决定性的作用。与业务部门保持充分、畅通的沟通,使之明白评估项目目的并非削减经费,而是使项目更加合理,被否决的项目需要给予明确的解释,避免挫伤员工参与培训需求调研的积极性。

# 第四章　培训模式:线上线下,提升素质

**章首案例:施维雅中国的优质职场实践——知识集市**[①]

在施维雅中国,有一项特别的午间活动——知识集市,此活动已经坚持做了三年之久。

怎样让你制作的 PPT 更高级、遇到突发事件如何急救、用一张纸帮助你提升工作质量……知识集市上都是这样的知识分享,每月举办 2~3 次,线上线下同步进行,分享的人是施维雅的员工,听众正是自己的同事。

看上去只是一场场的小分享,但背后传递出来的却是这家跨国企业的价值观——分享中成长,而这样的“技巧”运用,让施维雅收获颇丰。

施维雅是一家由非营利性基金管理的国际制药公司,1954 年成立于法国,在 149 个国家拥有国际业务。1979 年,施维雅成为首批进入中国的跨国企业之一,发展到现在,在中国已经拥有 2 070 名员工,业务覆盖 29 个省区市,中国成为集团业务的第一大市场。

值得一提的是,施维雅进入中国的这 40 多年,也正是中国经历改革开放的 40 多年。如今,站在新起点上,施维雅也正在不断更新企业文化和战略,去迎接在中国市场的下一个 40 年。

就在 2017 年,施维雅中国启动 Rise4all 组织文化变革项目,从全员线上调研开始,通过战略咨询、市场对标、客户访谈等一系列动作,重新修订并推出了明确的企业文化与价值观。

使命、愿景、价值观,很重要,但让它迅速转化成日常行为和业务目标,有点难。

变革小组想了很多新招儿,比如,任命“变革大使”,把各部门的关键人才纳入变革推广范围;用游戏化的环节帮助员工理解企业战略,体验式学习企业文化;推动跨部门行动学习项目……

两年过去了,成效已经可以看得见:新文化落地后的 2018 和 2019 财年,施维雅中国的业绩达到了历史最高增长,成为社区市场最活跃的医药外资公司,还成功完成了 4 种产品的业务合作,2 种新药惠及更多患者……

---

① 资料来源:人民网 http://sh.people.com.cn/,2019 年 12 月 10 日。

从午间一小时的知识分享，到游戏化的学习活动，传递企业价值观这件事，似乎也可以很轻松。

中国高校教学模式变迁，一定程度上也代表着中国企业职业培训模式的更迭；不仅是授课教师"教"的方式方法发生翻天覆地的变化，学生"学习"的方式方法也处于日新月异的变化中。

# 第一节　慕课、微课、移动直播课加速"教与学"模式的变革

## 一、新型教学模式——翻转课堂的出现与发展

2007年，那些由各种教学短片构成，内容以知识点为单位，聚焦新知识讲解，形式上强调片段化、碎片化，便于网络传播与学习的"视频"悄然出现在网络上，其中最为著名、影响力最大的是"翻转课堂"与"可汗学院"。

图4-1描述了翻转课堂教学模式，体现出教师的"教"与学生"学"的关系与过程，这种新型教学模式起源于美国科罗拉多州落基山的一个山区镇学校"林地公园高中"(Woodland Park High School)。林地公园高中的化学老师乔纳森·伯尔曼(Jonathan Bergmann)和亚伦·萨姆斯(Aaron Sams)为那些由于各种原因时常错过了正常的学校活动，且把过多的时间花费在往返学校的巴士上而耽误上课的学生，录制了将实时讲解和PPT演示相结合的在线视频课程，随后逐渐演变成以学生在

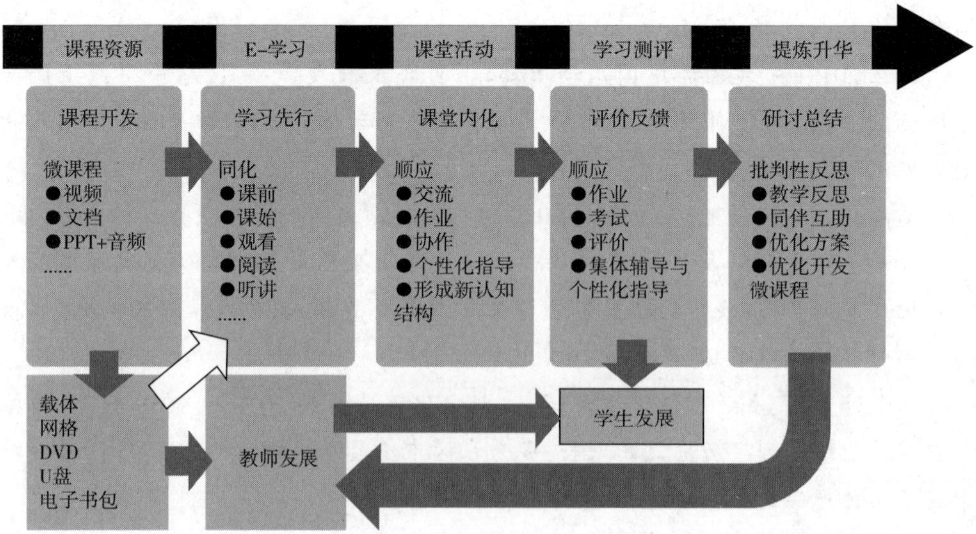


图4-1　翻转课堂教学模式图

家看视频听讲解为基础,而课堂时间主要用来为完成作业或为在做实验过程中有困难的学生提供帮助的教学模式。这一模式改变了夸美纽斯以来的传统课堂结构、以教师为中心的传统教育理念和班级集体教学的传统教学流程,被称为“翻转课堂模式”(flipped class model)。

而同样在 2007 年,美国的基金公司分析员萨尔曼·可汗(Salman Khan)在衣帽间里创造了一种前所未有的教育方式,通过自己应用涂鸦工具制作的视频课件为表亲补课开始,随后录制 10~15 分钟的教学视频放到网上供人们免费学习,并创立了打开“未来教育”曙光的非营利组织“可汗学院”(Khan Academy),比尔·盖茨对此的评价是:“可汗把用在对冲基金上的 160 分智商转移到了让更多人受益的大众教育领域中。”

## 二、MOOC——优质教学资源共享理念的传播与实现

知名高校看到了网络传播对于教育的重要意义,特别是共享优质教学资源的理念逐渐被大众接受,2011 年秋,美国斯坦福大学开发了 Udacity 在线课程与 Coursera 在线免费课程,麻省理工学院和哈佛大学联合推出的 edX 网络在线教学计划,标志着 MOOC(massive open online course,大规模网络开放课程,中国学者焦建利首先把它音译为“慕课”)诞生。尽管其他国家也有在线学习课程,但均是在 2013 年才逐渐升级为 MOOC 平台,如创立于 2011 年的德国柏林洪堡大学创立了名为 iversity 的学习管理系统,是在 2013 年 10 月升级为 MOOC 平台的。这是因为 MOOC 与网络视频课程不一样之处在于,它是采用有计划、有进度、有互动、有测验、有证书的教学模式,高度重视学习者之间的分享与合作,并能够推动学习社区的建立,培养并提升学习者自主学习能力与自我管理能力。

2012 年 6 月 20—22 日,在联合国教科文组织总部举行的 2012 年世界开放教育资源大会(Open Educational Resources,OED)上,发布的《2012 巴黎开放教育资源宣言》,呼吁各国政府支持开放教育资源的发展并推动其广泛使用,助推其传播和壮大。开放教育资源得到世界组织的关注。由此可见,开放教育资源开发开始成为发展高等教育的一个重要手段。

## 三、移动直播课——智能时代下的智慧课堂

当下,使用移动终端已是大多数人生活中必不可少的一部分,“低头族”通过移动终端设备正式或非正式的日常交流和学习都是随处可见的现象。2020 年初,突发疫情加速了各高校空中虚拟课堂的建设,钉钉、飞书、腾讯会议、雨课堂、学习通、课程微信群等成为各高校建造移动直播课堂的必要工具。

移动直播课是一种混合式教学模式。从2007年开始,混合式教学法国际会议(International Conference on Hybrid Learning,ICHL)每年举行一次,主要从教育学、心理学和计算机技术等视角出发,探索线上与线下混合式学习的各种技术、影响因素、应用模式、策略、质量、评价等问题。如何有效利用技术来促进混合式学习,以及如何提高混合式教学和学习的效果是研究的核心。

吴晓如等(2019)阐述了智能时代下的智慧课堂,智能化服务平台的"云—台—端"总体架构,旨在打通智能云服务、教室智能平台和智能终端的数据传输和交流通道,提供资源服务、互动服务和教学工具,构建基于智能信息技术的一体化、智能化学习环境,为未来智慧教学实践应用奠定了基础。

## 第二节 有效培训学习的建立

### 一、学习过程

学习不是一蹴而就的,它是一个循序渐进的过程,我们需要了解学习是怎样进行的,每个阶段对应什么样的指导形式,不同的受训者是否拥有不同的学习风格与方式。

学习过程可以分为八个步骤,包括预期、知觉、加工存储、语义编码、长期存储、恢复、推广和回馈。表4-1揭示了学习过程中外部指导要项和指导形式之间的联系。

表4-1 学习过程中外部指导要项和指导形式之间的联系

| 学习过程 | 外部指导事项 | 指导形式 |
|---|---|---|
| 1. 预期 | 告知学习者学习目的 | 说明预期绩效<br>指出需要口头回答的问题 |
| 2. 知觉 | 展现具有不同特征的刺激物 | 强调感知到的事物特征<br>利用图表和文中的数字强调这些特征 |
| 3. 加工存储 | 限制学习量 | 将较长的资料分段<br>提供学习资料的视觉图像<br>提供实践和重复学习的机会,以帮助学员获得自觉性 |
| 4. 语义编码 | 提供学习指导 | 提供语言线索以形成正确顺序<br>为较长的、有意义的上下文提供语义联系<br>利用图表和模型解释概念之间的联系 |

续表

| 学习过程 | 外部指导事项 | 指导形式 |
|---|---|---|
| 5. 长期存储 | 对学习内容进行精加工 | 为资料的展示及回忆提供不同的上下文的背景设置<br>将新学习的资料与以前掌握的信息联系在一起<br>在实践过程中提供不同的背景情况 |
| 6. 恢复 | 提供用于恢复记忆的线索 | 提供能够引发对于资料的回忆的线索<br>使用熟悉的声音或节奏作为线索 |
| 7. 推广 | 加强记忆和学习成果的转化 | 设计与工作环境一致的学习环境<br>为有附加难度的信息提供语义联系 |
| 8. 回馈 | 为绩效改进提供反馈 | 对行为的准确性与适时性提供反馈<br>确认是否达到最初的预期 |

资料来源：GAGNE R. Learning processes and instruction[J]. Training Research Journal, 1995, 96(1):17-28.

## 二、学习风格

学习可以被看成是一个由四个阶段构成的动态过程：具体经历、思考性观察、抽象概念化和主动试验。有效学习的关键是对四个阶段都能熟练掌握。结合每个阶段的特点学习又被分为四种不同风格：发散的、同化的、集中的和适应的。表4-2列出四种学习风格分别对应的主要学习能力及学习特征。

**表4-2 四种学习风格**

| 学习风格类型 | 主要学习能力 | 学习特征 |
|---|---|---|
| 发散的 | 具体经历<br>思考性观察 | 善于产生想法，从多重角度审视环境，并且能够了解它们的意义和价值，对人、艺术和文化感兴趣 |
| 同化的 | 抽象概念化<br>思考性观察 | 善于归纳推理，形成理论模型，并且综合各种不同的观点，形成统一的解释<br>注重想法和抽象的概念，较少关注人 |
| 集中的 | 抽象概念化<br>主动试验 | 善于决策，将想法运用于实践，并且善于假设、推理、归纳<br>更偏好于处理技术类的任务，而不是人际交往方面的事务 |
| 适应的 | 具体经历<br>主动试验 | 善于将决策运用到实践中，制定计划并投身新的试验<br>倾向于与人交往，但是可能会显得缺乏耐心并且急功近利 |

资料来源：KOLB D. Learning style inventory: version 3[M]. Boston: Hay/McBER Training Resouces Group, 1999.

据此,培训者就可以依据不同学习者的风格为他们制定适合于个人的学习指导方案,从而获得有效的培训学习效果。

## 第三节 影响学习的心理因素

学习是一个涉及心理与生理变化的过程,其中智力因素与非智力因素都会对学习有相当的影响,下面分别介绍。

### 一、智力在学习中的作用

智力是人们在认识客观事物的过程中所形成的稳定心理特点的综合,包括观察、注意、想象、思维和记忆五种基本心理因素。

智力对学习的影响,归纳为以下三个方面。

(1)智力影响学习的深入程度。

(2)智力影响学习的速度。

(3)智力影响学习的方式。智力水平高的人会采用发现学习的方式,智力水平一般的人会采取机械的理解式学习方式,智力水平较差的人会选择机械的接受学习方式。

### 二、非智力因素在学习中的作用

非智力因素包括动机、兴趣、情感、意志、态度等。

(1)动机是指引起个体活动,维持已引起的活动,并引导该种活动朝向某一目标进行的内在历程。学习动机,就是唤起个体进行学习活动,引导行为朝向一定的学习目标,并对此种学习活动加以维持、调节和强化的一种内在历程或内部心理状态。动机的变化具有一定的规律性。

学习动机由外部客观条件激发而来,即由外部"诱因"吸引、激励、诱发学习者,形成相应的学习动机。比如,金钱、名誉、威望、评优等。

学习动机由内部心理因素转化而来。例如,对学习的需要、愿望、好奇心、求知欲、兴趣、"三心"(自尊心、自信心、好胜心)、"三感"(责任感、义务感、荣誉感)等。

外部学习动机与内部学习动机相互交替转化。在学习活动中,有时是外部动机起作用,有时是内部动机起作用,二者轮流交替,相互转化,贯穿于学习活动的全过程,直到达到学习目标。

直接的近景性学习动机与间接的远景性学习动机要相互结合。直接的近景性学习动机表现为对学习内容的直接兴趣和爱好,以及对学习活动的直接结果的追求，但容易因偶然因素或条件、情境的变化而改变。远景性学习动机不受学习活动本身及其直接结果的制约，与学习的社会意义及个人意义相联系，比如社会对学习者学习的要求，以及学习者个人的前途和志向等动机。

(2)兴趣是人们积极认识、关心某种事物或积极参与某种活动的心理倾向，它有内在趋向性与内在选择性两个基本特点。定向和动力作用则是兴趣的两大功能。

(3)情感是由一定客观事物所引起的心理活动的波动性与感染性。在学习活动中产生的种种情感总称为学习情感。学习情感的主要规律如下。

①情感与认识相互制约。一方面，情感在认识的基础上产生，另一方面情感又会反过来推动和加深人们的认识，一个科学家在科学领域方面的造诣，是与他献身科学事业的热情分不开的。

②情感的质和量同需要和期望相互依存。需要决定情感的性质，期望决定情感的数量(强度、幅度)等。

(4)意志是人的意识对一定客体的目的性和调控性的表现。学习意志的主要规律如下。

①意志与行动不可分割。

②意志与认识相互制约。认识指导意志，意志主导认识。一个意志薄弱的人，是不可能完成复杂而困难重重的认识活动的。因此，在学习中培养意志，可以支持学习者的积极认识，克服消极认识。

③意志与情感相互制约。情感激励意志，意志调控情感。学习者应该培养健康的情感，以激励形成坚强的意志。

④意志的强度与克服困难的大小、多少成正比例关系。也就是说，在学习中，学习难度要有一定的限度，必须是学习者通过一定的努力所能完成的，这样，就可以使学习者始终保持学习进取的信心与学习成功的喜悦。如果学习者经过多次努力，总是克服不了困难，完成不了学习任务，就会使他们丧失对学习成功的信心，从而削弱其意志。

(5)态度是由认知成分、情感成分和行为倾向成分三者组成的相互关联的统一体。学习态度是学习者对待学习比较稳定的具有选择性的反应倾向，是在学习活动中习得的一种内部状态。学习态度不是与生俱来的，而是后天习得的，是通过接受别人的示范、指导、劝说而逐渐形成的。它在学习中的作用主要表现为认知功能、动机功能和满足功能。

## 第四节 戈特的16条成人学习原理

国内外许多专家对成人学习原理进行了研究。美国管理学家汤姆·W.戈特(Tom W.Goad)博士在其所著的《第一次做培训者》(*The First Time Trainer*)一书中,总结了关于成人学习的16条原理。这些原理为许多企业所应用,并经实践证明能有效促进培训工作取得成功。

原理一:成人是通过干而学的。

经验告诉我们,通过动手干某件事来学习,是最终意义上的学习,亲自动手达成的结果能给学员留下深刻的感性认识。此外,成人学习新东西时希望通过动手来加以印证的想法,能激起更高的学习积极性。

原理二:运用实例。

成人学员总是习惯于利用所熟悉的参考框架来促进当前的学习,因此需采用大量真实、有趣、与学员有关的例子,吸引学员的注意力,激发他们的兴趣。

原理三:成人是通过与原有知识的联系、比较来学习的。

成人丰富的背景和经验对其学习过程产生影响,他们习惯将新东西与他们早已知道或了解的东西加以比较,并倾向于集中注意那些他们了解最多的东西。因此,要充分运用"破冰船"之类的工具,在培训开始时,让学员相互认识,了解学员各自的背景,为培训班定下基调,尽快调动学员参与的积极性,避免抽象空洞的说教,否则成人学员难以与其经验进行比较,从而可能陷入迷茫,失去对学习的兴趣。

原理四:在非正式的环境氛围中进行培训。

这点是提醒培训组织者设法使学员在心情轻松的环境下接受训练,避免严肃古板的气氛。

原理五:增添多样性。

灵活改变进度、培训方式、教具或培训环境等能帮助学员增加学习情趣,取得良好的培训效果。

原理六:消除恐惧心理。

在培训过程中给予学员学习信息反馈是必要的,但应该经常以非正式方式提供反馈,如能将成人学员担心学习成绩与个人前途直接挂钩的恐惧心理排除掉,或将之减小到最低限度,那么每个学员都能学到更多的东西。

原理七:做一个推动学习的促进者。

成人学习中要避免单向讲授,培训师是一个学习促进者,灵活有效的培训方式能大大促进学习的进程。学习促进者的主要职责包括:保持中立,促使学员履行学习的职责，识别学员参加学习的主要目的，达成对预期学习的效果，强化学习的基本原则，强化有效的学习行为，指导学员群体实现学习目标，鼓励全体学员，保持学员高效学习的激情，成为学习评判者，帮助学员明确学习目标，讲解、演绎和答疑解惑。

原理八：明确学习目标。

学员必须在一开始便被告知其学习目标，这样他们才能经常注意自己是否走在通向成功的正确道路上。

原理九：反复实践，熟能生巧。

实践是帮助学员完成规定学习目标的有效手段。通过实践，可将理论转化为学员在实际工作中能运用自如的工具，并真正成为属于他们自己的方法。

原理十：引导启发式的学习。

告诉学员一个结果只能帮助他解决当前的一个问题，而通过引导启发学员投入学习，同时提供资料、例子、提问、鼓励等帮助，成人学员就能自己找出结果，并完成所期望的任务，这才是培训所要达成的最终效果。

原理十一：给予信息反馈。

及时、不断地学习信息反馈，能使学员准确知道自己取得了哪些进步，哪些方面还需进一步努力。明确的目标会成为积极的学习动力。

原理十二：循序渐进，交叉训练。

学习过程的每一部分都建立在另一部分的基础上，因此某一阶段的学习成果可在另一阶段的学习中得到应用与加强，使学员的能力逐步得到强化和提高。

原理十三：培训活动应紧扣学习目标。

紧扣学习目标可使培训过程中的所有活动沿着预期的轨道进行，这一目标应被学员清楚、了解与认同，在培训过程中应予以反复强调。

原理十四：良好的初始印象能吸引学员的注意力。

培训初始给学员的印象非常重要，如果培训准备工作很不充分、拖沓，则很难引起学员对培训的充分重视，从而影响学习的效果。

原理十五：培训师要有激情。

培训师的表现对学习气氛具有决定性的影响，一个充满激情的讲师能感染学员，引导激发他们投入学习的角色中。

原理十六：重复学习，加深记忆。

通过多样性的培训方法，使重复学习变得更加有趣与富有吸引力。通常至少重复所学内容三次，但最好通过不同的方式去学，以此来反复加深认识。

## 第五节　企业常见培训方法分类与比较

企业常见的培训方法可以分为五类:直接传授型培训法、实践型培训法、参与型培训法、态度型培训法、利用科技的新型培训法(见表4-3)。表4-4是各具体培训方法在各学习要素间的比较。

**表4-3　培训方法及其优劣势比较**

| 培训方法 | | 定义/分类 | 优点 | 缺点 |
| --- | --- | --- | --- | --- |
| 直接传授型培训法 | 讲授法 | 系统理论知识传授 | 1. 有利于大面积培养人才<br>2. 师生间可形成良好沟通与互动,平均培训费用较低 | 1. 传授内容多,学员难以消化、吸收<br>2. 不能满足学员的个性学习需求<br>3. 教师水平直接影响培训效果,容易导致理论与实践脱节 |
| | 专题讲座法 | 针对某个专题的知识与技能传授,适合管理人员、技术人员 | 1. 不占用大量时间且形式灵活,随时满足员工某一方面的培训需求<br>2. 内容集中于某个主题、易于理解 | 传授的知识相对集中,不具备系统性 |
| | 研讨法 | 1. 以教师或受训者为中心<br>2. 以任务或过程为取向 | 1. 多项式信息交流<br>2. 要求学员积极参与,有利于培养学员的综合能力<br>3. 加深学员对知识的理解<br>4. 形式多样,适应性强 | 1. 对教师的要求高<br>2. 题目具有代表性、难度适当<br>3. 事先提供给学员做好研讨准备 |
| 实践型培训法 | 工作指导法 | 用于基层生产工人的培训或各级管理人员培训 | 将工作分成主要步骤(做什么)、要点(怎么做)、理由(为什么),亲自操作并指导学员反复练习 | 1. 需要找到关键工作环节<br>2. 做好工作的原则、技巧<br>3. 需避免、防止的问题和错误 |
| | 工作轮换法 | 此法也称交叉培训法,为员工提供在各种不同工作岗位之间流动的机会 | 1. 丰富受训者的工作经验、增加对企业工作的了解<br>2. 受训者明确自己的长处和短处,找到适合自己的位置<br>3. 改善部门间的合作,使管理者更好地理解相互间的问题 | 1. 适合于一线管理人员的培训<br>2. 不适用于职能管理人员 |

续表

| 培训方法 | | 定义/分类 | 优点 | 缺点 |
|---|---|---|---|---|
| 实践型培训法 | 特别任务法 | 通过为某些员工分派特别任务对其进行培训，适用于管理培训 | 1. 委员会或初级董事会（为中层管理人员提供）<br>2. 行动学习（受训者将全部时间用于分析、解决其他部门而非本部门问题的课题研究法） | |
| | 个别指导法 | 传帮带 | 1. 避免盲目摸索、有利于尽快融入<br>2. 消除紧张感、获取丰富的经验<br>3. 有利于企业优良作风的传递 | 1. 指导者有意保留自己的经验、技术<br>2. 不良的工作习惯及本身的水平会影响新员工<br>3. 不利于工作创新 |
| 参与型培训法 | 自学法 | 个体的主动性学习 | 1. 费用低、不影响工作<br>2. 利于培养员工的终身学习习惯的养成 | 1. 学习内容受到限制<br>2. 学习效果存在很大差异、遇到的问题得不到解答<br>3. 自学者感到单调乏味 |
| | 案例研究法 | 案例分析法（分析决策型、描述评价型） | 提高分析及解决问题的能力 | 找问题→分主次→查原因→提方案→细比较→做决策→试运行 |
| | | 事件处理法 | 1. 参与性强、变被动为主动、学员之间可以相互交流<br>2. 将解决问题的能力融入知识传授中<br>3. 教学方式生动具体、直观易学 | 1. 案例准备的要求高<br>2. 培训时间长、对学员及培训顾问要求高 |
| | 头脑风暴法 | 只规定一个主题 | 1. 为企业解决实际问题、提高培训收益<br>2. 学员参与性强，相互启发 | 1. 要求培训顾问扮演好引导角色<br>2. 主题挑选难度大 |
| | 模块训练法 | 人机参与，适应于操作技能要求高的员工培训 | 1. 提高工作技能<br>2. 加强员工的竞争意识<br>3. 带动培训中的学习气氛 | 1. 模拟情景准备时间长，质量要求高<br>2. 对组织者要求高，需要熟悉培训中的各项技能 |

续表

| 培训方法 | | 定义/分类 | 优点 | 缺点 |
|---|---|---|---|---|
| 参与型培训法 | 敏感性训练法 | ST，适用于组织发展训练，晋升前的人际关系训练，新进人员的集体训练，外派工作人员异国文化训练 | 提高学员对自己的行为和他人的行为的洞察力，了解自己在他人心目中的形象，感受与周围人群的相互关系和作用，学习与他人沟通的方式，提高在各种情况下的应变能力，在群体活动中采取建设性行为 | 讨论中每个学员充分暴露自己的态度和行为，并从小组成员那里获得自己行为的真实反馈。接受他人给自己提出的意见，同时了解自己的行为如何影响他人，从而改善自己的态度和行为 |
| | 管理者训练法 | MTP，适用于中低层管理人员掌握管理的基本原理、知识，提高管理能力 | 1. 专家授课、学员研讨<br>2. 可以集中训练、脱产学习 | 指导教师需要外聘或受过此训练的高管担任 |
| 态度型培训法 | 角色扮演法 | 1. 行为模仿法：适应于中、基层管理人员、一般员工培训<br>2. 步骤：建立示范模型→角色扮演与体验→社会行为强化→培训成果的转化与应用 | 1. 学员参与性强，有利于增强培训效果<br>2. 培养学员之间沟通、交往的能力，提高业务能力<br>3. 具有高度的灵活性 | 1. 场景设计要求高、模拟环境与实际环境不一致<br>2. 扮演中的问题分析局限，不具有普遍性<br>3. 学员的参与意识影响培训效果 |
| | 拓展训练法 | 场地拓展、野外拓展 | | |
| 利用科技的新型培训法 | 线上培训法 | 依托互联网，将知识教育资源信息化的培训方式 | 1. 节省培训费用，内容易更新<br>2. 超越空间的限制 | 1. 需要良好的网络互动平台<br>2. 某些内容（关于人际交流）不适用 |
| | 虚拟培训法 | 利用虚拟现实技术生成实时的、具有三维信息的人工虚拟环境的培训方式 | 仿真性、超时空性、自主性、安全性 | 实施培训所需要的条件环境操作困难，要求高，普遍使用性低 |

表 4-4　各具体培训方法在各学习要素间的比较

| | | 讲座 | 案例研究 | 角色扮演 | 自我指导学习 | 在职培训 | 情景模拟 | 商业游戏 | 行为塑造 | 冒险性学习 | 行动学习 |
|---|---|---|---|---|---|---|---|---|---|---|---|
| 学习成果 | 语言信息 | 是 | 是 | 否 | 是 | 是 | 否 | 是 | 否 | 否 | 否 |
| | 智力技能 | 是 | 是 | 否 | 是 | 否 | 是 | 是 | 否 | 否 | 否 |
| | 认知策略 | 是 | 是 | 是 | 是 | 是 | 是 | 是 | 是 | 是 | 是 |
| | 态度 | 是 | 否 | 是 | 否 | 否 | 否 | 否 | 否 | 是 | 是 |
| | 运动技能 | 否 | 否 | 否 | 否 | 是 | 是 | 否 | 是 | 否 | 否 |
| 学习环境 | 明确的目标 | 中 | 中 | 中 | 高 | 高 | 高 | 高 | 高 | 中 | 高 |
| | 实践机会 | 低 | 中 | 中 | 高 | 高 | 高 | 中 | 高 | 中 | 中 |
| | 有意义的内容 | 中 | 中 | 中 | 中 | 高 | 高 | 中 | 中 | 低 | 高 |
| | 反馈 | 低 | 中 | 中 | 中 | 高 | 高 | 高 | 高 | 中 | 高 |
| | 观察并与他人交流 | 低 | 高 | 高 | 中 | 高 | 高 | 高 | 高 | 高 | 高 |
| 培训成本 | | 低 | 中 | 中 | 中 | 高 | 高 | 中 | 高 | 低 | 高 |
| 成本 | 开发成本 | 中 | 中 | 中 | 高 | 中 | 高 | 高 | 中 | 中 | 低 |
| | 管理成本 | 低 | 低 | 中 | 中 | 低 | 低 | 中 | 中 | 中 | 中 |
| 效果 | 对语言信息来讲效果好 | 一般 | 一般 | 一般 | 对有组织的 OJT 效果好 | 好 | 一般 | 好 | 差 | 好 | |

# 第六节　体验式培训

体验式学习又称“发现式学习”“经验学习”“行动学习”“互动学习”，先由学员自愿参与一连串活动，然后分析他们所经历的体验，使他们从中获得一些知识和领悟，并且能将这些知识和领悟应用于日常生活及工作中。

教育家杜威提出的“干中学”、新行为主义心理学家斯金纳提出的“刺激—反应”理论、美国教育心理学家桑代克提出的“尝试—纠错”理论、德国心理学家柯勒等人提出的“顿悟”理论、美国社会心理学家班杜拉提出的“社会学习”理论、皮亚杰等人提出的“认知结构”理论、人本主义心理学家罗杰斯提出的“群体学习”理论等，都是体验式学习的理论依据。

体验式培训直接来源于体验式学习理论，美国凯斯西储大学维德罕管理学院的组织行为学教授戴维·库伯(David Kolb)于20世纪80年代初提出了体验式学习理论。他构建了一个体验式学习模式——体验学习圈,如图4-2所示。

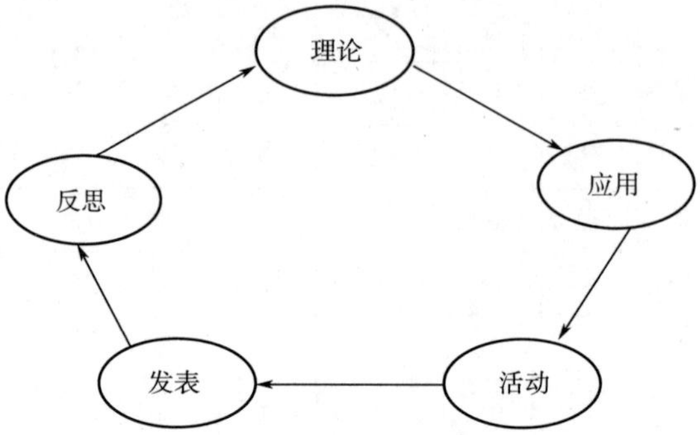


**图4-2 体验学习圈**

他认为有效的学习应从体验开始,进而发表看法,然后进行反思,再总结形成理论,最后将理论应用于实践。体验式培训形式广泛,比较流行的主要有户外拓展训练、行动学习、沙盘模拟、教练等方式。

## 一、户外拓展训练

户外拓展训练是利用山川、河海等自然生态环境,通过精心设计的体验活动,使参与者认识自身潜能,增强自信心,克服心理惰性,磨炼战胜困难的毅力,激发参与者想象力与创造力,提高解决问题的能力,认识群体的作用,提高对集体的参与意识和责任心,改善人际关系,学会关心他人,更融洽地与群体合作等。

## 二、行动学习

行动学习是一种以完成预定工作任务为目的,在团队成员支持帮助下持续不断地反思实际中遇到的情景问题,以帮助人们形成积极的生活和工作态度,进而提高解决实际问题的能力的学习理念和学习方式。行动学习通过小组成员的合作和情感互动,将"在干中学习"与"在思考中学习"有机地结合起来,使组织成员在团队合作中获得和提高创造性地解决问题的能力。

## 三、沙盘模拟

沙盘模拟训练课程是世界500强企业经营管理培训的主选课程。沙盘模拟训练的最大特点就是"在参与中学习",强调"先行后知",通过参与带有挑战性的"模拟经营",使学员和团队经受一些"考验"之后,经由讨论和培训师点评,把这些从

"考验"中得来的认识与工作实际结合,把培训中的情景与工作目标相联系。这种新型培训模式的目标是提升实战经营管理水平。

## 四、教练

教练源于体育。教练可以帮助体育运动员提高技能、磨砺技术、制定重大赛事的行动战略。后来,教练作为一种管理技术从体育领域移植到企业管理领域,企业教练应运而生。教练主要着眼于激发学员的潜能,它是一种态度训练,通过教练过程培训者可以了解学员的心态,提供一面镜子,使学员洞悉自己,从而把握自己的状态和情绪。教练会对学员表现的有效性给予直接的回应,使学员及时调整心态,认清目标,以最佳状态去创造成果。

体验式培训正是建构主义教学思想的应用,建构主义是对认知理论的发展,也是对其他学习理论的融合,因为它不但强调人脑对知识的组织,而且强调主体和环境在人类学习过程中的作用。建构主义学习理论强调学员是学习的主体,是意义的主动建构者。要取得好的培训效果,就必须充分了解学习者的特征,要尊重学员的主动精神。成人学习的专家诺尔斯的研究表明,成人是自我导向的学习者,他们有独立的自我概念并能指导自己的学习。他们的学习动机主要来自内部而不是外部,他们在学习活动中表现出较强的主体意识,学员的学习目的和社会实践的经验指导,帮助他们决定参加什么类型的学习并约束自己的行为,使之最终达到学习目的。在学习活动中,学员根据个人的需要和现实条件,选择合适的学习内容、手段、时间、地点等。在学习活动中,他们有意识地投身进去,在认识学习内容的过程中实现自我提高的目标。

# 第七节　学习迁移与效果提高

学习的目的是掌握技能,并加以运用,也就是要能够进行知识技能的转化(即学习迁移)。本节要解决的问题是如何进行学习效果的转化,如何能够提高学习的效果,如何克服学习中的高原现象,让效果达到最大化。

## 一、学习迁移的概念及培训迁移模型

学习迁移是习得经验得以概括化、系统化的有效途径,是能力、态度或品德形成的关键环节,任何一种学习都要受到学习者已有知识经验、技能、态度等的影响,只要有学习,就有迁移。迁移是学习的继续和巩固,也是提高和深化学习的条件,学习与迁移不可分割。以往人们对迁移做过多种分类,如按迁移的性质将之分为正迁移、负迁移和零迁移，按迁移的方向分为垂直迁移与水平迁移，按迁移内容分为一般迁移与特殊迁移，按迁移的范围划分为近迁移与远迁移。关于迁移的学习理论流派有很多，表 4-5 对学习迁移理论进行了概括。

表 4-5 学习迁移理论

| 理论 | 代表人物 | 强调重点 |
|---|---|---|
| 形式训练说 | 官能心理学派 | 固有的官能只有通过训练才能得以发展，是迁移时心理官能得到训练发展的结果 |
| 同因素理论 | 桑代克 | 只有两种情景中具有相同的要素时才能产生迁移。培训环境应与工作环境完全相同 |
| 经验类化说 | 贾德 | 概括化的原理和经验是迁移得以产生的关键。对原理的学习越通彻，对新情境的适应就越强，迁移就越好。一般原则能够运用于多种不同的工作环境中 |
| 关系理论 | | 迁移产生的实质是对事物间关系的理解。迁移取决于能否理解要素间形成的整体关系，以及能否理解原理与实际事物之间的关系 |
| 分析概括说 | 鲁宾斯坦 | 迁移发生的机制在于对两个课题的分析和概括 |
| 符号性图式理论 | 霍利约克、巴索克、吉克等 | 当原有的特征与新的特征相同或相似时，即产生迁移。图式匹配或表征相同是迁移产生的决定性因素 |
| 产生式理论 | 安德森等 | 若两个表征含有相同的产生或者出现产生式的交叉与重叠时，则可以产生迁移。产生式是决定迁移的一种共同要素 |
| 结构匹配理论 | 金特纳等 | 迁移过程中存在一个表征匹配的过程，若两个表征匹配，则可以产生迁移 |
| 情景性理论 | 格林诺 | 迁移就在于如何以不变的活动结构或动作图式来适应不同的情境。这种活动的结构既取决于最初的学习情境，又取决于后来的迁移情境 |
| 认知转换理论 | | 有意义的材料和编码策略可以增强培训内容的存储和回忆 |

福克森（Foxon）于 1993 年发表了《培训成果转化的过程方法》，他的模型认为个体的行为是由于各种作用在他身上的驱动力所引起的。驱动力包括正向的和反向的，正向的驱动力能够促使工作行为发生变化，而反向的驱动力会阻碍这些变化并使个体维持原状。福克森指出阻碍因素主要包括：不佳的组织氛围、缺乏应用的

机会、较低的培训成果转化动机、缺少管理者的支持等；而支持因素主要包括：良好的组织氛围、培训内容与工作的良好相关性、运用新技能的动机、内在的转化策略、管理者的支持等。具体模型见图 4-3。

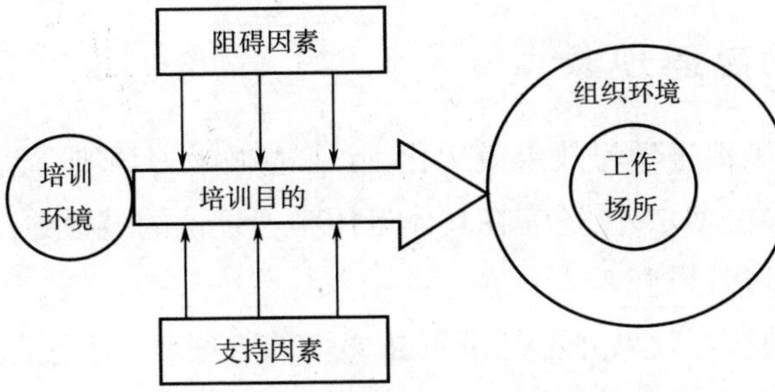


**图 4-3　福克森的培训成果转化模型**

鲍德温(Baldwin)和福特(Ford)提出了一个培训迁移过程的模型，如图 4-4 所示。该模型指出，培训输入(包括受训者特征、培训设计和工作环境)会影响培训效果的保存和转移，其中，受训者特征和工作环境将直接影响转移效果。这些原理和最近的研究成果提供了一些促使培训迁移最大化的思想，包括同因素的运用、一般原理的运用、多种激励的运用，以及工作环境中对培训迁移的支持程度。

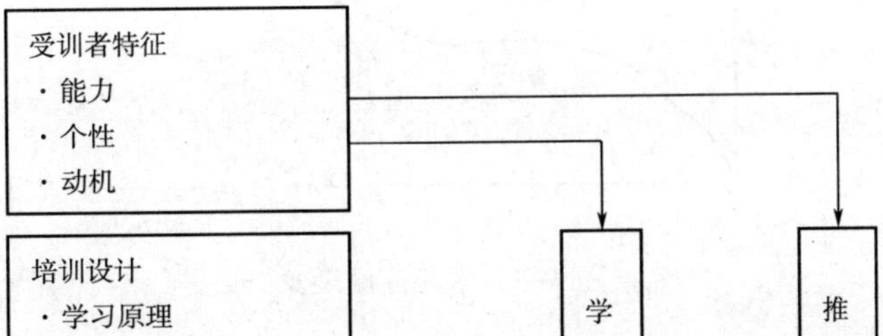


**图 4-4　培训迁移模型**

资源来源：BALDWIN T, FORD J K. Tansfer of training: a review and directions for future research[J]. Personnel Psychology, 1998(41): 63-103.

培训转化包括将培训内容推广到工作当中，并能维持所学的内容。推广能力(generalization)是指受训者在遇到与学习环境类似但又不完全一致的问题和情况时，将所学技能(语言知识、动作技能等)应用于工作的能力。维持(maintenance)是指长时间持续应用新获得的能力的过程。

## 二、学习的高原现象

在培训中，为了促进学习效果最优化，除了遵循学习原则，注意运用培训的学习原理及培训迁移模型之外，还需在具体运用学习理论的过程中，注意克服学习的高原现象，提高学习效果。

培训中学员的学习效果并不是呈不断递增的直线状，而是呈曲线状。在培训学习的初期，学员会因掌握并运用新的知识与技能而表现出明显的进步，但随之而来的一段时间学员的表现常常停滞不前，这对学员的学习积极性会带来一定的影响。这就是所谓的学习高原现象，如图4-5所示，这种现象在学习技能的培训中表现得尤为明显。

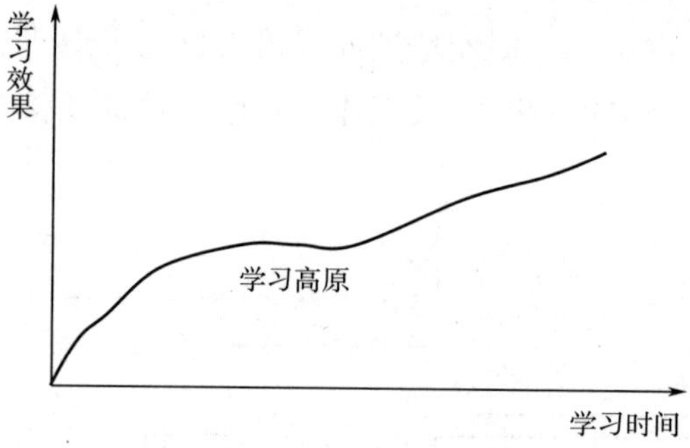


**图4-5　学习高原现象**

从学习原理的角度看，这是一种正常的现象，应该让学员认识到这是从量变到质变的必经之途，学员的技能水平此时正在发生某种质的变化。培训者需要考虑的是通过改进学习方法或辅助其他培训，以帮助学员通过学习高原进入更高阶段的学习。

一般而言，克服学习高原现象需要双方的共同努力，一方是培训方，包括培训组织、设计师和培训师，另一方是学员自身。前者涉及培训目标的确定、培训计划的设计、培训活动的安排和培训师的选择等。而学员主要从掌握学习方式的角度来克服学习高原现象。在学习进程中，要不断探索和掌握适合自己的学习方式，使自己更好地适应新的环境。事实上，一个训练有素、不断取得成功的人往往能依靠自己学会所需的知识和技能。

国外学者的研究认为,已经学会如何学习的人通常有两个特点:一是能够控制自己的学习进程;二是具有一些关键性的学习能力。

## 三、学习效果的迁移

迁移是教育心理学的一个术语,意指学习成绩的提高会在其他场合通过行为表现出来。一个有效的培训,不仅能使学员提高学习效果,更重要的是可使这种学习效果迁移到工作中去,对工作行为和工作业绩产生积极的影响。为了实现学习效果的迁移,在教学中应注重学习立方体模型,具体见图 4-6。

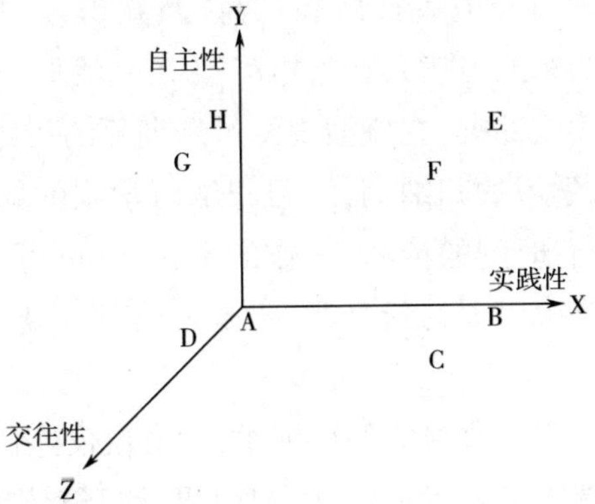


**图 4-6 学习迁移立方体模型与不同学习方式的组合点**

在上述三维模型中,*X* 轴代表学习(培训)内容的实践性,越接近原点 A 表明学习内容抽象化和概念理论化的程度越高。*Y* 轴代表学习的自主性,越接近原点 A,表明学习中外界的指导与讲授越多。*Z* 轴代表学习进程的交往性,越接近原点 A,表明与他人的交流、切磋和讨论越少,越注重个人独立钻研。

在学习立方体模型中,A、B、C、D、E、F、G、H 八个点是自主性、实践性和交往性三种因素的不同学习方式的组合点,它代表八种不同的学习方式。A 点和 F 点则表示两种截然不同的学习方式。A 点学习方式的特点是:学习内容注重抽象理论,学习方式是学员个体被动,依赖教师讲授或阅读教材。F 点学习方式的特点是:学习内容注重实际应用技能和具体操作方法,学习方式是个体积极参与,共同讨论和相互学习。依据企业培训的目的和培训对象的特点,应采用 F 点的学习方式。

在学员积极参与、互动式的学习方式中,学习的阶段构成一个循环,不断往复,从而提高培训的有效性,具体学习循环阶段见图 4-7。

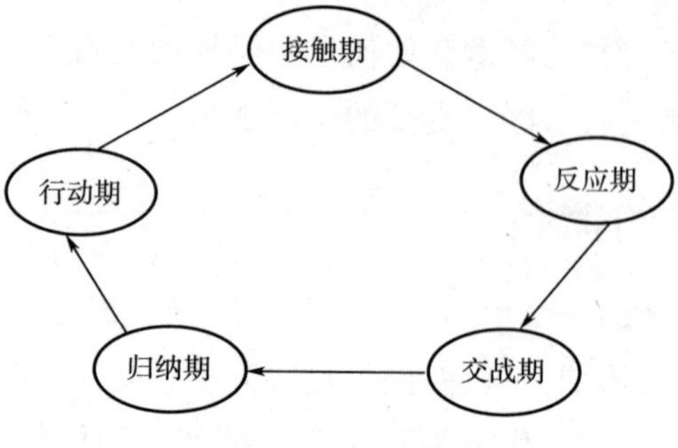


**图 4-7　学习循环图**

在接触期，学员在学习交流中接触新信息、新知识、新观点和新技能；在反应期，学员讨论各自所学的东西，进行互动式学习；在交战期，学员互动学习的提升，新旧知识、经验等的碰撞或冲突，在碰撞中经过培训师的指导和学员的思考获得新知识、新经验；然后进入学习的归纳期，学习归纳所学到的新知识、新经验、新原则等；最后进入行动期，随着时间的推移、工作的变化，学员可能会遇到新问题，发现已有的知识、技能不能解决出现的新难题，于是又会进入新一轮的学习培训，重复前面的学习各阶段。

需要特别指出的是，在一些组织的培训中，学员仅仅停留在接触期、反应期、交战期或归纳期，而没有真正进入行动期，学习效果就只能停留于知识、技能的书面学习层次，缺乏知识、技能应用实践，培训也就不能取得真正的效果。为了使学员真正顺利进入行动期，除了需要学员个人努力以外，还需要得到企业的配合和支持。企业应为学员创造相应的条件和环境，鼓励学员将所学的知识和技能应用于实际工作中。

**章尾案例：腾讯用产品经理思维做培训①**

"用产品经理的思维做培训"是腾讯学院多年来的心得，即注重用户体验，强调互动参与；擅用数据分析，追求最终效果；不断迭代优化，打造极致精品。

## 一、从"小白"到"达人"的进化之旅

腾讯小伙伴喜欢自称为"鹅"，将公司称为"鹅厂"，"鹅"们一进入公司，便开启了从职场"小白"蜕变为"达人"的进化之旅。在这条旅途上，腾讯学院会陪伴每只"鹅"稳步成长，帮助更多新人尽快了解、融入公司，获得成长。

---

① 陈文君．腾讯用产品经理思维做培训[J]．培训，2016(7)：36-45.

### (一)“三堂课”为毕业生保驾护航

1. 第一堂课——10 天封闭培训

第一堂课主要包括两方面:一是通过课堂学习以及新老员工篮球赛、趣味运动会、演讲比赛等传统环节,深入学习并感受公司的历史、文化、制度;二是通过安排毕业生亲身到客服中心聆听用户的心声,强化毕业生们重视用户的理念,通过“新人实验站”环节鼓励大家以产品经理的身份“大开脑洞”,大家初步学习感受了互联网产品制作的全流程,而且在课堂中诞生了“拦懒”“滴滴广场舞”等一系列“奇葩”的 App 产品小创意。

2. 第二堂课——进入 BG(事业群)后参与的专业培训

除了培训 BG 的业务、管理模式、内部产品,BG 还将产品、开发、设计等不同岗位的新员工召唤在一起,由大家自由组队提出创新点,或针对部门需要解决的问题头脑风暴出产品创意,进而做出产品或代码 Demo。如果某一个产品 Demo 非常优秀,就可以得到正式立项。这在腾讯内部称为“mini 项目”。

3. 第三堂课——毕业生回归日

每年十一月,也是在所有毕业生们转正后,一场隆重的“毕业生回归日”活动拉开帷幕,助力毕业生们的职业发展规划。除了复盘收获、畅想自己的未来规划,公司高管还会与当年毕业的所有毕业生们进行面对面的对话活动,围绕行业、产品、文化、业务解惑答疑,坦诚地为新人提供成长建议。

### (二)在专业发展中超越自己

假使一名专业技术人员进入 BG,公司会根据他先前的工作与学习经验,确定其初始等级(专业员工的发展阶梯分为不同职级,职级下有不同子等,同时每人又归属于不同的专业发展通道)。每半年,员工都拥有自主申请晋升的机会,一旦“通道分会”(由公司各专业领域的资深专业人士组成)评审通过,符合能力要求的员工就可以进入高一级别。

为方便管理与培养,腾讯学院将专业培训划分为 5 个“族”——技术族、产品项目族、设计族、市场族、专业族,与“通道分会”协同规划并开发课程、研究案例并设计培养项目,尽可能实现场景化培训。

### (三)激发你的管理潜质

业务的快速增长,为公司留下了许多核心人才缺口。因此,辅助人才盘点结果落地的后备管理人才的加速培养,对腾讯学院来说就非常重要。

对盘点出的未来 2~3 年可任命的高潜,学院规划了“育龙计划”,从如何更好地管事、与他人沟通等方面初步熏陶其管理意识,由各 BG 实施培养。

而对未来一年内计划晋升的储备干部,需参与公司统一组织的“潜龙计划”,通过三天面授、研讨、案例分析、考试交流等学习环节,在管理干部的角色认知、对人才的选育用留的管理技能与公司制度等方面深入学习。

同时还会为每位学员们配备导师,安排挑战性任务,进行持续的在岗培训。正式晋升前,还需通过述职环节陈述其对未来工作的规划及自身管理方面长短板的分析等。

## 二、学习,不只是学院的事儿

腾讯学院将人才培养分为三层:公司级、BG级和部门级。其中,公司级与BG级的小伙伴均为全职,这意味着在每个BG中都拥有了一支专门负责人才培养的团队,而部门级大多由本部门的业务小伙伴们兼职进行。

### (一)公司级,为组织赋能

最重要的人才培养项目都会在公司级展开,提升对公司战略而言最重要的能力。在这一级,腾讯学院已建立了一套清晰明了的涵盖线上线下的课程体系,员工可随时随需地进行选课。而根据盘点结果,学院会定期输出针对不同层级的核心人才,包括接班人、产品经理,以及高潜技术开发人员的学习计划,并跟进其晋升率。

从专业层面来说,产品经理是腾讯业务中较为关键的角色。学院的“产品经理三层加速培养模式”将帮助初级产品经理成长为能够持续运营产品,甚至从战略层面驾驭产品的高手。

第一层是“产品经理培训生”,目标是锻造未来更出色的产品带头人,从学校招聘高潜毕业生进行为期两年的轮岗培养。

第二层是“三级产品经理训练营”,通过复盘以往的成功产品案例,来沉淀可供借鉴的产品方法论,希望开阔骨干产品经理们的商业视野。

第三层是“腾飞项目”,面对公司眼下最直接的业务挑战,组织高级产品经理进行实战经验的分享与研讨,拓展其产品战略与商业思维。

### (二)BG级,聚焦问题解决

聚焦每个BG各自的业务特点及痛点,“针对性重于体系性”是BG级培训的职责所在。8个BG对人才的需求各有不同,比如IEG(互动娱乐事业群)较为不同的地方在于需要游戏策划、美工等岗位,因此,针对这一群体或其他特定学习需求就会以BG级培训为主。此外,BG若有不同流程、政策要求的学习需求,也可以自行培训。

1. IEG：水滴计划

水滴计划针对本 BG 基层干部（简称“基干”）的培养痛点，IEG 培训团队在“水滴计划”中开发了一款管理移动学习 App。这款 App 聚焦典型的案例场景，通过线上情景带入、游戏化案例闯关，以及线下沙龙与案例研讨，提供了实用的管理技能。

IEG 培训团队首先搜集了本部门基干在日常工作中遇到的困难或细节，编成微情景管理案例，比如“下属表现不好，你怎么跟他谈话？”。

然后，将这些管理案例编辑成可以在手机上呈现的形式，甚至融入闯关游戏里。

此外，完成案例教学面授课后，后续还有线下管理沙龙，讨论 IEG 关注的绩效管理、员工关系、员工辅导等话题，培养基干的团队管理胜任力。

2. SNG：凌云计划

SNG（社交网络事业群）的项目核心人才，包括小团队产品和技术负责人，是“凌云计划”的培养对象。其中，“Training+Coaching”的培训模式、“共性+个性”的内容设计最为突出。在面授和教练两种学习形式的配合下，SNG 培训团队以具体的实际业务（个性）为主线，围绕企业家精神、经营管理、商业思维、客户导向（共性）等维度，为公司培养出了一批一专多能型人才。

### （三）部门级，传播分享精神

部门级培训的主要目标是建立部门内的分享氛围，例如准确抓住自己部门的需求，鼓励内部经验丰富的人出来分享，以及引进其他部门善于分享的人。部门级的具体培训计划由部门自主决定，而学院则会鼓励各 BG 分享彼此部门级的培训经验。

TSTD 大会是腾讯一年一度的培训盛会，所有腾讯的培训小伙伴们都会参与进来，是上半年和下半年都会组织的系列活动。上半年是论坛年会，除了主会场、BG 分会场，还会特设有部门分会场，加强部门间的互相交流，了解行业前沿工具或方法论。下半年，TSTD 还分别针对 BG 和部门组织不同主题的学习分享活动与沙龙，促进腾讯内部人才培养做法与心得的交流。

## 三、打造极致的用户体验

“一切以用户价值为依归”是腾讯公司的经营理念，这也深刻影响了腾讯学院的运营思路，并烙印在员工成长路径以及三级培训格局上。

研究用户需求没有捷径可走，更不可以想当然地猜测用户习惯，为此，腾讯学院从内容及形式、大数据、社交互动、场景化四个方面来打造极致的用户体验。明年,腾讯学院甚至计划一半的选题都尝试用 UGC 方式(user-generated content),即由用户提出培训选题,学院给予建议来让选题变得更加合适。

(一)追求“轻”与“新”:触发用户兴趣

内容的有趣、时新以及形式的轻量,是触发用户学习兴趣的关键。因此,腾讯学院规定要定期进行课程新增与出库,如果发现某门课程不适合当下的业务需求,就要及时淘汰出库。学院以前的课程大多为期两天以上,现在更多压缩为一天或半天的轻量培养资源,并且内容聚焦在眼下最直接的业务挑战与实战经验分享,拒绝陈腐方法论的灌输。

1. 面向业务的培训设计

腾讯学院始终重视培训团队对于业务的敏感度,在专业技术培养方面,腾讯学院几年前更多关注 PC 端的专业技术沉淀,但随着移动互联网的来临,公司对移动终端的能力要求越来越高,培训内容随需而变,迅速转到了移动端内容的沉淀与推广。

曾经,腾讯学院很注重做海量、做平台,当公司对于商业模式和商业意识方面有了更多的需求之后,学院就衍生出很多培训项目来满足这一业务痛点。此外,腾讯学院一直在运营“热点+”项目,结合当下影响公司实际业务运作的热点,于每个季度推出 1~2 期相关业务同事的访谈,并快速推出合集。

2. 用微课沉淀最新的经验

500 多门微课是腾讯快速沉淀业务小伙伴所需产品经验与创新能力的有力证明。当一位日销售量高达 800 万的“大神”出现时,学院会立即去采访他业务成功的秘诀并做成微课,他的微课收到了用户的热烈反响。

在 QQ 会员运营了 8 年、用户数量依然直线上升的情形下,腾讯学院分析并回顾了这支团队成功的要素,围绕 QQ 会员新思维与新特权,开发了微课“如何做好产品”。发现微信的用户量直线提升之后,腾讯学院精心策划了脚本、迅速采访微信团队,诞生了微课“通过微信学创新”,分享张晓龙做产品的思路。

3.“高手在民间”,打造员工个人品牌

“近两年,按照一门课一门课地开发,已经跟不上企业奔跑的速度,因此,我们推出了‘高手在民间’的系列分享项目。”腾讯学院助理院长吕英刚介绍,“这个项目唯一的要求就是对个人发展有好处,分享主题既可以与工作相关,也可以是身体健康方面的生活知识。”这个项目帮助很多分享高手形成了个人品牌,公司中无论谁有好的经验和做法,都可以到“高手在民间”做即时分享。

学院对“高手在民间”进行了线上、线下联合包装,配合线下课堂同步开通直播,直播后形成录像上传到线上平台。每期线下课程结束后,学院将及时在公众号输出图文,尽可能完全释放员工的经验与热情。

(二)用户画像:真正理解员工需求

"了解客户的需要,而不是想要。"这句话在腾讯广为流传,在腾讯学院也得到了淋漓尽致的演绎。借助后台大数据,学院精准地分析了用户画像,深入了解员工的特点与核心诉求。数据分析结果表明,文章推送给全体员工之后并不是百分百有效——一篇开发主题的文章,即使推送给全部员工,也只有相关员工才会浏览。为提升知识转化率,须适时推送信息,进行精准营销。

大数据引领着腾讯学院的内容制作方向。学院形成了大量数据报告,用来分析用户的偏好和实际需求。通过分析在线平台的热门搜索关键词,有助于及时调整或补充培训内容。

大数据还影响着学院在线平台的布局。从大数据分析能够看到用户使用最多的场景何在,学院便据此将相关内容置于页面最重要的版块。同时,不断摸索用户上线使用的时间规律,决定了学院推送内容的时间。

(三)社交互动:拉动用户参与

与移动互联时代如影随形的社交互动,也是腾讯学院未来学习方案设计的最重要方向——培训项目应能有效引导用户参与,促动分享与PK。如果学院以前的培训设计思路稍显传统,那它现在早已开始打通不同业务/领域之间的互动,开阔用户的思维格局。

1."讲出你和腾讯的故事"

学院鼓励来自不同业务的小伙伴点击腾讯大学公众号,"讲出你和腾讯的故事"。将这些故事精编成文章推出后,有力增进了8个BG以及部门小伙伴之间的相互了解与信任。

2. 只要你想讲,就来"TALK8"

"8"是指讲8分钟。腾讯学院发起一个话题,凡是感兴趣的员工都可以参与讨论。作为学院自主构建的分享平台,TALK8项目能快速呈现已有课程体系未能覆盖、无法即时反映的内容。在"TALK8"平台上,参与者须在限定的8分钟内讲完,将发言机会让位于下一位伙伴。

3."名家之声",做跨界的培养

邀请各行各业"大咖"来公司开讲坛,在腾讯已不是一件新鲜事儿。《三体》作者刘慈欣、《爸爸去哪儿》总导演谢涤葵、Twitter副总裁什·拉奥(Shailesh Rao)都曾来跨界分享产品营销经验或前沿科技理念。

在积累50多期后,腾讯学院盘点了所有走进腾讯的"大咖",并制作成可在微信发布的H5。页面设有问答环节，学员可抢答相关问题，分数高者就能领取奖品。更为重要的是，员工可以提出，自己希望什么样的大咖走进腾讯。

4.“管理启明星”，巧用微案例

要提升能力，不能仅靠面授课程。为此，针对基干的“管理启明星”项目融进了有趣的互动——群管理员在微信群里抛出微案例，邀请学员发表观点或进行评述。所有微案例均选取自典型的基干管理场景，方便迅速读完。学员发表观点，即可获取积分兑换奖励。

除此之外，群管理员不仅要立即整理学员对微案例的心得，反馈专家对微案例的观点，还要定期公布积分，共享最新学习资源，推荐相关书籍，不断丰富线上的基干培养。

（四）场景化：为用户定做独一无二的培训

ATD经常强调一个词“workplace”，即场景化的培训，是指紧密结合工作场景，解决实际问题的培训，才是最有价值的。腾讯学院秉持“场景化”的理念，各BG都沉淀了海量的案例与经验，员工在腾讯学院这个大平台上，能够学习到最为实在有用的知识。

以在线学习的策划为例，大多数公司都会选择套用现成的模板，或选用简版进行改良，而腾讯则不断迭代自己的在线平台，在建设PC端在线平台Q-learing的同时，推动建设了内部移动学习平台“腾学汇”。

“腾学汇”的特点是以项目为单位，为用户进行场景化展现——不同岗位的员工在自己的客户端所看到的培养项目，都与自身的工作场景相关，符合岗位的特点，这些内容也是他们必须学习的知识。即将晋升的用户也能得到腾讯学院场景化的帮助，如：在参加面试的前几个月，“腾学汇”会定向为用户推送辅导技巧，包括顺利晋级技巧及相关专家资源，真正帮助用户实现辅导能力的提升；而面试前几天，学院将奉上关于实用面试技巧的“大餐”。

# 第五章　培训实施:流程控制,师生受益

## 章首案例:美国通用电气公司(GE)用文化驱动学习①

作为最成功的世界级企业之一,美国通用电气公司(GE) 在员工培训与发展方面的探索与实践,亦堪称世界级典范。GE 的可持续发展,很大程度要归功于其高瞻远瞩且持之以恒的人才战略,归功于 GE 克劳顿培训中心的成功实践。

1956 年,美国通用电气公司(以下简称 GE)在纽约旁边的哈得逊河谷购置了 200 多平方米的山地,建立了一所名为克劳顿维尔(以下简称克劳顿)的大学,从而开启了现代企业创办企业大学的先河。作为 GE 高级管理人员培训中心,有人把它称为 GE 高级领导干部成长的摇篮,而《财富》杂志称之为"美国企业界的哈佛"。

在之后的 60 年中,克劳顿帮助 GE 完成了历次大型企业变革,涉及公司战略、企业文化和组织模式。

### 一、战略、文化和组织三要素的结合

当企业对培训进行投资时,首先要想到培训活动和企业战略如何接轨。每家公司都有商业战略,而战略一定是需要通过企业文化和组织模式相结合来落地的。因此,我们不能单独孤立地看待战略,而要同时考虑文化和组织。在战略落地的过程中,企业大学需通过联结企业文化来开展培训,从而加速帮助战略平稳顺利落地。

#### (一)四大典型企业文化

各种类型的组织都有自己的文化,但归纳起来,主要有控制、素质、合作、培育这四种典型文化。同时,每一种文化都有相对应的企业生命周期和组织模式。

表 5-1 是四大典型企业文化及其所属组织表。

---

① 资料来源:通用电气大中华区首席学习官兼克劳顿校长潭亮于"2016 中国企业培训与发展年会"的演讲。

表 5-1 四大典型企业文化及其所属组织

| 典型文化 | 典型行业和典型企业 |
| --- | --- |
| 控制 | 计划经济时代体制下的国企，都以控制为主，根据订单和指标来决定生产；军工企业文化也是以控制为主 |
| 素质 | 咨询公司、医院等组织非常推崇个人专业度 |
| 合作 | 适用于跨地区跨国家的企业，当企业走向全球时，需要思考以合作为主的企业文化 |
| 培育 | 适用于创新类型的企业，发展历经三部曲，从种子到树木最后到森林 |

### （二）四大典型生命周期

每一个企业从诞生开始，都会经历四个阶段——创业、立足、拓展、成功。每一个生命周期都与不同的文化对应，同时有一个核心，即该企业的在该阶段的商业战略着眼点。

首先是创业阶段，在这个阶段最重要的一点是要将想法说清楚，能够证明自己的想法在市场上与众不同，并能带来商机。目前，很多创业公司都要经历天使投资ABC 三轮，第一轮看你的想法，第二轮看你的团队，第三轮看你的引领能力。这一阶段所对应的企业文化是“控制”，因为创始人会决定整个企业的走向。

接着，拳头产品的出现，标志着一家企业从创业进入了立足阶段。拳头产品会带来订单和稳定的现金流，“产品为王”，因此这时的企业文化以“素质”为主。

随后到了拓展阶段，在有拳头产品的基础之上，你将会拓展新兴的市场和地区。这一阶段的战略核心是市场占有率。由于牵扯到了不同地区，企业文化应该是“合作”，让企业总部和不同地区进行协同合作。

最后是成功阶段，所有的产品线基于既有的商业模式已经开发结束，你该占领的市场区域也都差不多完成。这个时候，你的营收、财务报表各方面看上去都不错，面临着在红海边缘的风险——不能再靠创新竞争，而是靠拼价格。为了防止亏本，你唯一能做的是逆行而上，从红海进入蓝海——再造商业模式。为了重新创造商业模式，你会千方百计地去寻求新的想法和方式，此时“培育”势必成为最主要的企业文化。

在成功阶段，大家要有警惕心，到达顶峰或者即将到达之前，需要思考新的商业模式，制定新的战略，成功转型，进入下一轮企业发展的生命周期。这个周期是动态的和不断迭代的。

### （三）四大组织模式

组织模式代表企业的组织架构。每家企业最重要的是战略，之后通过文化和组织模式确保战略平稳落地。

(1)简单组织模式:在创业阶段,一个人带一群人做事。

(2)总部型组织模式:一般对应立足阶段。此时产品为王,控制产品的人有决定性作用。总部自上而下下达命令,销售等前线团队需听命于产品部等职能部门。

(3)地区型组织模式:属于拓展阶段。如果你的企业总部在深圳,同时开发了中东市场,那么当地市场不可能每一件事情都向深圳总部汇报。对于新兴市场,你需要让当地本土团队取得实权,有了充分的授权才能即时对客户做出反应。

(4)蜂巢组织模式:对应成功阶段。培训与学习同组织发展一脉相承,都要着眼于“人”这个要素。在此基础上,蜂巢模式具有以下三个特性。

第一,过去传统的工业时代下,组织模式都是纵向的金字塔形,而蜂巢模式是一个平面图,创造了一种平行关系。

第二,蜂巢模式由若干个六边形组织,将其引申到我们企业的组织模式,即未来蜂巢模式下的企业会由若干小组组成,每个小组成员最多不能超过七人,并且人数一定是奇数——如果最后无法确定方案,还可以通过投票解决。

第三,由于蜂巢的相邻六边形接触点很多,因此在组织中打造蜂巢模式,也是要确保每个小组和团队之间的跨部门沟通可以即时通畅。

## 二、随战略而变革,用文化驱动学习

GE公司最近30多年以来,战略方面从韦尔奇时代的卓越运营到伊梅尔特的全球化和简单化,文化从控制到素质,再到合作,目前开始了培育文化的转型。组织模式也从总部型过渡到地区型,最近几年还开始了蜂巢模式的探索。在公司战略转型、文化和组织的再造过程中,都可以看到克劳顿的身影。GE克劳顿作为全球的第一所企业大学,如今不仅具备企业大学传统的传道授业解惑作用,同时也是人才发展的摇篮和头脑风暴的所在地。基于这三大定位,克劳顿是如何通过推动文化来驱动学习的?

图5-1是克劳顿的发展之路。

### (一)从课堂变为人才发展的摇篮

20世纪80年代,GE发展迅速,GE的领导力培训内容也朝多元化和丰富性方向发展,形成了领导力开发的序列项目,并引入了行动学习法。80年代中期,GE时任CEO杰克·韦尔奇(Jack Welch)认识到要改善领导力发展,需要建立一个有效的管道支持他的变革,于是对克劳顿村进行了大规模的改造。在所有部门削减成本的时候,GE投资了4 500万美元改善了克劳顿村的设施,并且对克劳顿村的目标、内容和方式进行了彻底的改革。

文化驱动学习是传统更是进化。

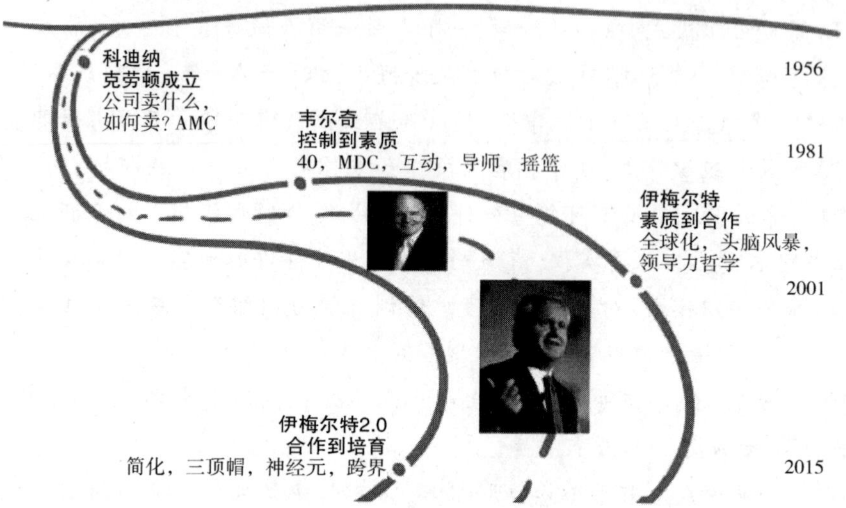


**图 5-1 克劳顿的发展之路**

韦尔奇时代的企业文化从“控制”转为“素质”，而他为克劳顿带来的影响是深远的，最典型的是以下三个方面。

第一，让领导者教授领导者。

过去，GE 一把手到克劳顿基本都是做演讲，但韦尔奇将自己视为教师，而不仅是演说者。他每年坚持 40 个小时的授课时间，即使在健康状态不佳时依然如一，这给 GE 的企业文化带来了巨大的变革——创造了“leader teaches leader（领导者教授领导者）”的文化。

第二，发现人才，培养人才。

韦尔奇上课主要针对 MDC 领导力核心课程，学员都是全球高管。韦尔奇在课堂上崇尚互动，讲解了自己的战略、管理思想、运营思想之后，他会向学员问三个方面的问题——Why、How、What，从而根据学员回答的角度发现有潜力的人才。

第三，GE 的战略型客户对克劳顿产生了向往。

（二）头脑风暴的首选地

杰夫·伊梅尔特（Jeffrey Immelt）接任 CEO 的第一个十年战略是“全球化”，克劳顿也随之进入全球化，2002 年在慕尼黑、上海、班加罗尔和里约热内卢建立了克劳顿分部。

在此基础上，GE 也做了很多头脑风暴，比如邀请战略客户每年到上海的克劳顿分部，基于当前的市场分析为明年战略制定方针。之所以到克劳顿进行头脑风暴，是因为在 GE 有一个约定俗成的认知——克劳顿代表文化和领导力，经历了 60

年的熏陶和洗礼,当有人提出“让我们来讨论战略,分享一下在市场中发现了什么?”时,大家都会来到克劳顿。这也确立了克劳顿的第三个历史定位。

### (三)领导力哲学——“1+3”的模式

“1”指的是怎样定义领导力。GE认为领导力哲学是“从最好到更好”。此概念希望通过GE的环境,让每个人成为最好的自己,从而GE作为一家公司还可以成为更好。

在此基础上,当领导者要展示领导力时,有“3”件事较为关键:第一,讲清楚你的期望;第二,帮助员工达成目标;第三,让员工对结果负责。

### (四)加速从“合作”到“培育”的转型

从2015年开始,GE进入了伊梅尔特第二个阶段的任期,从他的角度,GE的文化从合作往培育方面去转型。为了加速转型,GE主要做了四件事——推出简化战略、升级绩效考核、重塑价值观、定义快速工作法。而简化的战略和文化都是在克劳顿诞生、沟通,并得到大规模传播。

1. 简化文化中的“三顶帽子”

简化文化强调以客户为重心。同时,即便在GE,从传统角度而言,企业大学的从业人员也是以讲师为主,因此需要重点关注师资队伍。基于此,克劳顿在全球首推“三顶帽子”。

第一,作为一名讲师(faculty),传道授教解惑。

第二,成为一名咨询顾问(consultant)。因为GE有多达8个以上的业务集团,所以GE希望每位讲师不再只授课,而要走出课堂来到业务部门,通过咨询帮助每一个学员找到自己的学习战略,并跟踪一些客户的学习效果。

第三,成为项目经理(program manager)。GE克劳顿拥有上百门包含核心技能的领导力课程和数百门基础课程,数量太多一人难以管控,所以GE让每一位讲师分管若干门小课程。

2. 神经元引发的变迁

教学方法方面,克劳顿全球以人脑神经元(neuroscience)为方法基础来开发课程、认证课程等。神经元是一个重大的变迁,在克劳顿内部掀起了巨大的波澜。

变迁之一是在两年前,GE把所有的资料电子化。过去,讲师有其优势,所有讲课的资料都在自己手里;如今,所有学员在上课前就会获取讲课的资料,讲师讲第一页的内容时学员就可能已经翻到了下一页。采取这一措施的原因是,在移动互联时代,没有东西能够隐藏,与其控制,不如开放。由于这一变化,从事培训行业的人可以进一步从内向外自发地提升自己。如果讲师讲课时只是在读教案,那么没人会听你的,讲师应该根据自己的一些所见所闻,讲述一个基于教材内容之上的故事。

变迁之二是GE用了五十多年的认证方式发生了巨大改变。过去,GE的认证相当于魔鬼训练营,讲师需要看的书有两百页之厚,须在一周之内读懂并背出来,还得用英文教学。两年前,GE将两百页变为了五页,只保留框架性的原理和指导内容,留下大量空白,让讲师根据自己的经验和观点去填写,将五页纸填充为一本属于自己的书。GE鼓励越来越多的讲师更加自信,鼓励他们自我成长,从内部完善自己,发现自己,以成为更全面的学习专家。神经元本身会尊重你内部的神经活动,基于你所看和所想,来导出你想说的。

3. 跨界模式

在传统的学习方式当中,讲师是权威,知道所有的内容,学生像是被雇佣的员工,他们必须要听讲、要跟从。但是,在跨界模式下大家是平行的。事实上,在移动互联即将进入虚拟时代的背景下,时代最大的特征是跨界,而学习所面对的最大挑战是如何运用碎片化时间,以及怎样让学生从"不知如何选择信息"转变为"能够找到相关信息"。

## 第一节 培训时间与环境的安排

### 一、培训时间安排

理论和实践表明,时间安排与培训的成效密切相关,培训者应充分重视课程的时间安排。课程的时间安排主要包括以下几个方面。

(1)何时开课。一般培训选在企业业务不忙的时候,平时晚上或是周末。但要注意的是,白天工作的人们在晚上可能会很疲劳,而且可能会因培训挤占了他们的周末时间而不高兴,这会影响学习效果,因此这需要培训管理者花一定力气做好沟通和宣导工作,并适当调整上班时间的工作安排,尽量让受训者以较好的精神和身体状态来参加培训。

(2)每次上课时间的长短。每次上课的时间一般为2~3个小时,要考虑参训者的疲劳问题。结束了一天工作的员工较难集中精力长时间地学习,中间应当适当休息。

(3)每星期适宜开课的时间。一般的经验是:一周开头的几天最好,不过不排除例外,参加者的特定习惯也是一个重要因素。

(4)每周上课的次数。最普遍的做法是每星期上课一次。当然强化培训和半脱产培训的情况例外。

(5)学习的期限。上课时间的总原则也适用于学习期限,学习的期限既不应当短到没有什么收获,也不应当长到使参加者失去兴趣。

## 二、培训环境安排

培训环境主要是指教室,以及一些可以加以利用的特殊空间,如图书馆、实验室、研讨室、调研场所、运动场、实习工厂、车间等。布置一个适宜的培训环境,是增强培训效果的内在要求。例如,在为职业经理人准备培训场所时,应该考虑以下多个方面:环境光线、环境气温、地点距离、价格、环境噪音、设备、培训教室的结构与空间、桌椅、茶水、专职服务人员、专职音响师、同住宿及吃饭地点的距离、分组讨论的空间、户外培训场地、保护商业机密、培训顾问到达方便、培训场地装饰、建筑质量等。

培训环境的布置必须明确几点:一是没有一种布置方式能适合所有培训的需要;二是对学员来说,座位的不同意味着他们对培训教师角色的感觉和视觉的不同;三是培训空间的大小在某种程度上决定着培训环境的布置;四是看培训环境的布置是以培训师为中心,还是以学生为中心。

以学生为中心的培训环境布置。这种布置允许学生参与,易于使学员彼此相互影响。在这种类型中,教师的可视范围相对较小,各项活动的转换和衔接比较自然。

以教师为中心的培训环境布置。这种环境布置不用担心学员会脱离控制,传统的"座位一律面向前方"式的布置就是最好的例子。

常见的培训环境布置方式有传统布置法、扇形布置法、圆桌形布置法、马蹄形布置法、会议室形布置法等(见图 5-2)。

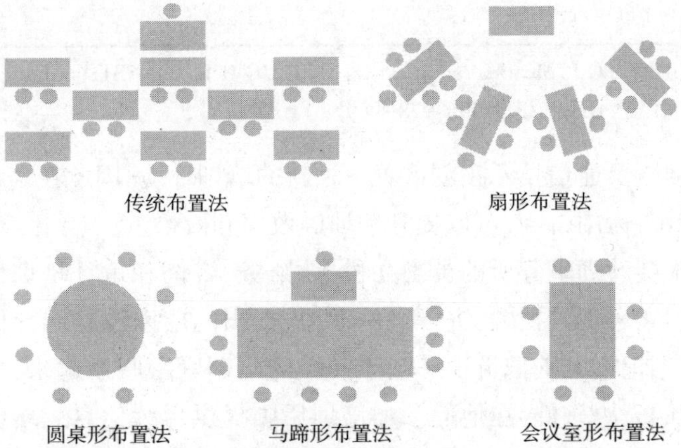


图 5-2 培训座位安排示意

## 三、培训环境的细节

培训环境的一些细节也要关注,处理不好,会影响培训开发的效果。

表5-2列示了培训场地应考虑的细节,培训者、培训项目设计者或管理者可用它来评估培训场地。

表5-2 培训场地应考虑的细节

| | |
|---|---|
| 噪声 | 检查来自空调系统、邻近房间、走廊及建筑物之外的噪声 |
| 色彩 | 轻淡柔和的色彩,如橙色、绿色、蓝色和黄色属于暖色。不同类型的白色显得冷而呆板。黑色和棕色会产生心理上的封闭感,容易使人疲惫 |
| 房间结构 | 使用接近于方形的房间。过长或过窄的房间都会使受训者难以看见、听见对方,不易参与讨论 |
| 照明 | 光源应主要是日光灯。日光灯应分布于房间四周,并且在需投影时用作为微弱光源 |
| 墙与地面 | 会议室应铺地毯,使用相同色调,避免分散注意力。只有与会议有关的资料才可以贴在墙上 |
| 会议室的椅子 | 椅子应有轮子,可旋转,并有靠背可支撑腰部 |
| 反光 | 检查并消除金属表面、电视屏幕和镜子的反光 |
| 天花板 | 天花板最好有3米高 |
| 电源插座 | 房间里间隔1.8米设置一个电源插座,电源插座旁边还应放一个电话插头,使得培训者能够很方便地使用电源插座 |
| 音响 | 检查墙面、天花板、地面和家具对声音的反射和吸收情况。需要三四个人共同调试音响,调节其声音清晰度和音量 |

资料来源:FINKEL C L. Meeting facilities[C]//CRAIG R L. The ASTD training and development handbook. New York:McGraw Hill,1996:978-989.

计算机、网络及通信技术正创造着一种新的培训环境,因此在培训开发中要注意多媒体的应用,运用得当,可以提升培训的效率和效果。

例如,安永会计师事务所的员工在税务、财务、咨询和审计培训课程中都使用笔记本电脑,用它来观看视频,进行案例学习、提出问题以及访问存储在公司内部网上的信息。笔记本电脑把员工和基于网络的培训紧密联系起来,帮助他们获得参与培训课程的先决条件,在他们参加培训后则提供后续信息。培训者改变了以往作为培训内容的主讲者的角色,把更多的时间花在指导、提供反馈,以及监控受训者的进展上。培训者可以"看见"受训者是如何工作的,从而提供个别的反馈与指导。同时培训者可以通过笔记本电脑询问受训者在特殊的培训课程中遇到的困难。他们的反馈可以与其他的受训者分享，这能使培训者开设一些特殊的“帮助”课程或者提供一些辅助的学习模块。这种利用笔记本电脑的学习环境适用于不同大小的培训团体，即使他们位于不同的地区也能良好地进行培训开发。

## 第二节　培训师的胜任力及其筛选原则

培训教师的选择是培训工作取得成功的关键，也是培训准备工作的重中之重。

### 一、培训师的特点

(1)有教学愿望。一个不喜欢帮助他人学习的人肯定不是好的培训老师。

(2)知识丰富。培训师必须具有渊博的知识，尤其是对于培训内容方面应该有深入了解。

(3)表达能力强。表达能力的强弱直接影响着培训开发双方的交流和沟通，从而直接影响培训效果的好坏。

(4)耐心。一个好的培训师必须是有耐心的，具有包容的性格。

(5)有幽默感。幽默感能够保持受训者的活跃度并吸引其注意力。

(6)来自受训者的尊敬。这点非常重要，它直接影响到培训的最终效果。

(7)培训的热情。如果培训师在承担培训活动时是热情的，这种热情会传递给受训者；相反，培训师缺乏热情也会影响受训者，使其学习情绪不高。

### 二、培训师的能力要求

除了上述特点外，培训师还应该具有以下能力。

(1)观察与捕捉能力。企业在发展过程中，面临激烈的市场竞争，会遇到各种各样的情况，某些单一、简单事件的背后，可能掩藏着企业经营与管理中的重大问题，作为培训师应该能够及时发现问题，帮助企业管理者与员工解决实际问题，而不仅仅是将过去发生的问题作为案例来讲解。

(2)分析与总结能力。培训师应善于通过观察来捕捉大量的企业信息与课堂信息。就某一事件或现象而言，其表面现象的背后均掩盖着实质性的问题，培训师必须能够对事件或现象进行透彻的分析，找出事件背后的规律性，给学员提出具有指导意义的建议，这样才能使培训课程具有较强的针对性与实用性，并具有较高的理论性，提高学员在实际工作中分析问题与解决问题的能力。

(3)策划与组织能力。培训师必须掌握科学的教育规律：第一，要根据培训需求制定具体的教学目标，必须能够帮助学员解决实际工作中遇到的具体问题，以提高学员实际工作技能；第二，科学设计课程内容，使课程内容与学员的实际工作相联系；第三，策划灵活、多样的授课方式，受训学员一般具有丰富的个性化经验，培训授课应采取能够充分利用学员经验的课堂讨论、案例分析、模拟游戏或角色扮演等方式；第四，创造出一种学员感到自己被接受、被尊重、畅所欲言，并得到支持的学习氛围；第五，培训教师要有强有力的课堂控制能力，使课堂气氛活而不散，并具有感染力。

(4)引导与应变能力。培训是一个帮助人学习的过程。在教学过程中，培训师只是学员学习的催化剂或向导，即教师并非“教”学员什么，而是帮助学员学习。根据学员的学习兴趣及工作需要，培训师要善于联系生活和工作实际来引导学员学习新的理论知识，提升学员的理论水平。为此，培训师要具备良好的引导能力和高度的应变能力，使自己在教学中始终处于主导地位。如案例教学、模拟教学等形式都需要教师根据培训目标，积极引导学员，根据学员的具体情况及时调整课程内容。

(5)表达与沟通能力。口头和书面表达能力是衡量教师能力高低的重要尺度，培训师必须能够用准确、简练的语言表达其所要传授的课程内容。语言表达准确才能让学员明白培训师在说什么，自己应怎么做；语言简练能够提高讲课效率，在短时间内可以向学员传递更多信息。同时，培训师还要有良好的沟通能力，当今的培训已经不是传统的知识灌输，教学形式也不是简单的培训师教什么学员就学什么，而是针对工作需要，提高其岗位技能，增强企业核心凝聚力的企业文化培训等，强调学员的积极参与，培训师与学员要形成互动，只有具备良好沟通能力的培训教师才能调动学员的积极性与主动性，才能达到寓教于乐的效果。

(6)学习与创新能力。知识经济社会、信息时代要求培训教师把自身知识的更新视为一种责任，同时，培训师要认识到在未来社会中，获取知识的能力比获取知识本身更为重要，获取信息的方法比获取信息本身更为关键，所以培训师要有很强的学习能力。未来社会更需要富有创新精神的开拓型人才，要造就创新型人才，培训师首先就应当具备创新意识和创新能力。一是理论知识的创新，形成自己的理论观点；二是理论应用的创新，把原有的理论应用到新的领域解决新的问题；三是能够对企业实践进行理论分析、总结，使单个实践案例具有一定的指导意义。

## 三、培训师的选择范围

(1)内部人员。内部讲师主要负责专业技能与企业文化的培训。其优点在于：对企业内部实际情况非常熟悉，易于开展有针对性的员工培训；能激励员工的上进心，为员工树立一个榜样，提高员工参与培训的积极性；易控制；成本低，选择内部人员作为培训讲师可减少大量的搜寻成本。

内部讲师的缺点在于选择范围小，权威性不高，可能无法引起参与者足够的热情。

（2）外聘。外部讲师主要负责新理念、新思想的培训。其优点在于：选择范围大；带来许多全新的理念；可提升培训的档次，引起企业内各方的重视；使员工产生新鲜感、好奇心；容易营造学习气氛，增强培训效果。

外聘讲师的缺点在于：容易被对方的学术成就和头衔镇住；因接触时间短对人无法做出精确的判断，容易选错，而选错的代价是巨大的；可能因迁就对方而放弃本来的培训目的；因各种条件的限制，沟通相对困难；因对企业不熟悉，传授的内容可能不适用；培训可能偏重于理论，而对实际技能的传授不足；实际的管理和控制存在不少难度；成本相对较高。

表 5-3 是内部讲师和外部讲师的优缺点对比。

**表 5-3　内部讲师和外部讲师的优缺点对比**

| 类　型 | 优　点 | 缺　点 |
|---|---|---|
| 外部讲师 | ·选择范围大，培训者较专业，具有丰富的培训经验，可提升培训档次<br>·不受企业管理理念的影响，可带来新的观点和理念<br>·易营造学习气氛，促进培训效果 | ·培训成本较高<br>·偏重于理论知识，而忽视了实际操作技能和企业文化的培养<br>·易选错培训者，对企业不熟悉，培训的内容可能不适用，针对性不强 |
| 内部讲师 | ·培训成本较低<br>·对企业实际情况较熟悉，培训有针对性<br>·培训责任心较强，培训易控制<br>·可以和受训者进行有效沟通 | ·选择范围小，权威性不高<br>·不能引起受训者的兴趣<br>·易受企业现状的影响，缺少新思想、新观点 |

培训者无论来自公司内部还是外部，都需要有专业技能和培训经验。如果组织利用内部专家进行培训，那么必须强调的是，尤其是当听众对培训内容不了解的时候，应该让他们尽量用比较具体的方式来传授课程内容（例如运用案例）；另外，让管理者和员工做培训者，可以使培训内容更有意义，他们了解公司内部情况，所以让他们做培训师可以使培训内容与受训者的实际工作更接近。

## 第三节　培训课程的设计原理与程序

培训课程设计主要包括课程目标、课程内容、课程教材、教学模式、课程评价、教学组织、课程时间、课程地点等因素的设计，这些因素构成了培训课程系统。

## 一、确定培训课程目标

### (一)课程目标的定义

课程目标是指培训开发结束时或结束后一段时间内组织可以观察到并以一定方式可以衡量到的具体行为表现。课程目标提供的是培训开发方向及其过程中各阶段要达到的标准,经常通过联系课程内容,用行为术语加以表达,而这些术语通常属于认知范围。一个完整的课程目标包括行为主体、行为动词、行为条件和执行标准四个要素,简称 ABCD 形式。

A(actor):行为主体,即学员。

B(behavior):行为动词,即执行的行为。

C(condition):执行的前提条件。

D(degree):执行标准,即用可测定的程度描述执行标准。例如,了解、熟悉、掌握等认知指针。

表 5-4 是一个培训目标的示例。

**表 5-4　培训目标示例**

| | |
|---|---|
| 1 | 学员了解 Excel 的功能范围 |
| 2 | 学员能够掌握常用的 Excel 基本技能 |
| 3 | 学员能够熟练地运用一些快捷键处理问题 |
| 4 | 学员可以通过 Excel Specialist Expert 考试(650 分以上) |

培训开发通常是围绕员工的知识、技能和态度等展开的,目的是纠正其不良的工作心理、行为和习惯,提高员工的素质,使其工作技能达到更高的水准,以解决工作中的问题,并达到提高工作绩效的目的。因此,培训开发目标的设定应该强调以具体的人(学员)和事(要解决的问题)为基础,培训重点要清晰明确、有的放矢。

### (二)制定课程目标的原则

课程目标关注的是学员学到了什么,而不是培训师讲授了什么。因此在制定课程目标时应遵循 SMART 原则,如表 5-5 所示。

**表 5-5　制定课程目标的 SMART 原则**

| 原　则 | 说　明 |
|---|---|
| S(specific) | 明确性、特定具体的,即用具体的语言清楚地说明要达到的行为标准 |
| M(measurable) | 可衡量性,即应该有明确的数据用以衡量是否达到目标 |

续表

| 原 则 | 说 明 |
|---|---|
| A(achievable) | 可达到性,要根据学员的素质、经历等情况,以实际工作要求为指导,设计切合实际、可达到的目标 |
| R(realistic) | 实际性,即在目前条件下是否可行、可操作 |
| T(timed) | 时限性,即目标是有时间限制的,没有时间限制的目标没有办法考核,或考核的结果不公正 |

## 二、培训课程内容设计

### (一)课程内容的含义

培训内容从水平上来看,是课程内容的范围;从垂直上来看,是课程内容的顺序。这就要求组织者在范围上要精心地加以限定,使内容尽可能地对学习者有意义并具有综合性,而且还要在限定的时间内合理安排。

培训开发主要着眼于以下三个方面:知识、技能和态度。

(1)知识是对事物的基本认识和理论抽象,是个人能力得以形成的基础。培训的知识不同于学校的知识教育,它更偏重于"用什么学什么",更注重知识的实用性,往往不要求培训内容的面面俱到,而强调能运用到实际工作中的知识。

(2)技能是解决具体问题的技巧和能力。对组织基层员工培训,一般要着重于工作中专业技术能力的提升。而对于管理者的培训,需要偏重于管理决策技能、解决问题技能、人际关系技能。一般而言,管理者所处的层次越高,所需的概念技能就越高,对技术技能的要求则越低。反之,对基层管理人员的培训内容则要注重贴近实际,技术技能会很重要,具体如图 5-3 所示。

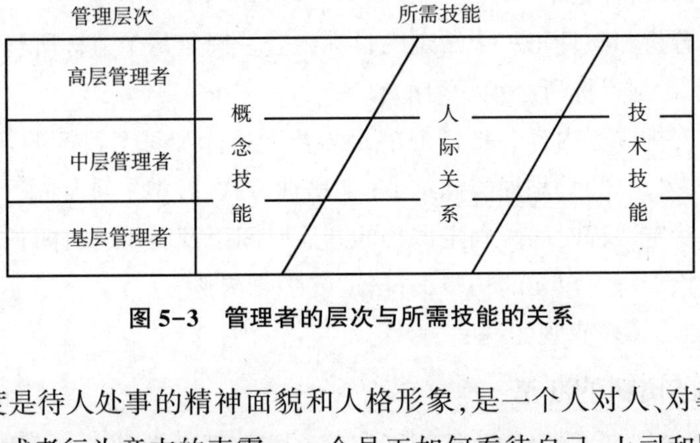


**图 5-3 管理者的层次与所需技能的关系**

(3)态度是待人处事的精神面貌和人格形象,是一个人对人、对事、对待环境的心理倾向,或者行为意志的表露。一个员工如何看待自己、上司和同事,如何看待自己的工作,他对未来抱有什么希望和心态,如何面对挑战和挫折,这些问题都将决定他的行为基调。通过培训,可以培养员工积极、乐观的健康心态,建立起与人、与公司之间的相互信任、团队合作精神和基于高度认同的主人翁意识。

## (二)选择课程内容

一门培训课程不可能涉及所有内容,因此在选择课程内容时,应首先考虑学员相关的学习背景和学习需求。在对环境、职务及学员需求进行了分析之后,确定学员必须学会的知识和技能,在此基础上再确定培训课程的目标和目的。如果课程目标定得明确,培训课程的内容就很容易确定了。选择培训内容时可遵循以下排序流程,见图 5-4。

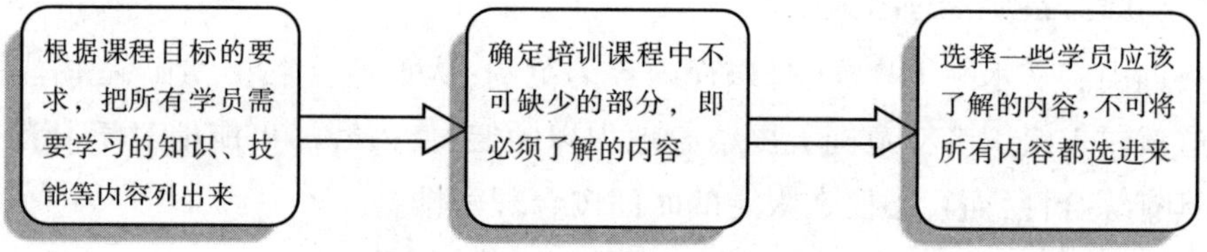


**图 5-4　课程内容排序流程**

## (三)课程内容顺序的编排

在编排课程内容时,要遵循以下原则:从简单到复杂;采用已有的一些比较合理的编排模式(例如按时间、按话题等);从已知到未知;按照工作的工序安排课程内容。不管何种培训开发课程,都要求培训开发内容组织得有条理,符合逻辑,这样才易于学员理解。

第一步:安排课程目标。每一课程不应该包含太多的课程目标,例如一个小时内要完成五六个目标是不可取的。

第二步:分析和整理每一个给定的目标组合。确定每个目标所包含的内容,这些内容是为了达到目标所必须学习的。

第三步:安排课程内容。将各个单元的若干目标和每个目标的几部分内容按照要求排列起来。同时,添加授课细节(如培训方式、教学工具等)。

第四步:确定课程时间。确定课程的开展时间以及所用的时间长短。

第五步:检查每一单元的初步编排,进行必要调整。

图 5-5 给出了较直观的说明。

## (四)辅助资料的准备

为了达到培训开发的目的,需要了解什么能够帮助学员记忆。学员往往容易记住那些出现频率高的信息。有研究表明,学员接受课程的信息主要来自:20%听到的,30%看到的,50%看到并听到的,70%做过的。

因此,为了使得培训开发真正有效,必须使学员能够看、听,并同时让他们参与到课程中,在培训开发过程中创造条件让他们参与。下面的辅助材料有助于达到上述目的。

(1)阅读材料。阅读材料要和幻灯片保持一致;提供给学员阅读材料可以帮助他们做笔记。

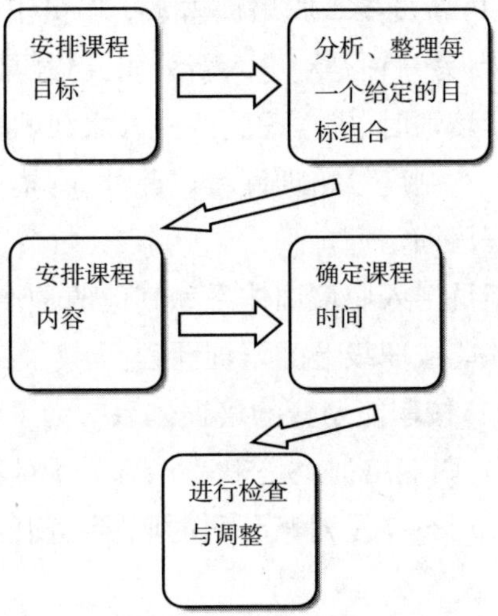


**图 5-5 课程内容排序流程**

(2)视觉材料。视觉材料包括幻灯片、场景、图形、标语、图表、照片、图画、录像片、令人愉悦的环境等。好的视觉材料要满足三个基本规则,即 3B 原则:字体足够大(big)、醒目(bold)、美观(beautiful)。

(3)听觉材料。听觉材料包括令人感兴趣的词汇、音乐、声音、重音、故事、对话等。要保证听觉材料很好的音调、节奏,合适的音量,准确的发音等。

(4)感觉材料。感觉材料包括情绪,可以实践的活动,可以闻的、可以品尝的、可以触摸的东西,痛苦的/舒适的体验。

## (五)培训课程体系的分类

培训课程体系主要由新员工入职培训体系、按职能划分的培训体系和按职级划分的培训体系三部分构成,具体如图 5-6 所示。

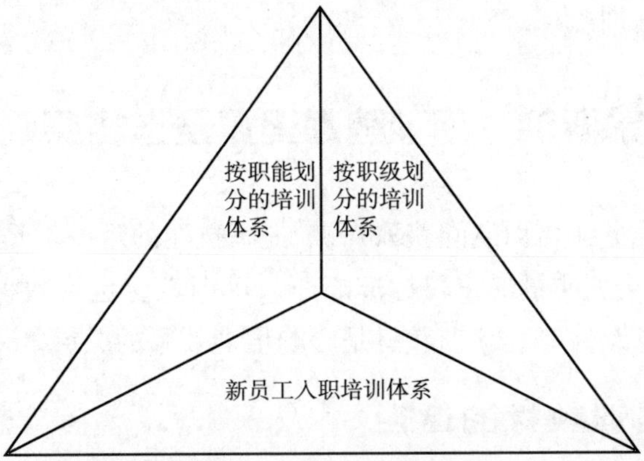


**图 5-6 课程体系类别图**

(1)新员工入职培训体系。新员工包括两种：一种是刚毕业的大学生，没有工作经验；另一种是刚进入新公司，已经具有工作经验的人员。针对这两种新员工进行入职培训时，应考虑这两种人之间的差别。他们均需要接受新公司的企业文化、各项规章制度等培训课程。此外，刚毕业的大学生还应接受一些与基本技能相关的课程培训。

新员工入职培训体系和其他两种培训体系是相互联系的，因此他们还需接受相应职能或职级上的培训课程。

(2)按职能划分的培训体系。为了保证员工在其相应的职能部门更好地发挥其潜力，职能培训也是很重要的。针对不同职能部门制定不同的培训策略和培训重点。图 5-7 是对某公司的职能部门的划分。

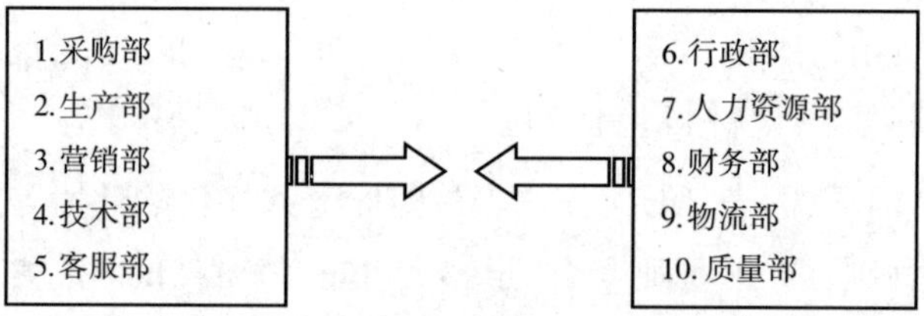


**图 5-7　某公司职能部门划分图**

在培训开发时，可以按照各部门需求的不同进行有针对性的培训开发。

(3)按职级划分的培训体系。企业里的职级一般可以划分为一般员工、主管、经理、总监、总经理/总裁。不同的行业性质会有不同的划分，在培训开发时应该按照不同的职级设计不同的培训课程。

职级与职能之间存在着交叉关系，因此企业应该综合考虑培训开发体系划分方法，提供给相关人员全方位的培训，培训者不仅要重视专业技能的培训，而且要关注综合技能的培训。

## 第四节　培训教材来源及选择原则

培训教材是学员在培训期间获取知识、提高技能的重要工具，也是培训进行的具体依据，是衡量培训质量的重要标准之一。培训教材包括教科书、讲义、案例资料、音像资料、电子课件等。培训教材是影响培训效果的关键。

### 一、准备培训教材的途径

(1)购买现成的教材。现在市面上各类学习资料很多，内容也非常丰富，可以直接选用。但是选取这样的教材需注意，不是大而全的培训教材就一定好，有时候就某一特定问题编写的书往往更有效果。

(2)改编教材。为了使得现成的教材更为适合培训，可以对市面的教材进行一定的修改，使其与培训更好地契合。

(3)自编教材。如果要进行大量教学和培训工作，或者希望自编高质量的教材，那么就要搜集相关资料，请教专家，把想法转变为具体的教材。

### 二、准备培训教材时需要考虑的因素

(1)课程内容的差异性。

(2)培训对象的差异性。

(3)培训对象的兴趣与动力。

(4)培训手段的可行性。

### 三、确定培训教材

不同的培训类型，教材编写有不同的要求。例如，以促销活动为背景的培训，培训教材重在活动细节的量化设计，要将各种可能出现的问题进行设想演练，以确保促销活动的顺利进行；以企业文化作为培训主题，培训教材则要侧重如何达成积极向上的团队共识、振奋士气的设计；以提高销售技巧为培训主题，培训教材则应更侧重于情景互动的设计，内容应是贴近终端，源于终端，才能让导购员和销售人员学有所得，学以致用，从而改变不良的销售心态；以行业市场为主题的培训，培训教材则须侧重于综合内容设计，内容以拓宽视野、知识充电、提高自信力等为主。

## 第五节　培训费用核算原则与方法

企业培训的费用必须进行规范地预算管理，培训预算的制定有利于管理层对整个培训活动进行全面审核，避免内部各种随意性培训费用的支出；有利于提高主管人员计划、预算、控制与决策的水平；有利于将企业的长远目标和培训目标，以及要实现的培训效益三者有机地结合起来。

设计有效的培训费用预算是实现成功培训的前提和保证，当今许多成功企业，无一不非常重视企业培训预算，并取得了良好的培训效果。近年来，我国企业也加大了对企业员工的培训力度，但不少中小企业由于未能建立有效的培训预算体制，而使得培训或流于形式或疲于应付，没有达到应有的效果。针对我国一些企业的调研分析，企业在培训预算上往往存在以下误区：没有进行专项的培训预算、培训

预算总是一减再减、培训预算的确定完全靠拍脑袋、培训预算设计未能支持培训规划和业务发展，并且还负面影响了培训规划和业务发展。

## 一、培训费用的界定

培训费用是指单位组织开展、外出参加培训直接发生的各项费用支出，包括师资费、住宿费、伙食费、培训场地费、培训资料费、交通费，以及其他费用。具体来说如下几方面。

(1)师资费是指聘请师资授课发生的费用，包括授课老师讲课费、住宿费、伙食费、城市间交通费等。

(2)住宿费是指参训人员及工作人员培训期间发生的租住房间的费用。

(3)伙食费是指参训人员及工作人员培训期间发生的用餐费用。

(4)培训场地费是指用于培训的会议室或教室租金。

(5)培训资料费是指培训期间必要的资料及办公用品费。

(6)交通费是指用于培训所需的人员接送，以及与培训有关的考察、调研等发生的交通费用支出。

(7)其他费用是指现场教学费、设备租赁费、文体活动费、医药费等与培训有关的其他费用支出。

## 二、培训预算前需要关注的八大问题

培训预算作为培训计划的前提条件，重点要做到预算的节省，避免无谓的开销。

问题一：公司的目标是什么？

问题二：培训要达到的目标是什么？

问题三：各项培训课题能获得什么收益？

问题四：这项培训是不是必要的？

问题五：可选择的培训方案有哪些？

问题六：有没有比目前培训方案更经济、更高效的方案？

问题七：各项培训课题的重要次序是什么？

问题八：从实现培训目标的角度看到底需要多少资金？

培训预算的切分方式如下。①按照职级切分：高层、中层和基层员工按照不同比例切分，重点关注中层员工；②按照岗位切分：根据培训对象的工作岗位、技术等级等要素，配置和实施培训课程计划。

企业培训预算的使用一般可以做如下考虑：①如果包括企业内部人员的费用

在内，企业总预算安排时，30%为内部有关人员的工资、福利及其他费用，30%为企业内部培训，30%为派遣员工参加外部培训，10%作为机动；②如果不包括企业内部人员的费用在内，企业总预算安排时，50%为企业内部培训，40%为派遣员工参加外部培训，10%作为机动。

## 三、培训费用预算的方法

### （一）比较预算确定法

比较预算确定法是比较常见的，也就是通过参考其他同行的培训预算情况，来定制本企业的培训预算。首先要了解行业内人均培训费用额度是多少，其次要了解行业中优秀企业及落后企业的预算状况等。

### （二）比例提取法

比例提取法要选择出一个基准值，然后根据这个基准值再做出判断，一般是有一个特定的比例的，这种方法是常见的方法之一，也是很多中小企业采取的方法。

### （三）人均预算法

人均预算法要先确定企业的实际情况，在此基础上，再乘以员工人数，最终得出培训的预算。当然这种方法只适合一部分企业，并不是所有的企业都适用。

受训对象信息收集完毕后对受训对象进行区分，划分出中高层培训人员及相关名单，培训预算投放比例根据公司的发展方针和员工比例合理划分投放比例。虽然在确定培训预算时，可能会采用人均培训预算的方式，但是在预算的分配时，往往不会人均平摊。可以将70%的培训费用花在30%的员工身上，甚至将80%的费用用于10%~20%人员的培训上。

企业一般都会将培训预算向企业高级经理和骨干员工倾斜，这样做是合适的。因为多数企业中80%的效益是由20%的员工带来的。另外，高级经理及骨干员工提高了管理及技术水平，可以有效地带动普通员工提高工作能力，这种从上向下推动远比由普通员工从下向上推动要容易得多。

### （四）历史记录预算法

很多企业每一年都会进行企业培训，每一年也都有费用的记录，用这些记录来确定培训预算也是一种很好的方案，并且在以往的实际经验上进行预算分配更加贴合企业的情况。

### （五）需求预算法

根据企业具体的需求情况来确定预算是最好的，此法比较节省时间和人力，这是一些小企业常常使用的一种培训预算方法。比如一个企业要给他们的基础员工做培训，根据这个需求采取集中方案，每一种方案都有对应的预算即可。

（六）费用总额提取法

费用总额提取法是以人力资源部费用总额为依据，按一定比例确定培训费用，人力资源部全年费用总和包括招聘费用、培训费用、社会保障费等，各个企业根据自身的情况不同来确定。

（七）零基预算法（zero-base budgeting，ZBB）

零基预算法又称零底预算，其全称为"以零为基础编制计划和预算的方法"，简称零基预算，最初是由德州仪器公司开发的，是指在编制预算时对于所有的预算支出，均以零为基底，不考虑以往情况如何，从根本上研究分析每项预算是否有支出的必要和支出数额的大小。这种预算方法不以历史为基础进行加工整理，在年初重新审查每项活动对实现组织目标的意义和效果，并在成本—效益分析的基础上，重新排出各项管理活动的优先次序，并据此决定资金和其他资源的分配情况。

## 四、培训费用预算的设计流程

面对新的竞争挑战，培训开发已经成为推动企业成长的重要战略，也是企业建立学习型组织、知识型企业的必然要求，因此有效设计企业的培训预算，必然成为不少企业关心的问题。在进行培训预算的过程中，必须要注意以下环节。

（一）第一步：进行培训调研，分析培训需求

进行培训调研，分析培训需求是企业设计培训预算的基础。分析培训需求必须要把握以下两个尺度。

一是分析培训需求必须具有整体性，即分别从公司战略使命和业务发展计划来确定培训需求。公司战略的发展方向和业务发展计划的实施，均决定了在发展的历程中需要有何种核心能力与之匹配。企业应该进行培训预算，并支付足够的资金来保证有效培训的实施，从而获得相应的核心能力。

二是分析培训需求必须具有个体性，即培训主管部门要进行员工培训需求调查，分析不同员工的状况，从而制定出适应于不同个人的培训发展方案。将上述两个尺度有效结合，就可以全面把握公司的整个培训需求。

例如，一家公司为了配合新产品上市和销售管理模式改革，在销售员培训方面就突出以下重点：根据业务战略需要进行产品知识介绍和新销售管理模式培训，针对不同的销售员进行不同的销售能力强化培训。

## (二)第二步:确定培训的内容

工作内容、工作性质以及工作模式的不同,决定了企业中不同级别、职别的人员需要不同的培训内容。而不同的内容,可能需要不同的培训预算。确定人员培训的内容主要依据其本职工作目前或即将要用到的知识和技能。

具体地说,就是要依据企业的职位分类体系,为每一个员工建立一张培训开发规范表,详细规定每一个任此职位职级的人必须具有的一系列知识和技能的要求。对于每个职位职级的知识和技能结构分为三大类:其一是专业知识和技能,这是本职级人员工作中使用的最主要的知识和技能,是本职系人员的专长;其二是相关知识与技能,这是本职系工作经常要用到的,但并非本职系人员专长的知识和技能;其三是基础知识,这是本职人员应该了解的背景知识。

## (三)第三步:确定培训方式与形式

不同的培训内容可能需要不同的培训方式与形式,例如,专业技术方面的培训可邀请专家培训或与外部院校合作进行进修。一些管理方面的培训可以与咨询公司合作,或者发展网上培训的方式,或者通过购买音像教材等进行培训。

而公司基础知识方面的培训一般采取集中培训的方式,也可以通过建立公司内部网上培训平台来达到培训的目的。

此外,针对不同职级的人员,在进行培训规划决策上也有所不同,因此也会采取不同的培训方式。一般而言,职级越高,越倾向于依靠外部机构受训,职级越低,越倾向于公司自己培训。由此可见,培训方式的不同,培训预算也会大相径庭。

所以,在进行培训预算时应该根据不同的培训方式分别进行培训预算。

## (四)第四步:确定培训项目,进行培训预算

根据不同职级的培训内容,选择不同的培训方式,并确定出公司各个培训项目的规划安排,进行费用预算。培训费用中一般包含:讲师培训费、场地费、进修费、资料费、奖励费、管理费等。不同的培训项目,这些费用结构是不同的。如在公司内部举行的培训就不需要场地费,通过网上培训以及看视频培训就不需要讲师培训费。

对于公司内部各职能部门或班组自办的培训课程,可以安排企业内部讲师,他们更熟悉企业的情况,往往讲的实际、容易懂、用得上、成本低、效果好,费用可以由公司自主确定。对于新的管理方法、理念和新产品、高新技术的引进,往往从企业外的研发单位、咨询公司或高校聘请讲师指导。聘请外部讲师可以和一些信誉好的咨询培训机构联系,了解其报价,这样能成为制定培训预算的参考。对优秀老员工和有潜力的员工的素质教育、学历教育,一般采用与高校联合办学的方式。另

外，公司培训部门也应该和一些教育机构保持关系，并进行合理的预算。

此外，培训预算中还应设奖励费，如在年底评比中设立优秀学员、优秀讲师和最佳教育培训工作推动部门等奖项，以增强员工对培训的参与。

### （五）第五步：培训预算的实施跟进

培训预算的落实是培训部的责任，而要落实培训预算，必须有详细的培训计划来支持。最高管理层一旦宣布了下一年度的培训预算总额之后，人力资源部或培训部应进行跟进，制定出公司年度培训计划，详细列明预算的分配及使用的项目（参见表5-6），以及完成预算的时间表或期限。不能在期限内完成，最高管理者应要求培训部说明，共同修订培训计划，以跟进落实该项预算。

表5-6是培训费用预算表。

**表5-6 培训费用预算表**

| 序号 | 课程名称 | 培训主要内容 | 培训对象 | 参训人数 | 持续天数 | 培训时间（年月） | 培训地点 | 培训费金额 | 审批 |
|---|---|---|---|---|---|---|---|---|---|
| 1 | | | | | | | | | |
| 2 | | | | | | | | | |
| 3 | | | | | | | | | |
| 4 | | | | | | | | | |
| 5 | | | | | | | | | |
| 6 | | | | | | | | | |
| … | | | | | | | | | |

## 五、培训预算的审核

培训主管部门在对全部培训项目完成初步预算之后，应提交公司高层领导审核。对于培训预算是否合适，可以以公司销售收入预测或者工资总额计划为参照，国外一般按销售额的1%~3%或工资总额的8%~10%作为专项开支列入培训预算。虽然国内企业离这个数字目前还存在较大的距离，但也可以作为审核培训预算的参考。培训预算是否恰到好处，不仅要看费用的实际支出，而且要审查这些培训项目及预算是否支持公司的战略规划与业务发展目标。

然而在企业实施培训预算的过程中，存在着很多问题，具体如下。

（1）公司的培训主管部门对公司业务不了解，造成培训的内容与公司战略目标脱节，对培训内容的规划及实施顺序同公司战略计划之间的关系没有概念。造成这种现象的根源是我们基于传统的人事管理观念和习惯。大多数人力资源经理不是来自业务部门,而是那些毕业后一直从事人事(行政)管理的人员。负责培训的主管人员也是如此。他们在人力资源管理方面有很多宝贵经验,但是如果从培训对公司业务的支持角度来看,这些管理者却先天不足。他们很难对公司战略、业务发展和人员素质的要求有深刻的理解。

培训主管对公司战略使命和业务发展计划不能好好地理解,往往就不能正确地进行预算,这样便致使企业的人力、物力资源大大地浪费掉,不能为企业增值。

(2)公司将培训作为奖励,对结果关注不够,导致实际接受培训的员工并不是最需要培训的员工。

这种一开始就没有要求结果的培训,表面上看是培训经费的浪费,实际危害远非如此,具体如下。

①打乱了整体的培训计划,并可能增加管理难度。

②违背了专才比全才对企业更有价值的原则,被培训员工并没有因为参加了这个培训而增加自身的价值。

③占有了被培训员工的注意力资源。人的注意力是一种有限的资源,在同一时间里只能用来做一件事。如果这种资源被不能产生价值的事情占用,那么,对于该资源的拥有者来讲就是浪费、贬值。这种培训奖励很可能是企业一厢情愿。

④员工之间可能会因为这种似是而非的奖励措施而产生矛盾。究其原因,实质是在培训预算的过程中没有有效地分析培训的需求,没能对合适的员工选取正确的培训项目。

(3)不考虑公司现有管理体系的状况,导致培训内容超前或落后于管理体系发展。

培训如落后于管理体系的发展,会使公司的发展速度减慢、丧失商机、效率降低。相比之下,培训超前于组织发展的状况更具危害性。严重时可以导致员工对公司及管理者的不满加深、士气低落、跳槽,甚至使现有的管理无法运行。培训内容的错位使得培训预算不能得到有效地估计,影响了培训的实施。

(4)认为人都是可以通过培训而提高业绩的这是一种非常普遍的偏见,特别是在一些号称人性化管理的公司则更为突出。他们总试图教一匹马如何去保护羊群不受狼的攻击,或教一只猴子如何规规矩矩地坐在太师椅上。这种做法主要受对公司文化的片面理解和经理个人的成就感影响。结果,受到责备的始终是那匹只会拉车的马和那只永远要待在树上的猴子。医学和心理学的观点认为:人的特质或称天分可以分为以下几类。

第一类是意志能力,包括成就感、信仰、活力、竞争意识、使命感、道德、渴望、耐力等。

第二类是思维能力,包括专注力、纪律、责任、理念、思维力式、战略意识、规律、逻辑、结构、创造力、数字敏感性等。

第三类是交往能力,包括取悦、结交、体谅、激发、鼓动、领导、服从、推动、说服、团队、乐观、勇气等。人的特质在 15 岁以前就随着人脑的发育完成而固定下来。其后,人只能将其特质发扬光大,并可以较容易地在与其特质优势相符合的领域取得优异的成就。试图通过培训提高与某人的特质优势不相符合的能力是徒劳无功的。

(5)由于信息不对称使企业不能有效地筛选确定培训公司和培训内容,使某些培训公司成功地推销了对企业目前状况并不合适的课程。

### 章尾案例:长安汽车——内训师队伍从创建走向成熟①

与外部培训师相比,内部培训师具有许多得天独厚的优势,他们不仅对企业现状及培训需求更为了解,让培训更有针对性,还可以节约培训成本。通过多年的深入分析、研究与实践探索,长安汽车开发出了一套操作性较强的内部培训师培养体系。

## 一、内部培训师速成“五步法”(见图 5-8)

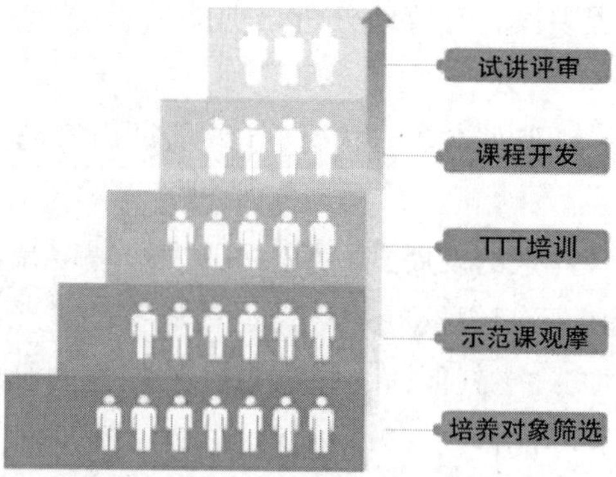


图 5-8 长安汽车内训师速成五步法

### (一)第一步,培养对象筛选

规定培训师的基本条件,凡符合要求的员工,可以通过单位推荐或是个人自荐的方式进行申报。人力资源部根据年度总体培养计划,结合报名者的专业背景、工

① 《培训》杂志. 才经:卓越企业人才发展最佳案例:上卷[M]. 南京:江苏人民出版社,2016:455-462.

作岗位等，从众多的报名者中，选出符合要求的内部培训师培养对象。

### （二）第二步，示范课观摩

通过邀请外部优秀培训教师授课，让公司具备培训师潜质的人员观摩学习。

### （三）第三步，TTT 培训

TTT 培训（train the trainer，培训师培训）已被众多公司采用，被看作是内部培训师培养的关键环节。在这一环节中，主要分两个层级开展：一是理论培训（如通用培训技巧课程设计方法），二是实战模拟（如每人 5 分钟模拟试讲，再由专业培训师现场点评得出综合评价与评分）。

### （四）第四步，课程开发

TTT 培训合格后，内训师接下来要做的事就是学会怎样进行课程开发了。以沟通实战训练课程为例，通过前期的培训需求调查，得出对于该课程的培训目标（参见表 5-7），并给出课程授课大纲（参见表 5-8）及教学单元教案（参见表 5-9）。

**表 5-7　长安汽车课程设计分析表**

| （一）课程名称 | （二）现状问题与期待目标 | （三）课程目标 |
|---|---|---|
| 课程名称：沟通实战训练<br>课程时数：3.5 小时<br>课程对象：中、基层管理人员 | 现状/问题：<br>1. 总是在沟通，但效果不好<br>2. ＊＊＊＊＊＊<br>期待目标：<br>树立沟通的信心，掌握上、平、下级沟通方法<br>验证课程目标达到的方法： | 1.掌握与上级沟通要有尊重之心<br>2.掌握与平级沟通要有关爱之心<br>3.掌握与下级沟通要有同理之心 |

**表 5-8　“沟通实战训练”授课大纲**

<table>
<tr><td>课程名称</td><td>沟通实战训练</td><td colspan="2">授课时长</td><td>3.5 小时</td></tr>
<tr><td>培训对象</td><td></td><td colspan="2"></td><td>中、基层管理者</td></tr>
<tr><td>培训目标</td><td></td><td colspan="2"></td><td>掌握与上、平、下级的沟通方法</td></tr>
<tr><td>培训方式</td><td></td><td colspan="2"></td><td>视频、分组讨论、讲授等</td></tr>
<tr><td colspan="5">授 课 内 容</td></tr>
<tr><td colspan="2">课程大纲</td><td>时数</td><td>讲师</td><td>期待/备注</td></tr>
<tr><td colspan="2">1. 何谓沟通及沟通的重要性</td><td>0.3 小时</td><td rowspan="4">高××</td><td rowspan="4">小岛型布置会场，需准备海报纸每组一张，白板笔每组两支</td></tr>
<tr><td colspan="2">2. 与上级沟通的方法</td><td>1 小时</td></tr>
<tr><td colspan="2">3. 与平级沟通的方法</td><td>1 小时</td></tr>
<tr><td colspan="2">4. 与下级沟通的方法</td><td>1 小时</td></tr>
</table>

表 5-9 “沟通实战训练”单元教学教案

| 课程名称 | 沟通实战训练 | 课程编码 | K-001 |
|---|---|---|---|
| 单元名称 | 与平级沟通的方法 | 单元编码 | D-01 |
| 单元目标：懂得用关爱之心去达成平级之间的相互沟通 | | | |
| 教学大纲/重点内容 | 时间 | 教学方法 | 教学资源/备注 |
| 1.单位间平级沟通常遇到的问题点 | 5 分钟 | 讲授 | |
| 2.常遇到的问题点 | 5 分钟 | 影片欣赏 | 视频 |
| 3.影片欣赏与心得分享：《亮剑》 | 20 分钟 | 讲授/分组讨论 | 海报纸、白板笔 |
| 4.案例讨论与分享 | | | |

(五)第五步，试讲评审

试讲评审分为学员评审和专家评审(见图 5-9)。

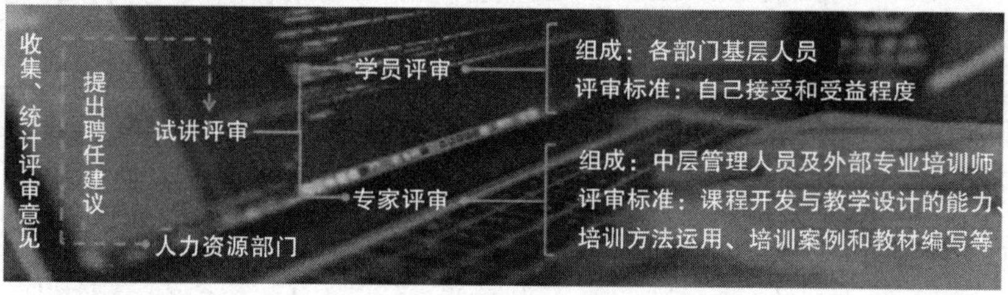


图 5-9 长安汽车内训师试讲评审流程

## 二、内部培训师分级管理法

速成“五步法”只是内部培训师培养的开端。在内部培训师培养体系中，重点和难点是后续工作，即如何对师资进行管理。

在对师资的管理方面，可以采用“分级管理法”。所谓分级管理是将内部培训师由高到低分为四个层级，分别是资深培训师、一级培训师、二级培训师和三级培训师，每个级别规定了相应的胜任标准(参见表 5-10)。

表 5-10 内训师分级与胜任标准

| 级别 / 要求 | 资深培训师 | 一级培训师 | 二级培训师 | 三级培训师 |
|---|---|---|---|---|
| 工作年限/职务 | 具有副部级及以上中层管理人员工作经历 | 具有副处级及以上中层管理人员工作经历 | 具有室主任(班组长、工段长)及以上岗位工作经历 | 工作 3 年以上、熟悉本专业工作 |

续表

| 级别<br>要求 | 资深培训师 | 一级培训师 | 二级培训师 | 三级培训师 |
| --- | --- | --- | --- | --- |
| 课程开发 | 1.独立开发并讲授五门公司课程<br>2.每年开发并讲授两门公司课程<br>3.能够独立规划课程体系,指导部门设计培训体系 | 1.独立开发并讲授三门公司课程<br>2.每年开发并讲授两门公司课程<br>3.能够独立设计部门课程系列 | 1.独立开发并讲授两门公司课程<br>2.每年开发并讲授一门公司课程 | 能够在人力资源部协助下开发并独立讲授一门公司课程 |
| 授课学时 | 担任一级培训师累计授课 80 学时。担任资深培训师期间,年授课学时不低于 20 学时 | 担任二级培训师累计授课 80 学时。担任一级培训师期间,年授课学时不低于 40 学时 | 担任三级培训师累计授课 40 学时。担任二级培训师期间,年授课学时不低于 40 学时 | 年授课学时不低于 20 学时 |
| 考核分数 | 任职期间的培训综合考评不低于 90 分 | 任职期间的培训综合考评不低于 85 分 | 任职期间的培训综合考评不低于 80 分 | 任职期间的培训综合考评不低于 75 分 |
| 授课对象 | 能够面向公司总裁助理及以上人员授课 | 能够面向公司中层及以上人员授课 | 无 | 无 |

## 三、"四维度"评价考核机制

将内部培训师进行分级管理,需要有一套科学合理的评价考核机制来支撑,用以奖优汰劣,从整体上保证内训师队伍素质水平;再由考核评价指标体系的导引作用,有效促进内训师成长。

在评价考核的过程中,需注意以下三个问题。

### (一)注重积累相关评估资料

详细记录内训师每一次授课记录,如授课对象、授课内容、授课人数、授课时长、学员满意度等。

### (二)明确考评周期与评价标准

对培训师的总体考评,可以一年进行一次。长安汽车考评维度有四个,分别是学员满意度、对工作绩效的贡献率、培训师工作量、培训部门的评价,且四个维度权重一样(参见图 5-10)。

"学员满意度"是根据参训学员现场填写的"培训效果评估表"进行统计,并将

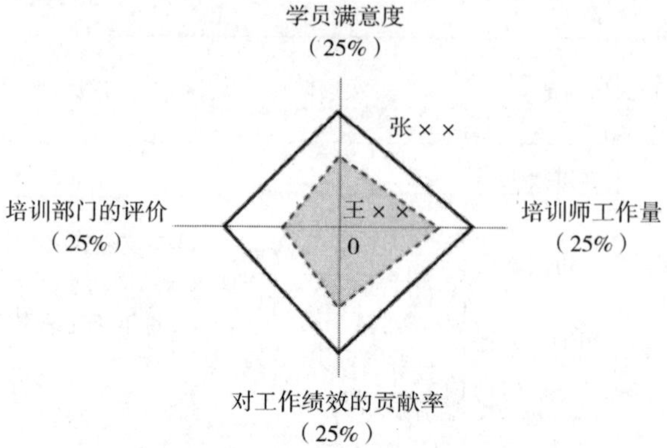


**图 5-10　两位内训师评分结果雷达比较图**

最终结果折算成百分制。

“对工作绩效的贡献率”是指学员通过培训后，职业技能、工作态度等直接指向工作绩效提高的幅度。

“培训师工作量”直接用年度授课学时数和承担的课程开发数来衡量。

“培训部门的评价”分为培训师的授课态度和授课技能两方面。

### （三）明确绩效激励措施

由于内部培训师都是兼职教师，需要利用业余时间来开发课程甚至讲授，所以应提供相应的激励措施来激发其工作热情。

表 5-11 是内训师绩效激励措施表。

**表 5-11　内训师绩效激励措施**

| 激励项目名称 | 具体措施 |
|---|---|
| 物质激励 | 1. 设立培训师津贴<br>2. 支付课时费<br>3. 对优秀的培训师发放奖金、礼品等 |
| 精神激励 | 1. 对内部培训师给予一定的宣传<br>2. 颁发相应的资格证书或聘书<br>3. 教师节邀请公司领导向培训师发贺信或鲜花 |
| 职业生涯发展 | 1. 为优秀内训师提供国内外培训机会<br>2. 设置内部培训师职业通道<br>3. 选择或晋升时优先考虑表现突出的内部培训师 |

运用以上所述的内部培训师培养体系，经过 3 年的精心打造，长安汽车建立了一支职业化的培训师队伍。

# 第六章　培训评估:效果追踪,修正计划

**章首案例:物联网时代的"关键人才"培训与开发(海尔)**[①]

## 一、项目团队:无边界,明职责

### (一)齐心协力,共建无边界组织

训练营项目高度承接集团触点建设战略,在需求调研阶段已得到触点迭代生态圈总裁及人力资源平台的大力支持,由业务领导、产业HR、HRBP、培训经理、组长等组成的无边界项目团队诞生(见图6-1),他们分别承担着校长、教导主任、班主任、学习组长等角色。在培训过程中,项目团队全流程为学员营造学习型组织氛围,共同推进项目开展,并对项目价值产出负责。

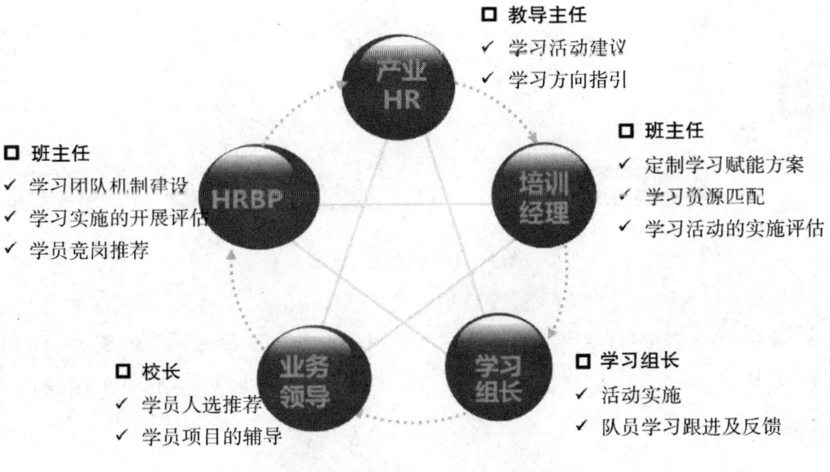


**图6-1　项目团队组织架构**

### (二)是"对赌契约",更是承诺书

只有激活项目各利益方的最大潜能,各角色才能在执行中尽职尽责。为此,由"海尔大学"牵头,培训利益各方都签订了相关对赌契约:

---

① 卢娜娜. 海尔为物联网时代输送"关键人才"[J]. 培训,2018(12):28-35.

培训经理作为培训项目的经营者，承诺助力学员能力提升并促进业务增值。

学员承诺培训过程中会全情参与、顺利结业，并在工作中创造价值；否则将面临培训费用自己承担，且一年内晋升发展受限的风险。

对赌契约里提前约定项目团队及学员的权利义务、项目产出及价值的衡量标准、对赌目标验证的机制手段等。若项目目标达成，参与者均可获得相应的报酬激励；若项目目标未达成，则所有的参与方只能获得基本薪酬。

## 二、能力差距：五步提炼，有的放矢

学员提升相关能力，必须找准能力差距项，才能做到有的放矢。项目团队采用五步提炼法，结合火焰动能理论，输出触点网络建设关键人才的能力画像。

### （一）五步勾勒人才画像

为深入挖掘触点网络建设的关键任务，拆解承接关键任务的人才所具备的核心能力，此项目采用五步提炼法（见图 6-2）探索组织及学员的能力需求，并结合"海尔大学"物联网时代非线性火焰动能理论，提炼出建设触点网络所必需的自驱力、认知力、实践力，同步输出触点建设关键人才需要提升的能力项。

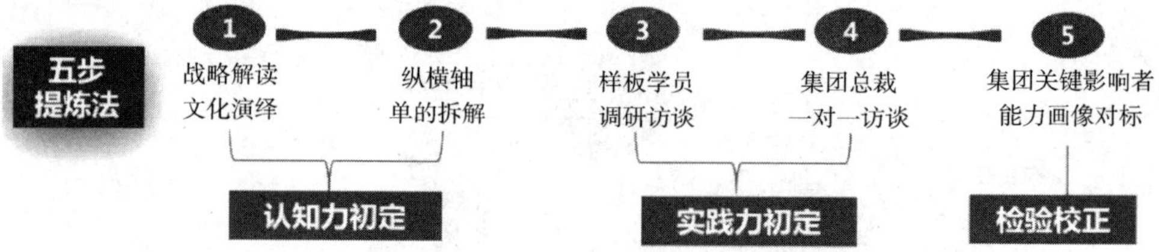


**图 6-2　五步提炼法**

用火焰象征人才的能力变化：焰心代表自驱力（包含学习潜力、动机、价值观等）、内焰代表认知力、外焰代表实践力，展现人才从内到外，动态更新核心能力的过程（见图 6-3）。

1. 战略解读，提炼自驱力

通过研读集团战略、解读海尔"以用户为是，以自己为非"的价值观，项目团队从众多能力项中确定海尔关键人才所应具备的自驱力，即企业家精神。

2. 拆解纵横轴单，提炼认知力

海尔特色的"纵横轴匹配表"是重要的战略落地工具，横轴展现了企业的市场经营指标，纵轴展现了以交互用户为中心的差异化路径。通过拆解触点建设关键人才的岗位职责，项目团队聚焦出承接战略的关键任务，认为触点人才需要在模式

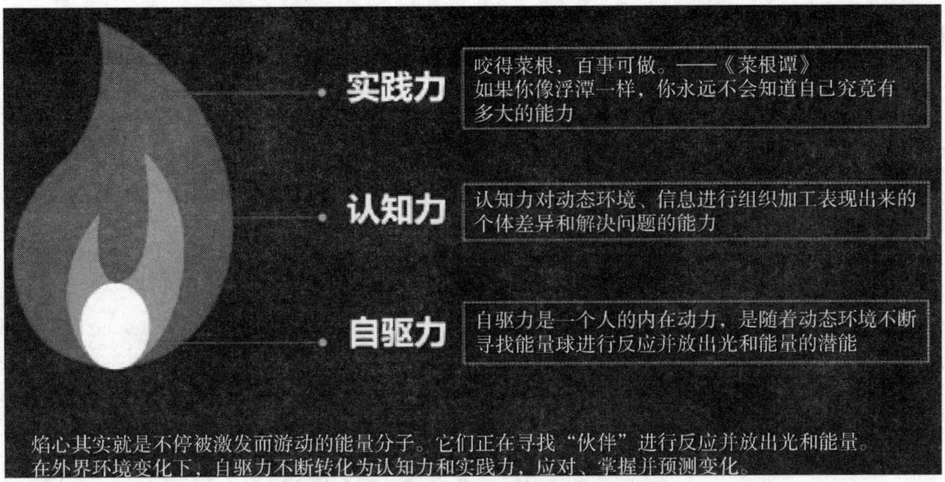


图 6-3 海尔大学非线性火焰动能理论

创新、资源开放、高效团队执行上提高认知力(见图 6-4)。

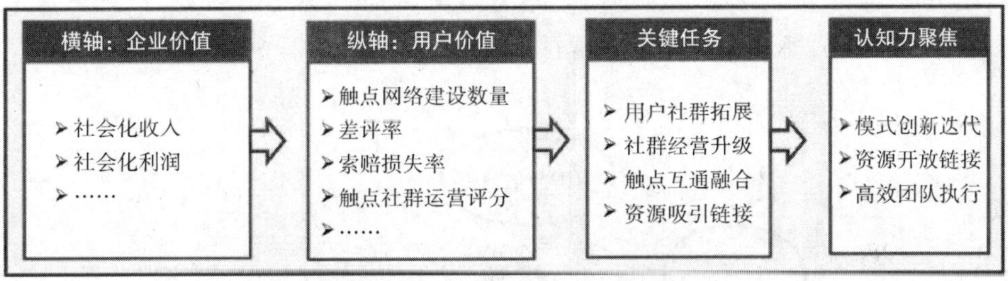


图 6-4 纵横轴单的拆解过程

3. 线上调研,提炼实践力

为了让组织内部的标杆经验显性化,项目团队选取触点网络建设有广度、有温度、有深度的样板学员及触点相关人才,通过海尔物联网时代的学习交互平台——Hi-study 平台,结合智慧化的数据分析,了解到触点建设成功模式的做法,并提炼出触点建设及经营所需要的实践力。

4. 访谈高管,洞察能力核心

在制定好需求分析表单之后,项目团队从业务需求、绩效需求、能力需求、环境需求四个角度对集团三位产业总裁做一对一访谈,经过梳理得知团队洞察、战略思维及动态能力是建设触点生态的重中之重,也是实践力的核心。

5. 对标关键影响者,确认画像

通过对标集团关键影响者的能力画像,项目组最终确定了触点建设关键人才的火焰动能画像(见图 6-5)。

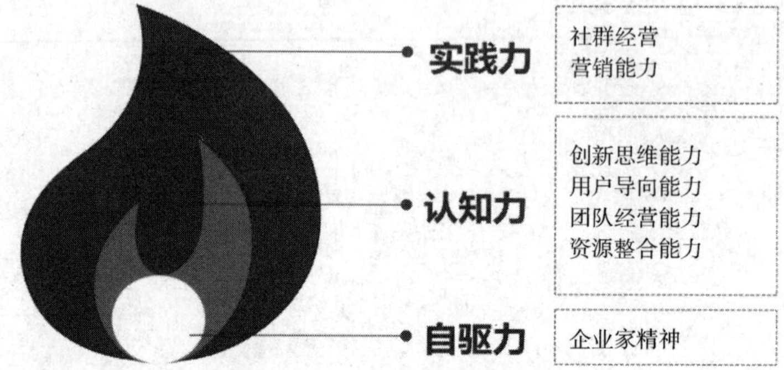


**图 6-5 触点建设关键人才能力画像**

(二)聚焦"三力"找准差距

为更精准地聚焦能力差距,找到项目赋能切入点,培训组还针对自驱力(学习潜力、动机、价值观)、认知力(创新思维、资源整合、团队经营)、实践力(用户交互)等方式进行解码,通过测评结果分析得出能力差距项(见图 6-6)。

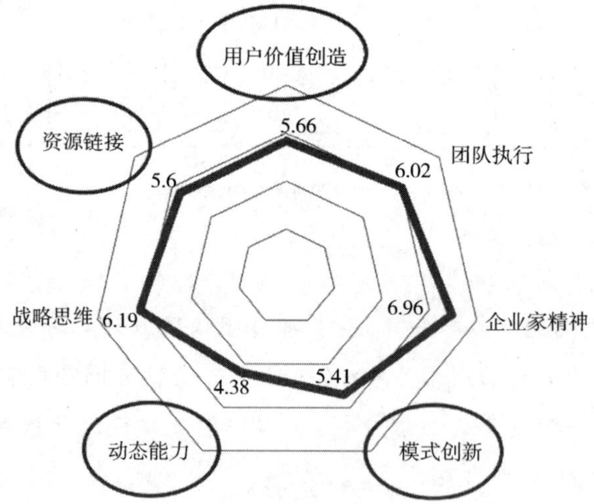


**图 6-6 能力差距项展示**

**三、学习之旅:三管齐下,智慧萃取**

在具体的培训过程中,项目团队借助线上学习平台,以及多种学习形式,开启了定制化学习之旅。

(一)线上学习:打破知识孤岛

Hi-study 作为海尔物联网时代的学习交互平台,是此次学习的重要载体。此平台不仅能够满足培训项目经理日常管理、为学员智能推荐学习资源的需求,也能够助力学员在线上共同学习商讨,碰撞出智慧火花。

1. 标签识别,个性化学习

学员可以通过微信、PC 端等多种端口登录系统,登录成功后,系统将会智能识别学员的身份标签,推荐个性化的课程资源及讲师,学员也可找到自己的学习信息库。完成学习之后,学员可以将感悟随时上传至平台与学习伙伴分享交互;平台上的社群管理小助手功能也能在学习社群中自主发起知识分享,并同步转播到并联社群,扩大知识影响力。

2. 经验萃取,活学活用

与此同时,学员分享到 Hi-study 平台上的知识,还能成为其他学员的经验萃取资源,进而运用到实际工作中,为组织提升价值。

集团某创客在与用户交互时,对方因多种原因迟迟不肯签订协议。此创客在浏览到日日顺物流(海尔旗下物流品牌)某网络总监分享到 Hi-study 平台的“把握用户心理、促成线下成交”知识感悟后,两人在此平台上展开交流,并利用用户心理理论促成协议签订。

两人结合 C 端配送优势,调整了合作策略,交互后共同制定出灵活租用面积(按在库容积率来计算仓租),以及 C 端发货机限定时间内优惠租金的政策,最终让用户选择与日日顺物流达成合作。

(二)场景学习:无限接近实景

灵活的学习形式有助于激发学员在实际工作中创新出有效的解决方案,此次项目学习过程中,项目团队也借助各种学习形式,不断调动学员积极性,提高学习热情。

1. 专家研讨,共创新模式

项目团队采用任务驱动式学习法,通过对战略拆解,聚焦关键课题,并邀请业内专家共同研讨,共创出新商业模式,不断提升学员认知力(见图 6-7)。学员经过一系列学习和思维迭代,认知得到逐步提高。

日日顺物流某网络经理在学习了“小微商业运营实战”沙盘模拟课程之后,感知到自己的认知还存在限制。

例如,在沙盘模型最后一轮演练中,市场规则发生了重大变化,导致他的优势

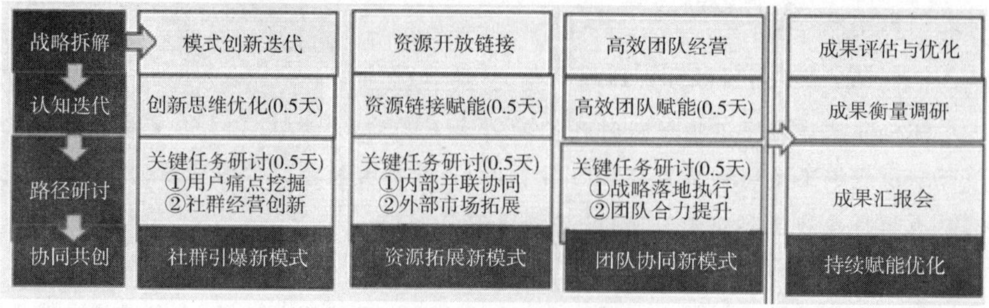


图 6-7　认知迭代模块赋能

地位被赶超，由此他感悟到要对市场怀有敬畏之心。

在课上学到的"要了解每个竞争组的库存、现金流等情况"，在实际工作，他也不断研究对手、认清自己。

在每次投标前，他会结合已有现金、资产负债等情况倒推投标策略，并为每次投标准备多个方案等。

2."超级导师"，揭秘精华

作为变革的关键人才，战略路径的制定方案是必学内容。项目团队借助触点网络 WORKSHOP 研讨会，通过教练引导、学员问诊两个环节，帮助学员掌握触点网络建设解决方案，成为懂战略的高端人才（见图 6-8）。培训经理每月会邀请 1 名集团内部样板小微负责人作为"超级导师"，分享触点建设的商业模式、触点转型的亮点揭秘。

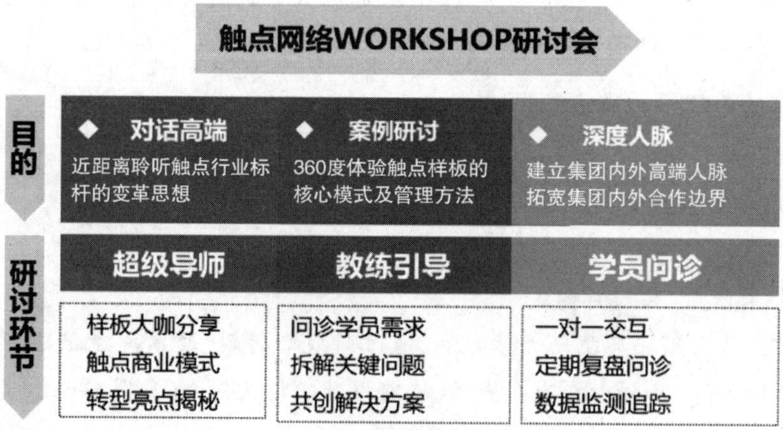


图 6-8　战略路径模块赋能

课前，学员根据导师即将分享的课题准备疑点；课上，导师采用引导技术问诊学员需求，带领学员拆解出关键问题，共创解决方案；课后，导师还会对问诊学员定期复盘，追踪学员的学习成果。

在导师的引导下，负责农村及城市触点的创客们积极互动，与超级导师共创了终端组织的运营形式、推进方法。这些解决方案在后期工作中被验证较好地助力了触点网络建设的广度与深度。

3. 资源地图工作坊，促进合作创新

业务要产生增值，手头的用户资源不可或缺。对此，项目团队打造了"资源地图工作坊"，要求学员们带着自己的"资源"和"需求"，在轻松开放的工作坊中，了解资源并互换，协同创新。

净水产业某产品总监在工作坊中，与商用空调负责人就用户资源达成共享协议，拓宽了用户渠道；同时，在交互过程中，此产品总监还整合了其他团队的用户资源，为以后的市场开拓打下了基础。

日日顺物流某项目经理在工作坊中，促成了与某品牌的合作，双方一起出资赋能终端服务兵，实现了对服务兵信用体系的搭建和精细化分层管理，使日日顺的平台竞争力、市场口碑、服务兵的额外收入都得到大幅提升，实现了多方共赢。

## (三)社群生态圈：闭环学习提升效果

"学以致用"才是学习的目的。在赋能旅程中，除了学习之外，实践也是重要一环，项目团队在学习全流程中要鼓励学员亲自实践。课前，讲师要求全员交互出业务痛点；课中，学员需要通过工作坊的形式破解痛点；课后，讲师答疑解惑提升学习效果。此外，项目团队还为学员提供集团其他培训项目资源，并借助线上学习平台、书籍等方式拓宽学习渠道。

以"实践、链接、拓展"为关键词，项目组为学员打造了完整的学习社群生态圈，通过全流程的闭环链条，助力学员不断加深学习印象，提高学习体验（见图 6-9）。

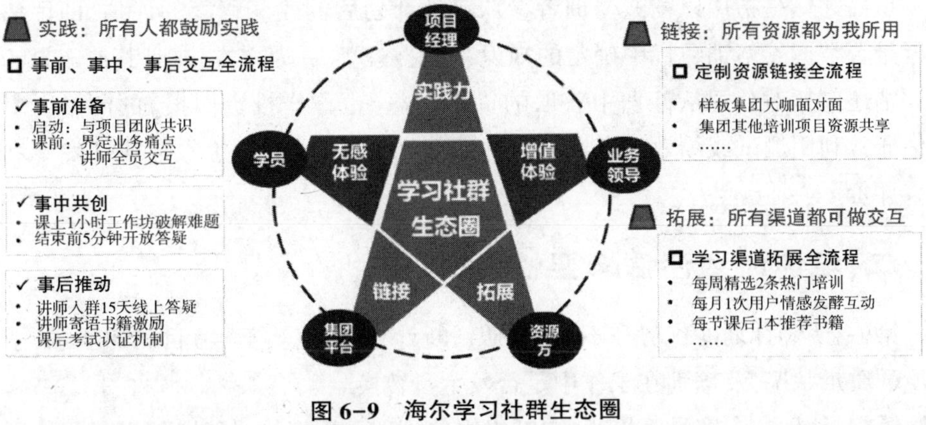


图 6-9　海尔学习社群生态圈

当前，物联网的发展为企业带来了众多商机，也带来了人才培养的难题。“触点网络转型加速训练营”作为物联网关键人才培养的试水项目，虽然取得了一定业绩，但也在迭代中不断升级，从而真正做到定制满足用户需求的产品，实现“美好生活”的目的。

培训是人力资源开发的重要手段，它不仅可以为组织创造价值，而且可以为组织获得竞争优势，更有助于企业迎接各种新的机遇和挑战。培训的重要性已是毋庸置疑。

所有企业都谈培训，都开始关心、注重培训。培训是有了，那么培训后该怎么办呢？培训后的效果如何？很多时候企业都认为培训不错，可同样一个错误还是在反复地出现。如何评定一个培训的最终效果是本章的核心内容。

## 第一节　培训评估的必要性分析

很多企业的培训是虎头蛇尾，只重视培训前的过程，忽视培训的真正效果和实效性，因此进行培训效果的评估是十分必要的。

### 一、培训评估的概念

所谓培训评估是指收集培训成果以衡量培训是否有效的过程，包括事前评估与事后评估。

事前评估是指改进培训过程的评估，即如何使培训计划完美落地，此过程需要获得定性数据如对培训计划的看法、信任和感觉。事前评估有助于保证培训计划组织合理且运行顺利，受训者能够学习并对培训计划满意。

事后评估是指用以衡量受训者参加培训计划后的改变程度的评估，即评估受训者是否掌握了培训目标中确定的知识、技能、态度、行为方式，或是其他成果。事后评估还包括对公司从计划中获取的货币收益（也称作投资回报）的测量。事后评估通常利用测试或绩效的客观评价标准如销售额、事故发生次数或开发专利项目来评价。

### 二、培训计划评估必要性分析

第一，明确计划的优势和不足：包括判断计划是否符合学习目的的需求，学习环境的质量状况，及培训在工作中是否发生了转换。

第二，计划的内容是否恰当：包括组织并管理日程安排、场地、培训者及使用的材料,考虑这些因素是否有助于学习和培训内容在工作中的应用。

第三,明确哪些受训人员从计划中获益最多,哪些人获益最少。

第四,了解参与者是否愿向他人推荐该项计划,为何要参与该计划,及其对计划的满意度。

第五,有助于明确计划的成本和收益。

第六,成本与收益比较。

(1)进行培训与不进行培训的成本与收益比较(如,重新设计工作或更优的雇员甄选系统)。

(2)对不同培训计划的成本和收益进行比较,从而选择一个最优计划。

所谓的培训效果评估就是指针对特定的培训计划,系统地搜集资料,并给予适当的评价,以作为筛选、采用或修改培训计划等决策判断的依据。

## 第二节　培训效果评估的目的

从成本/效益的观点而言,组织投资于人力资源开发的成本必须从组织成员对组织的贡献上回收,因此,绩效评估、培训设计、发展及实施等,都是以提升员工的工作绩效为目的的。

员工的学习结果、所学知识的转移和运用、工作绩效的确认等都影响着人力资源开发,即培训效果的评估,也影响着组织成本/效益的正确估算,所以,为了明确人力资源开发与绩效之间的关系,评估就成为一个必要的措施。

### 一、改善人力资源开发的程序与成效

通过对人力资源开发的预期目标的判定、成本与效益的比率分析、培训程序的检视等,就可以对人力资源开发的目标、程序、成效进行逐一地分析与比较,仔细评定各个阶段与整个培训计划的优缺点及可改进的措施,找出问题和漏洞的根源所在,以期不断地改进和完善人力资源开发的程序,提升人力资源开发的成效。

### 二、作为人力资源开发的参考

通过对培训效果的评估,可以得知学员对吸收与应用新知识的情形,并能以此为依据来决定将来参与培训的人选,这样既可做到因材施教,还能节约组织资源。同时,在每一次的评估活动之后,都会随之建立一个员工培训资料库,而员工培训资料库的建立,不仅能够帮助组织深入了解员工的知识技能特长,还有助于发展员工的潜能,此外资料库的建立对组织的人力资源长期规划还具有重要参考作用。

## 第三节　培训评估的阻碍因素

影响培训效果评估的推行,既有认识上的误解,也有组织、培训、评估本身的问题。一般来讲,影响评估推行的阻碍因素主要如下。

### 一、缺乏诚意与承诺——没有使命感

一厢情愿的想法与做法是行不通的,决策阶层、培训部门、组织员工必须对培训评估达成共识,了解培训与评估的功能和意义,只有这样,才能以实际行动支持评估活动的进行。

### 二、不良的培训设计——没有做好良好的计划

许多培训在需求分析、规划、设计等方面存在着重大的缺陷,且未将评估列入整体的培训系统,致使培训不但无法解决知识或技能上的缺失,反而造成更多的问题,从而产生负面的影响。

### 三、缺乏进行培训评估的知识与技术——没有一套行之有效的系统方法

一般有关培训的研究多集中于需求分析、设计、发展或实施阶段,至于对评估的研究不仅起步较晚,且有关知识及专业书籍很少,这就造成了评估发展的停滞,不利于评估活动的进步。

### 四、不易控制的影响因素——有些因素无法用评估技术来控制

最难的问题之一是影响培训成效的因素非常多,有时不但难以厘清,而且也难以控制,其中最常见的影响因素如下。

#### (一)培训与工作绩效的关系

培训的目的固然是为了提高工作绩效,但与工作绩效有关的因素非常多,因此,要想证明培训与工作绩效之间的关系就显得十分不容易,而要深入探求到底培训所提高的工作绩效的精确比率就更加困难,这就使得许多关于培训专业的研究停滞不前。

#### (二)培训与评估参与者的工作环境

培训和评估都需要许多来自不同阶层、背景、工作环境、文化的人员共同参与,

而不同环境与背景的人对培训和评估都能产生正面或负面的影响，这也会影响培训成效与评估的客观性。

### （三）培训与评估参与者的动机

推动培训和参与培训的人员在动机上极可能不相同，因而对培训所付出的心力当然会有所差异，因此，评估自然也面对着动机、结果和品质的问题。

总而言之，许多因素是培训评估难以把握和控制的，而这些因素又恰恰很不利于评估工作的进行，它们都是客观存在的事实，并且不容易解决，这也是许多专业人员或管理者“顺水推舟”或干脆放弃评估的一个原因所在。

## 第四节　培训评估法则

### 一、法则一：实用性

所谓的实用性是指培训评估要能够给决策者提供实用的资料，能够满足其决策制定的需求。在培训评估中，要保证评估结果的实用性，就需要认真地抓好下列几个关键环节。

（1）确认与评估有关的人员，具体包括：培训主管、培训设计者、培训发展者、培训参与者等。

（2）确认评估者的专业信誉，具体包括：评估者的专业技能是否能够胜任评估工作，个人操守是否可信，评估结果可否被接受并达到最高的可信度等。

（3）确认评估资料的范围与选取，即确认评估资料的范围与选取是否能够满足决策者及组织的特殊需求。

（4）解读评估资料，即解读评估所发现的重要观点、程序，使阅读者有一个相近的认知标准。

（5）确认评估报告的清晰度，具体包括：评估报告是否涵盖目的、程序、发现等重要内容，是否能够使读者了解评估的来龙去脉。

（6）确认评估报告的普及性，即确认评估报告是否给到相关人员的手中，是否能够让他们应用评估结果。

（7）确认评估报告的适时性，即确认评估报告是否适时满足了应用者的需求。

（8）确认评估的成效，即确认评估结果是否达到当初预期的效果。

### 二、法则二：适用性

所谓的适用性是指培训评估要具体可行，要充分考虑到组织内部的权力结构与成本/效益。为了使培训评估具体、适用、可行，应注意以下问题。

(1)制定一个具体适用的评估程序。

(2)兼顾组织中不同的权力结构与特殊兴趣。

(3)正确评价评估本身的成本与效益。

### 三、法则三：合法性

所谓的合法性是指培训评估的实施要符合法律的、传统习俗的、专业道德的规范及其组织成员的利益，应明确以下几个问题。

(1)组织与评估者双方应遵守的责任与义务是什么？是否达成共识？

(2)有否发生利益冲突？如何坦诚解决？

(3)评估报告是否建立在公开、直接、互信的基础上？

(4)参与者是否受到应有的尊重与保护？

(5)评估报告是否包括正、反两面的结果或信息？

### 四、法则四：正确性

所谓的正确性是指培训效果评估要能够为组织与决策者提供正确的和实用的资料。为了能确保评估的正确性，应做好以下几项工作。

(1)确认培训课程。

(2)对课程内容进行详细检察与分析。

(3)详细叙述评估的目的与程序。

(4)详细注明资料的来源，以供查证(不侵犯提供者的隐私)。

(5)验证测量工具的信度与效度。

(6)正确整理、分析与处理资料。

(7)论证报告及结论的客观性。

## 第五节　培训评估类型

从教学系统设计的观点来看，完整的培训程序包括分析—设计—发展—实施—评估等环节，但并不是培训结束后，才能进行评估。一般将评估的类型分为以下两类。

### 一、形成性评估

形成性评估适用于培训需求分析阶段至培训实施阶段，主要探究各阶段实施的细节及其成果(如学习目标、教材、教学方法等)是否有缺失,除确保各个阶段的品质之外,可以使整个培训课程合乎教学科技的标准。因此,形成性评估是以培训过程控制的方式运作,通过严格控制各程序细节及成果,以求得最好的培训效果。

### 二、总结性评估

总结性评估适用于学习活动结束之后,主要用于衡量培训课程的效果、效率、价值或贡献,总结性评估可分为下列三种。

#### (一)结果评估

结果评估主要探讨学员是否获得了培训目标所列的知识技能,组织者继而判断培训课程的好坏及成本效益,再决定是否继续采用或舍弃该培训课程。

#### (二)证实评估

证实评估适用于培训活动实施一段时间后,组织者定时搜集、分析资料,以决定学员是否能继续表现其能力,或检视培训课程的持续效果。

#### (三)终极评估

终极评估适用于培训课程已结束,而且学员回到工作岗位一段时间之后,帮助组织者了解学员将所学知识转移应用于其工作的程度,以及所学知识对于其工作与组织的实际贡献。终极评估不仅针对学员学习课程的效果,更注重所学知识应用于组织营运的整体绩效,终极评估是一种最切实际但却不容易达成的方法。

## 第六节 培训评估模型

### 一、概念界定

柯氏四级培训评估模型(Kirkpatrick Model)由国际著名学者威斯康星大学(Wisconsin University)教授唐纳德·L. 柯克帕特里克(Donald L. Kirkpatrick)于1959年提出,是世界上应用最广泛的培训评估工具,在培训评估领域具有难以撼动的地位。

评估层级是指测量学员对于培训课程的体验与学习结果不同程度的反应。柯氏培训评估模式简称“4R”,主要内容如下。

Level 1. 反应评估(reaction):评估被培训者的满意程度。

Level 2. 学习评估(learning)：测定被培训者的学习获得程度。

Level 3. 行为评估(behavior)：考察被培训者的知识运用程度。

Level 4. 成果评估(result)：计算培训创出的经济效益。

杰克·菲力普斯(Jack Phillips)于1996年在这个基础上发展了第五级即Level 5. 投资报酬率评估(ROI)。所谓投资回报率是指培训货币收益与培训成本收益的比较，包括直接成本与间接成本。直接成本指参与培训的所有人员的工资和福利。间接成本指与培训没有直接关系的费用，如办公费和交通费。收益是指公司从培训项目中获得的价值，投资回报率是培训带来的经济价值，通过提高培训资源利用率，来提高培训投资回报率。

企业培训效果评估的四层模型见表6-1。

**表6-1 企业培训效果评估的四层模型**

| 评估层次 | 评估标准 | 评估重点 | 评估方法 | 评估主体 | 评估时间 |
|---|---|---|---|---|---|
| 第一层次 | 反应层面 | 学员对培训活动的整体性主观感受 | ➤问卷调查<br>➤访谈法<br>➤观察法 | 培训主管机构 | 培训进行中或培训刚刚结束后 |
| 第二层次 | 学习层面 | 了解学员真正理解、吸收的基本原理、事实与技能 | ➤测试<br>➤问卷调查<br>➤现场模拟<br>➤座谈会 | 培训主管机构 | 培训结束后 |
| 第三层次 | 行为层面 | 了解学员接受培训后行为习性是否有所改变，并分析这些改变与培训活动的相关性 | ➤绩效考核<br>➤观察法<br>➤访谈法 | ➤培训主管机构<br>➤学员上级主管<br>➤同事及下属<br>➤直接客户 | 培训结束后三个月或下一个绩效考核期 |
| 第四层次 | 结果层面 | 了解学员个体及组织的绩效改进情况；并分析绩效变化与企业培训活动之间的相关情况 | ➤投资回报率<br>➤绩效考核结果<br>➤企业运营情况分析 | ➤培训主管机构<br>➤学员上级主管<br>➤企业主管部门 | 下一个绩效考核期或一年后 |

## 二、柯氏培训评估四层次的比较

对柯氏四级培训评估模型进一步深度比较见表6-2。

**表 6-2　柯氏四级培训评估模型的比较**

| 评估层面 | 名称 | 评估内容 | 实施方法 | 优势 | 劣势 | 改进策略 |
|---|---|---|---|---|---|---|
| 第一层面 | 反应层评估(学员的反应) | 主要是总体的印象，对培训内容、讲师、教学方法、材料、设施、场地、报名程序等的评价 | 问卷调查、小组座谈；常运用四分法(极好、好、一般、差)和五分法(极好、很好、好、一般、差)进行衡量 | 容易开展，是最基本、最普遍的评估方式之一 | 会出现以偏概全、主观性强、不够理智的现象。例如，对老师有好感，就会对课程打高分 | 强调评价的目的，要求大家配合；将课程评价与讲师评价分开；结合使用问卷、面谈、座谈等方式；学员自我的评估 |
| 第二层面 | 学习层评估(学习的效果) | 学员掌握了多少知识和技能，例如学员吸收或者记住了多少课程内容 | 运用所学的知识解答试题；进行现场操作；专业性岗位课程，要求学员提出改善方案并执行 | 对学员有压力，促使他们更认真地学习；对讲师有压力，促使他们更精心地准备培训课程 | 压力大，可能使报名不太踊跃；评估之前学员可能已知晓的一些事情 | 针对不同的培训课程采用不同的评估方法 |
| 第三层面 | 行为层评估(学员行为的改变) | 培训后的跟进过程，对学员在培训后的工作行为和在职表现方面的变化进行评估 | 观察法，主管、同事、下属、客户对学员的评价及学员的自我评价。这些评价需要借助一些评估表 | 可以直接反映培训课程的效果；使高层领导看到培训的效果，支持培训；讲师可以获得学员的支持 | 耗费时间和精力多；问卷比较难设计，不容易得到配合；员工行为易受其他因素的影响 | 选择适合进行行为层评估的课程；选择合适的评估时间；充分利用专业讲师和咨询公司的力量 |
| 第四层面 | 绩效层评估(培训产生的效果) | 对组织发展带来的可见的、积极的作用；培训是否对企业的经营结果产生了直接的影响 | 通过一些企业组织指标来衡量，如事故率、次品率、生产率、员工流动率以及客户投诉率 | 详细的、令人信服的调查数据，能打消高层主管对培训的疑虑，从而把有限的培训费用投到最能为企业创造经济效益的课程上来 | 需要时间，在短期内很难得出结果；对这个层面的评估缺乏必要的技术和经验；简单的对比数字意义不大 | 必须取得管理层的合作，拿到培训以前的相关数字；分辨哪些结果与要评估的课程有关系，并分析在多大程度上有关系 |

(1)反应层次是培训效果测定的最低层次，其主要利用问卷来进行测定，具体可以问以下一些问题：受训者是否喜欢这次培训？是否认为培训师很出色？是否认为这次培训对自己很有帮助？哪些地方可以进一步改进？

反应层培训评估反馈表见表6-3。

**表6-3 反应层培训评估反馈表**

<table>
<tr><td colspan="7">一、培训信息</td></tr>
<tr><td>所属部门</td><td></td><td colspan="2">职位</td><td colspan="3"></td></tr>
<tr><td colspan="2">培训课程名称</td><td>培训日期</td><td colspan="2">培训讲师</td><td colspan="2">培训地点</td></tr>
<tr><td colspan="2"></td><td></td><td colspan="2"></td><td colspan="2"></td></tr>
<tr><td colspan="7">二、培训评价</td></tr>
<tr><td colspan="7">说明：此表是为了评估员工培训工作的效果，进而为我们培训工作的持续改善提供参照，请完整诚实地回答，并在相应分数打“√”<br>评分标准：5=非常同意，4=同意，3=中立，2=不同意，1=非常不同意</td></tr>
<tr><td rowspan="11">培训评价（请打“√”）</td><td>项目<br>反馈标准</td><td>5</td><td>4</td><td>3</td><td>2</td><td>1</td></tr>
<tr><td>1. 课程适合您的工作和个人发展的需要，对您帮助很大</td><td></td><td></td><td></td><td></td><td></td></tr>
<tr><td>2. 课程内容切合实际，便于应用</td><td></td><td></td><td></td><td></td><td></td></tr>
<tr><td>3. 课程内容安排系统、合理，易于学习</td><td></td><td></td><td></td><td></td><td></td></tr>
<tr><td>4. 培训讲师的仪表与职业态度很好</td><td></td><td></td><td></td><td></td><td></td></tr>
<tr><td>5. 培训讲师的授课表现出专业水平</td><td></td><td></td><td></td><td></td><td></td></tr>
<tr><td>6. 培训讲师解答问题的能力和技巧很强</td><td></td><td></td><td></td><td></td><td></td></tr>
<tr><td>7. 培训讲师授课生动，对现场氛围把握很好</td><td></td><td></td><td></td><td></td><td></td></tr>
<tr><td>8. 培训方式多样（运用案例、互动问答、游戏、讨论等）</td><td></td><td></td><td></td><td></td><td></td></tr>
<tr><td>9. 培训讲师对培训进度的把握很好</td><td></td><td></td><td></td><td></td><td></td></tr>
<tr><td>10. 本次培训的组织安排和服务很好</td><td></td><td></td><td></td><td></td><td></td></tr>
<tr><td colspan="7">·您认为本次课程中哪些内容可应用到您的工作中？请逐条列出要点：<br>1. ________________ 2. ________________<br>3. ________________ 4. ________________</td></tr>
<tr><td colspan="7">·您从本课程中获得哪些启发或收获？请逐条列出要点：<br>1. ________________ 2. ________________<br>3. ________________ 4. ________________</td></tr>
</table>

续表

| |
|---|
| ·您认为本次培训有哪些需要改进之处?请逐条列出要点:<br>1. ______ 2. ______<br>3. ______ 4. ______ |
| 三、今后培训需求(选填) |
| ·您最希望今后增加哪些与此课程相关的培训课程及内容<br>1. ______ 2. ______<br>3. ______ 4. ______ |
| 签名: 日期: |

(2)学习层次是培训效果测定的第二个层次,可以运用书面测试、操作测试、情景模拟测试等方法来测定。其主要测定受训者受训后是否掌握了较多的知识和技能,是否改善了态度。

(3)行为层次是培训效果测定的第三个层次,可以通过上级、同事、下级、客户等相关人员对受训者的业绩进行评估来测定,其主要测定受训者受训后行为是否有改善,是否运用了培训中的知识、技能,是否在交往中态度有所改善等。

行为层培训评估访谈提纲见表6-4。

**表6-4 行为层培训评估访谈提纲**

| | |
|---|---|
| 访谈目的 | 了解学员回到工作岗位后,其行为或工作绩效是否因培训而有预期中的改变,以此为依据进行培训效果评估 |
| 访谈时间 | |
| 访谈地点 | |
| 访谈对象 | |
| 访谈问题 | 被访谈对象:员工<br>1. 参加完培训后,您印象最深的课程是什么?为什么?<br>2. 培训后,针对您的行动计划,您有哪些具体实施?<br>3. 比较您参加培训前后的技能差别,在您实施的过程中,您感觉课程中所学的东西对您有多大程度的帮助?<br>4. 您有哪些成功的应用案例?<br>被访谈对象:主管<br>1. 您觉得您的员工在培训结束后有哪些具体应用?<br>2. 比较您的员工参加培训前后的技能差别,这些应用对其本人的工作或您部门的工作有多大程度的帮助?<br>3. 您觉得您的员工有哪些成功的应用案例可以与别人分享?<br>4. 在您的员工应用的过程中,您为他提供了哪些指导?<br>5. 您希望此培训有哪些可以改进的地方? |

(4)结果层次是培训的最高层次,可以通过事故率、产品合格率、产量、销售量、成本、利润、离职率、迟到率等指标进行测定,其主要测定内容是个体、群体,以及组织在受训后是否有改善,受训者所转变的工作行为对企业组织的贡献有多大。培训必须对组织产生某一程度的贡献,否则就可以考虑其他更好的方法以解决组织中存在的问题。

结果评估中的指标汇总见表6-5。

**表6-5 结果评估中的指标汇总**

| | | |
|---|---|---|
| 硬数据 | 产量 | 生产的数量、制造的吨数、装配的件数、售出件数、销售额、窗体加工数量、贷款批准数量、存货的流动量、探视病人的数量、对申请的处理数量、毕业的学员数量、任务的完成数量、工作的订货量、奖金、发货量、新建的账目数量 |
| | 质量 | 废品、次品、退货、出错比率、返工、缺货、与标准的差距、产品瑕疵、生产故障、存货的调整、工作顺利完成的比例、事故数量、客户投诉 |
| | 成本 | 预算的变化、单位成本、财务成本、流动成本、固定成本、营业间接成本、运营成本、延期成本、罚款、项目成本节约、事故成本、规划成本、销售费用、管理成本、平均成本节约 |
| | 时间 | 运转周期、对投诉的应答时间/次数、设备的停工时间/次数、加班时间、每日平均时间、完成所需时间、贷款的处理时间、管理时间、培训时间、开会时间、修理时间、效率(以时间为基础)、工作的中断时间、对订货的回应时间、晚报告时间、损失的时间(天数) |
| 软数据 | 工作习惯 | 旷工、消极怠工、看病次数、违反安全规定、沟通破裂的次数、过多的休息 |
| | 新技能 | 决策、问题的解决、冲突的避免、提供咨询的成功机会、倾听理解能力、阅读速度、对新技能的运用、对新技能的运用意图、对新技能的运用频率、新技能的重要性 |
| | 氛围 | 不满的数量、歧视次数、员工的投诉、工作满意度、组织的承诺、员工的离职比率 |
| | 发展 | 升迁的数量、工资的增加数量、参加的培训项目数量、岗位轮调的请求次数、业绩评估的打分情况、工作效率的提高程度 |
| | 满意度 | 赞成性反应、工作满意度、态度的变化、对工作职责的理解、可观察到的业绩变化、员工的忠诚程度、信心的增加、顾客/客户的满意度 |
| | 主动性 | 新想法的实施、项目的成功完成、对建议的实施量、设定目标 |

对结果的测量较为困难,其原因在于:不容易明确特殊培训的结果如何;不容易确定测量结果的项目与标准;不容易确定结果产生的时间;无法明确特定培训的结果与其他非培训因素之间的关系及相互影响的程度。

由于上述因素的困扰,给结果的测量带来许多的困难,甚至于导致测量工作的无功而返。但是，对培训结果的评估，有助于积累经验，为以后的改良和突破奠定基础。这是最重要的一种测定层次。

## 三、各层评估数据间的内在联系

柯氏评估模型认为，这四个层次的评估结果存在着层次秩序的交互关系，即要进行下一级的评估必须先取得上一级的相关评估资料，越往下层评估时要求获得的信息量越大，评估质量也越高。很显然大多数企业的培训评估都是不到位的，根据2000年美国培训与开发协会的产业报告书，500家被调查企业中有77%进行了反应层评估，36%进行了学习层评估，行为层评估的只占15%，不到8%的企业进行了结果层的评估；在国内，根据中新人才产业和佳景市场研究联合报告，二级评估率约为10%，三四级评估几乎没有。该模型的优点是由浅及深地评估了培训本身和受训者的学习程度、行为改变及组织效益。在此基础上，杰克·菲力普斯于1996年发展出第五层——投资回报率评估，从而构建了五层ROI模型。

ROI模型的前面四层与柯氏模型基本上是一致的，第五层评估反应的是高层管理者和权益所有者最关心的指标——投资回报率(rate of return on investment)，即培训活动带来的货币价值与培训活动成本之比。ROI层最显著的特征即是用货币直观地将培训项目的经济价值表现出来。

现在组织越来越倾向把培训看作投资活动，投资回报率成为评估的关键部分。ROI的计算方法如下。

(1)赋予每个评估单位(如事故次数、离职人数)货币价值。

(2)计算评估数据的变化，如培训后8个月内相关评估单位的变化值。

(3)确定该变化的年度数量，通过上一步的数据推算出变化的年度值。

(4)计算改进的年度总价值，用年度值乘以第一步得出的单位货币价值。

(5)计算培训活动的投资回报率，ROI=培训净收益/培训成本×100%。一般来说企业可以为培训活动预先设立最低要求，公司的管理层会议将投资回报率设定为不小于17%。

培训是一个连续的、有计划的过程，培训应该进行效果评估但不应止于评估，企业应该利用ROI模型得到的五层评估数据不断改进培训，提高培训质量和效果，这样才能达到培训最初和最终的目的。

# 第七节　培训效果五级评估标准①

## 一、认知成果标准

认知成果标准主要用来衡量受训者对培训项目中强调的原理、事实、技术、程序或流程的熟悉程度。通常通过笔试、工作样本测试，以了解学员知识的获取情况。认知成果是四级评估中的第二层——学习层评估的主要内容和对象。

## 二、情感成果标准

情感成果标准用来测量受训者的态度、动机及行为方面的特征，反映受训者对培训项目的感性认识，包括对设施、讲师、课程内容的感受，反应成果是情感成果的一种类型，通常课程结束时，采用调查问卷法收集信息。

对情感成果的测评是了解学员动机、对培训项目的反应和态度的改变，常用的测量方法是访谈法、焦点小组、态度调查。

## 三、技能成果标准

技能成果标准用于评价技术性或运动技能和行为方式的水平，它包括技能学习和技能转化两个方面。对技能成果的测量通常是了解受训人员的技能掌握情况、行为方式改变情况等。测量方法采用观察法、工作样本测试法、等级评定法等。

技能成果既可用来判断受训者掌握技能的真实水平，也可用来评判员工所掌握的技能实际被运用的程度。技能成果与行为评估、学习评估密切相关。

## 四、业绩成果标准

业绩成果标准用来确定培训项目给公司带来的收益情况，同时也可以为企业人力资源开发及培训费用计划等决策提供依据。业绩成果的评估因素包括成本降低、产量提高、设备停工时间减少、产品质量提升、顾客服务水平改善等数据。

业绩成果可以测量公司的收益，通常采用观察法，从信息系统或绩效记录中收集数据。

## 五、投资回报标准

投资回报标准属于第五层次的评估，其重点是将培训所带来的收益与其成本

① 唐丽颖．培训效果评估及转化实务[M]．北京：中国劳动社会保障出版社，2014：102-104.

进行对比,进而得出投资回报率测算值。

图 6-10 是投资回报率测算数据收集流程图。

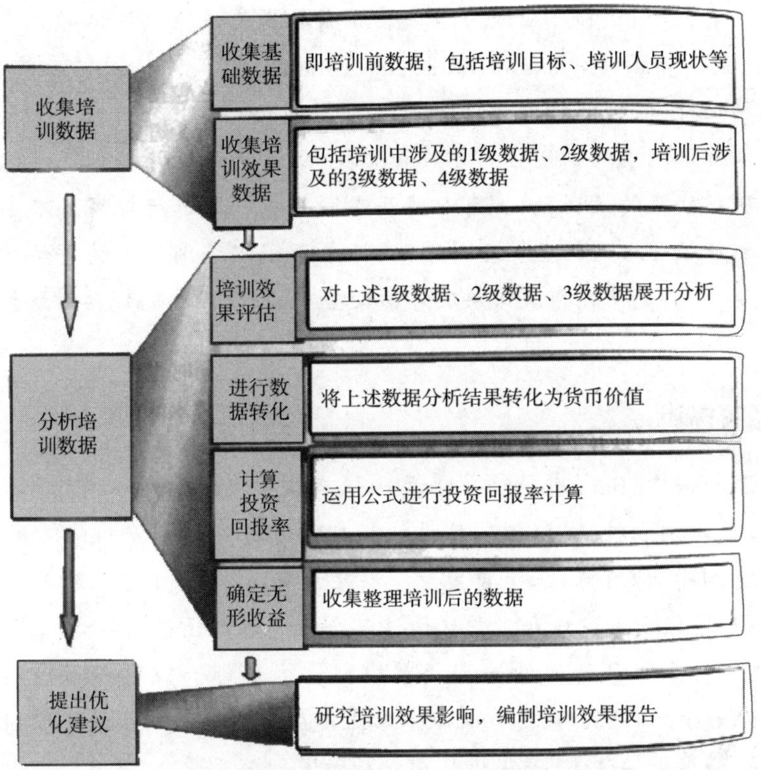


**图 6-10 投资回报率测算数据收集流程图**

## 章尾案例:职业经理人管理培训效果评估与培训迁移研究①

培训是一种企业人力资本投资的重要方式,是企业可持续发展的原动力。企业通过增加培训投入,能够调动员工的工作积极性并提高其工作效率,进而增加组织收益。但是,如果员工通过培训获得的新知识与技能、历练的行为和态度难以迁移到其实际工作中,那么培训效果就会大打折扣。这就出现了所谓的"培训迁移问题"。培训迁移是指受训者将培训中学到的知识、技能、行为和态度持续而有效地运用到实际工作中,提高员工个人绩效进而提升企业的整体效益。根据美国 *Training* 杂志报道,2006 年美国投入的员工培训费用约为 700 亿美元,但只有少数企业发现培训对企业产生了可察觉性的变化;2007 年有关专家估计美国在每年的

① 周晖,杨思诗. 职业经理人管理培训效果评估与培训迁移研究[J]. 中国劳动,2015(2):83-87.

培训投入中只有不到 10% 的企业效益提高了，将近 90%的培训资源被浪费掉。培训迁移问题成为组织管理中的一个严重的问题，因为它意味着高投入的培训活动并未改善员工的工作行为和工作绩效，培训对组织绩效的提升收效甚微。因此，对于组织而言，培训迁移理应成为培训管理需加强关注的重要课题。在研究培训迁移时，萨克斯和伯克(Saks & Burke，2011)认为，培训评估同样应该受到关注。与培训迁移一样，培训评估对于诸多组织而言也是一个巨大的挑战。虽然培训评估长期被看作是测度培训迁移的方法和手段，但培训评估和培训迁移的研究一直是两个单独被研究的领域，较少有人将两者联系在一起进行探究。本书以参加管理培训的职业经理人为问卷调查对象，实证分析组织培训效果的评估对培训迁移的影响程度，尤其是研究柯氏四层次评估模型中，每个层次的评估对培训迁移的影响程度。

## 一、研究综述

鲍德温和福特(Baldwin & Ford)于 1988 年提出了培训迁移模型。此模型涵盖了培训投入(培训者特征、培训项目设计和工作环境)、培训产出(学习和保持)以及迁移情境(推广和维持)三个自变量。以此为基础，学者们在后续研究中围绕着培训者特征、培训项目设计和工作环境这三个影响培训迁移的因素，做了大量的实证分析，进一步丰富了传统的培训迁移模型。然而，萨克斯和贝尔科特(Saks & Belcourt，2006)的研究认为，这些文献基本上是从个体层面研究员工特征和培训设计对培训迁移水平的改善，而很少从组织层面进行探究。

鲍德温和福特(Baldwin & Ford，1988)提出，组织中工作环境因素的差别可能会导致培训迁移水平的差异。自此，工作环境对培训迁移的影响受到越来越多的学者的关注。鲁伊勒和戈德斯坦(Rouiller & Goldstein，1993)通过一个关于快餐培训的研究发现，迁移环境解释了培训后工作绩效的变化。林姆和莫里斯(Lim & Morris，2006)研究培训者特征、教学满意度和组织因素对于培训迁移的影响，通过回归分析发现，在所有的影响因子中，组织气氛($\beta$=0.48)对于培训迁移的影响最大。布鲁姆和福特(Blume & Ford，2010)通过元分析发现，在开放性培训(如领导力培训)中，员工动机和工作环境($\beta$=0.23)较其他的因子对培训迁移的影响作用大。总之，组织中培训成果迁移存在差异主要受组织环境的影响，其中作为组织因素之一的培训评估，它对培训迁移产生了潜在的影响。

培训评估是组织在培训工作实施后对培训效果的测评，它是培训管理体系中的重要一环。当前占主导地位的培训评估模型是柯克帕特里克模型。该模型从反应层、学习层、行为层和结果层这四个层次对培训效果进行评估。反应层评估是指受训者对培训资料、培训教师、培训方法等课程设计的评价(即学员满意度评价);学习层评估是测量培训中学员对培训中的原理、知识、技能、态度的收获程度;行为层评估是测量学员在培训中将学到的知识和技能迁移到工作中的程度,以及受训者工作行为的改善状况;结果层评估是从组织层面上评估培训后组织的经营效益的提高程度。

近年来,对培训评估的研究主要集中于四层次评估指标体系,以及使用四层次评估指标进行具体的培训效果的评估(崔霞,葛鹏,2010;夏芳,2012)。布兰查德和萨克(Blanchard & Thacker,2000)的研究显示,较多企业采用反应层和学习层的评估指标,而很少对行为层和结果层进行评估。特威切尔(Twitchell,2000)发现,只有31%的企业评估行为层面的培训效果,仅21%的企业使用绩效评估指标,且组织的培训评估实践在过去的四十年里基本没有太大的变化。肯尼迪和春云(Kennedy & Chyung,2013)认为,虽然培训管理者普遍认可行为层和结果层的评估对于改善培训效果的重要性,但实践中由于条件的限制,组织很少采用这两个层次的评估指标。

对于四层次评估之间的关系,阿利格和贾纳克(Alliger & Janak,1989)发现,反应层评估与另外三层次评估的相关性很弱,且学习层、行为层和结果层评估之间的相关性也相对较弱。在随后的多元分析中,阿利格(Alliger,1997)将反应层评估分为情感性反应评估和实用性反应评估,他发现,实用性反应评估同学习层和结果层的相关关系,强于情感性反应评估与它们的相关关系,且实用性反应评估与结果层评估的关系要强于它和学习层评估的关系。

综合上述研究可见,国内外学者围绕柯氏评估模型及其四层次变量之间的关系,进行了大量的研究,但培训评估和培训迁移之间的潜在关系还未被研究者进一步深入挖掘,这是培训评估和培训迁移研究领域的缺陷。陈霞(2007)认为,对培训迁移的结果进行测量和反馈,可以激发学员对培训迁移的愿望。博斯克和塞格斯(Bossche & Segers,2010)的研究得出了绩效反馈促进培训迁移水平提高的结论。因此,从组织层面探索培训激励约束机制对于培训迁移的影响,具有重要的意义。

## 二、理论分析与研究假设

鲍德温和福特(Baldwin & Ford,1988)提出培训迁移的理论框架,研究培训项目的设计、环境因素和受训者特征如何影响培训迁移的过程。本书认为,作为环境因素的培训效果评估,它对培训迁移的影响力较其他两个因素大。培训效果评估不仅直接对培训迁移产生影响,而且通过影响培训项目设计和受训者特征间接作用于培训迁移。首先,培训效果评估能够发现培训中出现的问题、挖掘新的培训需求,重新设计和改善正式的培训项目,改进培训管理活动,激发学员迁移的动力,最终促进培训迁移的提高。其次,对培训效果进行评估能够形成一种激励约束机制,激发受训者的学习兴趣,对自身的学习产生一种责任机制和学习动力,以利于学习正向迁移的产生,从而达到良好的培训效果。本书就培训迁移和培训效果评估间的关系展开研讨。

(1)对培训评估的信息挖掘能够揭示组织培训管理中的缺陷,可为后续的培训管理改善提供依据,称为"改善"假设。布朗和葛哈德(Brown & Gerhardt,2002)认为,培训评估的主要目的是发现培训中存在的问题,并决定是否继续现行的培训课程,或通过评估得到的信息来改善将来的培训活动。怀特和布兰奇(White & Branch,2001)在调查中发现,89% 的培训管理者认为,正规的培训评估对于改善培训效果意义重大。根据改善假设,培训评估的频率与培训迁移水平之间存在正相关关系,组织在评估培训活动中获得的信息将有利于他们重新设计和改善培训活动,以提高培训成果的迁移水平。孙涛(2011)在研究知识型员工的培训成果迁移问题时,建议企业参考柯克帕特里克模型对培训效果进行评估,对培训信息进行跟踪和调查,了解受训者在培训迁移中遇到的问题,分析原因,制定解决问题的方案,并对培训成果迁移效果好的员工给予报酬、职务晋升等奖励,促进员工培训成果的迁移。

管理者一般可参考柯克帕特里克模型,分别从受训者的满意度、学习效果、行为改变和组织绩效的改变四个层次出发,研究培训效果评估对培训迁移的作用。西茨曼(Sitzmann,2008)认为,反应层评估提供培训课程特征的信息(如培训内容、培训方法等),这些信息可为重新设计和改善培训活动做准备。对于学习层评估,可促使培训管理者通过了解受训者对于培训知识和技能的掌握程度,调整培训计划,使教学进度与受训者的特点更趋于相符。行为层评估通过测量学员在工作中培训知识和技能的迁移程度,帮助构建起奖励或晋升等激励约束机制,进而激发学员培训迁移的动力,促进绩效的提升。结果层评估则是通过测量培训活动对于组织的影响,为之后的培训活动需从哪方面进行改善提供重要的信息。

因此,组织对四层次上的培训效果评估越重视,培训迁移的可能性越大,由此提出假设 1 :四层次培训效果评估频率与培训迁移水平正相关。

(2)培训效果评估能够形成一种激励约束机制,激发受训者的学习兴趣,对自身的学习产生学习动力和责任机制,称为"责任"假设。伯克和哈钦斯(Burke & Hutchins,2007)认为,"责任"即为管理者和组织希望受训者将学到的知识和技能运用到工作中,并把这种迁移当作自己的责任。根据贝茨(Bates,2003)的描述,培训评估使得受训者、培训者、组织者等培训相关人员对培训效果承担责任,并且促使组织创造一种评估学习效果和培训迁移的文化氛围。朗格内克(Longenecker,2004)通过调查278位管理人员证实提高学习迁移率最主要的是提高个人学习迁移的责任。

鲍德温和蒙狙卡(Baldwin & Magjuka,1991)发现,当受训者意识到自己和上级都对培训负有责任时,他们将会有更多学习迁移的动力,并在受训后期望有一些相关的评估活动。冯明、淘祁(2002)认为,对培训迁移的研究要重视培训主体的责任心问题,受训者、培训管理者和组织三方面的责任心都对培训迁移产生影响。受训者对培训内容的迁移有很高的责任心、培训管理者对培训项目的高度重视,以及整个组织形成一个学习型的组织,这些都能够对培训迁移效果产生较好的影响。伯克和萨克斯(Burke & Sakes,2009)认为,培训评估可能是唯一最重要的使培训相关者承担责任和改善培训迁移效果的战略。

培训评估指明了组织培训重点关注的领域,员工可以根据组织的评估指标关注和改善自己的工作行为。

培训评估可激发培训参与者的责任心,伯克和哈钦斯(Burke & Hutchins,2008)的研究发现,管理者认为培训评估是对培训迁移最好的支持(即测量培训效果能够增加培训迁移的可能性)。伯克和萨克斯(Burke & Sakes,2009)研究发现了两个对培训效果产生很大影响的变量:行为层和结果层。因为管理者在没有评估数据的情况下,不足以了解培训迁移的效果,更加不可能对培训效果承担责任。只有对行为层和结果层进行评估,才能激发受训者对于培训的责任心,相对反应层和学习层而言,对行为层和结果层的评估就显得更加重要了。据此,提出假设2:组织在四层次评估中更倾向于采用反应层和学习层评估指标,但是,行为层评估和结果层评估对培训迁移的作用,却高于反应层评估和学习层的评估对培训迁移的影响。

## 三、方法与测量

### (一)数据收集和测量工具

样本数据来自对参加过管理培训的职业经理人的调查问卷,这些经理人来自湖南地区93家企业(涉及制造业、金融保险业、服务业、房地产业和零售业等行业)的管理人员,其中,高层管理者占48.14%,中层管理者占49.74%,基层管理者占2.12%;女性占37.82%,男性占62.18%;70.47%拥有大学学历。问卷共计发放259份,回收210份,回收率为81.08%,剔除回答不完整的17份无效问卷,最终的有效问卷为193,有效率为91.90%。

本书采用问卷调查的方法。"培训迁移"的测量采用金晓(1996)开发的量表。量表采用李克特五级量表,从"完全不符合"到"完全符合"分别给予1到5分,要求被调查者根据所在企业和自身的实际情况同量表描述情况的符合程度对问卷进行勾选。"培训评估"参考柯克帕特里克模型分别从反应层、学习层、行为层和结果层设计了包含35个题项的问卷,其中,反应层包括10个题项,学习层包括8个题项,行为层包括5个题项,结果层包括13个题项。量表同样采用五级李克特量表,按频率"从不"到频率"经常"分别给予1到5分,要求被调查者根据其所在的企业对四层次指标进行评估的频率进行给分。本书中的"评估频率"不代表培训效果评估的具体次数,在问卷中已说明清楚,"评估频率"代表的是企业对该层次评估的重视程度。

在设计培训评估量表时,本书采用主成分分析,在损失少量信息的前提下把多个指标转化为几个综合指标,分别从四个层次对指标进行主成分分析,采用最大方差法进行因子旋转,将载荷因子大于0.4的指标合并成一个因子。主成分分析后的结果如下:反应层评估综合成两个因子(培训项目设计和培训组织及安排);学习层评估和行为层评估为单独一个因子;结果层评估综合成两个因子(财务及客户指标、内部流程及人力资源指标)。

### (二)信度和效度

经验证,各量表的信度系数(Cronbach's Alpha)均大于0.8,表明所使用的问卷具有很高的信度。这里采用AMOS18.0进行验证性因子分析,来判断观察变量和潜在变量之间的假设关系是否与数据吻合。经验证性因子分析,拟合指数($RMSEA=0.041$,$CFI=0.899$,$IFI=0.901$,$TLI=0.885$)均达到标准,表明模型和可观测数据匹配较好,同时平均萃取方差($AVE$)均大于0.5,聚合效度满足临界值要求。

## 四、模型检验结果

### (一)描述性统计及相关分析

由表6-6知,柯克帕特里克评估模型的每个层次的评估频率的均值都达到3.3以上,表明所调查的公司比较重视培训效果的评估。通过比较四层次评估的频率,反应层的评估($Ma=3.80$,$Mb=3.88$)频率最高,学习层的评估频率($M=3.71$)高于行为层评估频率($M=3.70$),结果层的评估频率最低($Ma=3.30$,$Mb=3.44$),表明在实际的培训评估实践活动中,公司倾向于评估学员的培训满意度和培训知识、技能的获得程度。

**表 6-6　培训评估相关分析**

| 变量 | | 均值 | 标准差 | 1a | 1b | 2 | 3 | 4a | 4b | 5 | 6 | 7 |
|---|---|---|---|---|---|---|---|---|---|---|---|---|
| 1. 反应层评估 | a. 培训项目设计 | 3.80 | 0.67 | 1 | | | | | | | | |
| | b. 培训组织及安排 | 3.88 | 0.72 | 0.633** | 1 | | | | | | | |
| 2. 学习层评估 | | 3.71 | 0.65 | 0.791** | 0.649** | 1 | | | | | | |
| 3. 行为层评估 | | 3.70 | 0.68 | 0.712** | 0.609** | 0.808** | 1 | | | | | |
| 4. 结果层评估 | a. 财务及客户指标 | 3.30 | 0.77 | 0.565** | 0.496** | 0.660** | 0.651** | 1 | | | | |
| | b. 内部流程及人力资源 | 3.44 | 0.75 | 0.593** | 0.574** | 0.676** | 0.663** | 0.767** | 1 | | | |
| 5. 培训迁移 | | 3.69 | 0.73 | 0.655** | 0.592** | 0.729** | 0.758** | 0.662** | 0.717** | 1 | | |
| 6. 受训者学历 | | 0.82 | 0.39 | -0.248** | -0.288** | -0.275** | -0.259** | -0.168* | -0.217** | -0.245** | 1 | |
| 7. 企业性质 | | 0.55 | 0.49 | -0.165* | -0.078 | -0.159* | -0.139 | -0.206** | -0.160* | -0.164* | 0.173* | 1 |

注：**、*分别表示在1%和5%水平(双侧)上显著相关。

从变量的 Pearson 相关系数可见，反应层评估与学习层评估的相关性（$ra = 0.79, rb = 0.65, \rho < 0.01$）高于反应层评估与行为层评估（$r = 0.71, r = 0.61, \rho < 0.01$）的相关性，以及反应层评估与结果层评估（$ra = 0.56, rb = 0.45, \rho < 0.01$）的相关性。学习层评估与行为层评估的相关性最大，相关系数达到 0.808。

对于四层次评估与培训迁移的相关关系，总体来说，培训评估与培训迁移在 0.01 的显著水平下正相关。相比较而言，反应层（$ra = 0.655, rb = 0.59$）与培训迁移的相关系数小于学习层（$r = 0.73$）、行为层（$r = 0.758$）和结果层（$ra = 0.662, rb = 0.717$）同培训迁移的相关系数。由于解释变量之间的不存在接近 1 的相关系数，故变量之间不存在强的多重共线性。

（二）回归分析

本书将培训迁移作为被解释变量，将反应层评估、学习层评估、行为层评估和结果层评估作为解释变量，将受训者学历和企业性质作为控制变量，构建多元回归模型。通过 SPSS18.0 多元回归分析，本书得到如下的回归结果。

（1）$R^2$ 较大，$F = 64.056 > F0.01(6, 186)$，模型的线性关系显著成立，四层次评估都与培训迁移在一定水平上相关。其中，反应层评估与培训迁移在 5% 显著水平上正相关，学习层评估与培训迁移在 10% 显著水平上正相关，行为层和结果层的评估与培训迁移在 1% 显著水平上正相关。说明培训效果的评估活动能够提高培训的迁移水平。证明了假设 1 的“改善”假设。

（2）所有的解释变量都通过了 T 检验，表明每个解释变量对被解释变量的影响显著。

（3）通过比较 $T$ 值，行为层（$t = 4.396$）和结果层（$t = 5.080$）评估的 $T$ 值明显高于反应层（$t = 1.903$）和学习层（$t = 1.314$）评估的 $T$ 值，同时，行为层（$\beta = 0.360$）和结果层评估（$\beta = 0.330$）的回归系数也明显高于反应层（$\beta = 0.158$）和学习层（$\beta = 0.126$）的回归系数，说明在培训效果评估中，组织对行为层和结果层的评估所产生的培训迁移水平的提高要高于反应层和学习层评估所产生的影响。证明了假设 2 的“责任”假设。

## 五、结论与研究展望

本书对湖南地区多个企业的职业经理人做问卷调查，就管理培训效果评估对培训迁移的影响展开探讨。实证研究结果表明：①在培训效果评估中，组织更加倾向于采用反应层和学习层指标，而较少评估行为层和结果层的培训效果，这与之前的研究类似。然而，本书首次对培训效果评估与培训迁移间的关系，采用我国企业之数据做实证研究，在培训迁移这一以往学者少有涉及的研究领域，做了深入的探索性研讨，研究具有一定的创新性。②在柯克帕特里克四层次评估模型中，本书发现行为层和结果层的评估对于培训迁移的影响作用大于反应层和学习层的评估对其的影响。总之，组织层面的培训评估实践活动有助于提高培训迁移水平。组织在进行培训评估的过程中，不能仅仅评估易测量的反应层和学习层培训效果，而应更多地关注受训者的行为表现和组织的绩效提高程度，以增强培训相关者的责任心，提高培训迁移水平，从而提高公司效益。

本书认为，在今后的研究中，还有以下三个方面的问题有待进一步深入地展开探索：①培训利益相关者的感知责任对于培训迁移的影响；②不同的评估目标、评估重点和评估方法对于感知责任和培训迁移的影响；③将惩罚与奖励或培训反馈作为中介变量或调解变量，研究培训评估对培训迁移影响程度的变化。

# 第七章　人才开发：职业生涯，挖掘潜能

**章首案例：东航地服管培生计划，助力支撑组织人才发展**①

北京大兴机场运行、浦东 S1 卫星厅启用，以及地服业务的持续发展，对东方航空地面服务管理人员的人才储备提出新的要求。东航急需加速管理干部储备，建设有活力的储备人才队伍建设机制。

自 2017 年以来，合思管理携手东航地服部共同努力建设地服管培生人才储备计划，为地服部培养优秀的基层管理者。目前，地服管培计划迄今已至第三期，累计输出近乎 40 名优秀高潜人才。

东航地服管培生计划得到了东航高管的高度支持。从计划实施的经费、优质师资的甄选、干部的人才资源意识、管理导师的积极性调动、高潜人才的任用等各方面，地服高层不遗余力发挥了极大作用，给予了有力支撑。

地服管培生计划以精准甄选为载体，以实践培养为基础原则，通过 2 年左右高强度、高挑战、高拉伸性的锻炼，加速人才发展。

在高潜人才计划实施前，人力主管部门会对楼内外岗位序列人才需求进行测算和评估，拟定入选人才数量需求。在甄选环节，合思管理针对地服部情况，建立了初选、复选、精选的三级筛选机制，通过自荐、部门推荐、专业测评等多手段结合，对候选人的资质、学历、绩效、发展潜力、经历等进行了全方位的评估。

在专业测评环节，合思管理采用国内领先的测评工具，保证了入选人才的发展潜力。管培生每期学员控制在 15 人左右（见图 7-1）。严格的数量和质量把控，有助于后续培养更加有针对性、优质化、个性化。

导师计划是地服管培计划得失成功的关键要素。在整个导师队伍的甄选、匹配、培育、激励及曝光方面，地服部采取了一揽子的计划。在培养环节，合思管理与地服部一起，通过绩效考察、专业测评等为每位管培学员配备一名能力突出、绩效领先，以及善于带教的导师。例如导师甄选中，除能力和业绩外，导师是否"利他""正气"也是评估衡量因素；与管培生同步，导师需参加半年度或年度曝光评价，汇报个人辅导成效；凡担当导师则有相应绩效奖励。

---

① 资料来源：http://www.heysmart.cn/合思咨询成功案例。

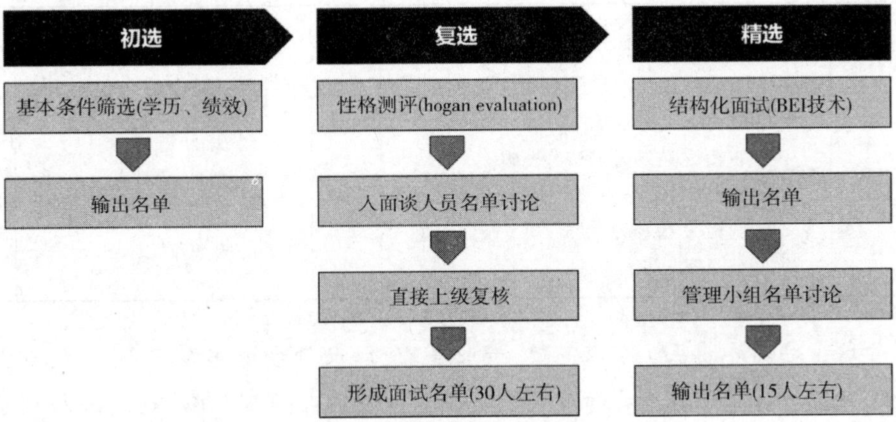


**图 7-1 管培生的招聘流程**

导师匹配好之后,合思管理将与管培生导师、管培生、人力部门、培训部门共同围绕管培生测评结果、待发展目标进行充分讨论,建立高度匹配、个性、有效的个人发展计划(IDP)。IDP 是管培生培训、轮岗、项目、反馈等各培养子计划的载体。

轮岗计划制定时,合思管理的顾问会严格依据发展目标及其发展优先级,控制轮岗单位个数,并确保管培生在某一业务领域的深度经历。每一段轮岗经历中锻炼的发展目标不超过 3 个,并将发展目标反复与管培生、导师沟通,确认培养目标一致。轮岗计划一旦制定,如无特别情况,将不能更改(见表 7-1)。

**表 7-1 管培生轮岗培训示例表**

| 能力/经历发展目标 | 岗位 | 主要任务 | 类型 | 风险性 | 周期 | 锻炼目标 | 考核要求 | 导师 |
|---|---|---|---|---|---|---|---|---|
| 不正常航班处置经历服务危机处置 | 中转值班主任 | 解答各类旅客疑难问题<br>指导其他柜台处置不正常事件 | 精通:<br>在中转业务领域承担更大挑战 | 高 | 3 个月 | 服务危机应对突发事件处置决策 | 工作评价 | 李×× |
| 一线业务经历 | 行李复核 | 熟悉行李业务流程 | 拓展:<br>向关联业务领域拓展 | 中 | 1 个月 | 业务知识全面性 | 工作评价 | 张×× |
| | 调度 | 熟悉调度派工模式 | 拓展:<br>向关联业务领域拓展 | 中 | 1 个月 | 业务知识全面性 | 工作评价 | 余×× |

续表

| 能力/经历发展目标 | 岗位 | 主要任务 | 类型 | 风险性 | 周期 | 锻炼目标 | 考核要求 | 导师 |
|---|---|---|---|---|---|---|---|---|
| 带团队经历 | 经理助理 | 选拔并培养5名兼职教员降低人员流失率5个百分点，降低错失衔接率0.5个百分点 | 突破：在新领域，解决更复杂的问题 | 高 | 7个月 | 人力资源管理问题分析与解决系统化思维 | 工作评价 | 王×× |

管培生培训计划基于个人高效、专业管理，以及领导力转型三个主题，重点关注管理硬技能培养与实战。管理硬技能课程天数占比达到70%以上，并与训后作业、项目实践打通。例如学员完成问题分析与解决培训后，需完成某一业务问题解决方案制定，并推动一个具体任务或项目的实施。

培养期内，管培生需完成至少1个项目。与其他项目形式不同，合思管理将设定规则，严格控制管培生项目的选择方式，例如管培生的项目必须根据管培生发展目标、业务实际需要、项目挑战性最终确定。严格避免管培生为评估结果只选择个人擅长领域话题，也避免因项目选题本身关注度高而管培生实际贡献度低的“沾光”的现象发生。

整个培养周期内，合思管理将对管培生建立全方位的曝光评价机制。评价不是目的，而是为了改进。评价反馈形式包括测评辅导、导师反馈、阶段性曝光、项目考评等。每次考核后都有反馈，既肯定进步，更重申发展目标和差距。通过持续地沟通发展目标、目前的差距，确保导师和管培生聚焦发展目标，培养集中用力。

表7-2是管培生培训效果评估。

**表7-2　管培生培训效果评估表**

| 反馈计划 | 目标 | 频次 | 实施人 |
|---|---|---|---|
| 性格与潜力反馈 | 通过测评反馈，认知个人性格特质，制定个人发展计划 | 1次 | 外部顾问 |
| 绩效反馈 | 制定适宜的工作目标和任务，反馈工作中的胜任力表现 | 1次/季度 | 导师/领导 |
| 专业知识与技能考试 | 督促学员自学，掌握本领域的深度专业知识 | 1次/年 | 培训部门 |
| 项目反馈 | 对管理工具和岗位知识的应用情况进行反馈 | 每项目约3~5次 | 培训老师<br>内部导师 |

续表

| 反馈计划 | 目标 | 频次 | 实施人 |
| --- | --- | --- | --- |
| 述能会评价反馈 | 每半年一次,对轮岗期间的表现进行综合性评价 | 1 次/半年 | 评委 |
| 总体说明 | 1. 性格与潜力反馈主要用于发展和任用建议<br>2. 绩效反馈、考试成功、项目成绩、述能评价反馈表现进入管理培训生的综合评价<br>3. 实时反馈主要用于工作指导,不纳入各种考核 | | |

在培养到期后,合思管理严格依据人才标准进行全面评价,侧重评估管培生的发展速度和准备度,严格避免因汇报技巧、个人已有优势影响评估结果。结合个人优势、发展风险、发展倾向性,提出人才使用及管理建议。

通过近三年的实施,东方航空地服管培生计划真正打通了选拔、培训、导师、轮岗、项目,以及反馈各个环节,实现了环环相扣、高度一致、相互配合的培养目标。目前,地服管培计划前两期优秀结业学员中已有70%的人员提拔到目标岗位,90%的人员岗位得到晋升,10%的人员淘汰,实现了选拔、培养、评价、淘汰、任用的闭环管理。未来地服管培计划将在保留一线优秀人才、激发管理队伍活力、培养青年管理干部方面发挥更大价值。

从宏观上看,人才开发是国家和用人单位为了实现发展目标的需要而采取的培养人才、发现人才和任用人才的过程;从中观上看,人才开发是家庭、学校为了实现人才培养目的而实施的育人过程;从微观上看,人才开发是指将人的智慧、知识、才干作为一种资源加以发掘、培养,以便促进人才本身素质的提高和更加合理的使用。人才开发包括挖掘人才、培养人才,即从现有人才资源中发现有能力的人,进行培养、训练,提高他们的业务技术和经营水平。

从人才开发角度看,生涯设计是人才开发的一个重要的逻辑起点。“生”原意为“活着”,“涯”为“边际”,“生涯”就是指人的一生的意思,是人的一生的发展道路。对人生进行科学的生涯设计,能够更高效、更合理地促进人才开发。

## 第一节 职业生涯的内涵

职业生涯=工作人生,是指一个人一生的职业经历(包括职业、职位的变迁及工作理想实现的整个过程)。而职业生涯规划就是帮你找到最优路径,帮你确定出一个坚定的目标。当你在前面某处转弯了,它会告诉你这是什么路,该怎么继续前进。所以说个人职业生涯规划在实质上是一种定位。

定位分为两类:一个是外部给的定位,另一个是自己给自己的主动定位。例如,过去我们强调螺丝钉精神,走到哪里都闪闪发光,永不生锈。智能时代背景下,更多的是个人的、自己的定位。

## 第二节 职业生涯开发理论基础

### 一、成人发展理论

成人发展属于人的发展中的一个阶段,也是很多心理学家研究的领域。早期从心理学角度对成人发展阶段进行研究的有荣格和埃里克森。埃里克森将人一生的发展分为八个阶段,一至四阶段为儿童时期,五至八阶段为成人时期,并对每一发展时期的危机进行了分析。

20 世纪 70 年代以后,齐格林(Chickering)、海威格斯特(Havighurst)、赖斯(Rice)、万·韦斯特(Van West)和莱文森(Levinson)等人的研究形成了更多的成人发展阶段理论。[①] 莱文森的研究建立在大量的跟踪研究数据的基础之上,并接触了大量的个人发展的案例。莱文森对埃里克森的研究进行了发展和改进。她认为:①发展的阶段普遍存在,这是与年龄密切相关的;②发展过程中的需要和问题受到前一阶段所解决问题的影响;③需要和矛盾是每一个阶段发展的动力。

表 7-3 是人生发展的三阶段。

表 7-3 人生发展的三阶段

| | 输入阶段 | 输出阶段 | 淡出阶段 |
|---|---|---|---|
| 阶段 | 从出生到从业前 | 从就业到退休前 | 退休前后 |
| 内容 | 输入信息、知识、经验、技能,为其从业做重要准备:认识环境和社会,锻造自己的各种能力 | 输出自己的智慧、知识、服务、才干。此阶段也有知识的再输入、经验的再积累、能力的再锻造 | 此阶段人的精力渐衰,但阅历渐丰,经验渐多,应鼓励他们逐步退出职业,适应角色的转换。该阶段是夕阳无限好阶段,有更加广阔的时空以实现以往的夙愿 |

莱文森的理论将成人发展分为三个阶段,即成人早期、成人中期、成人晚期,尤

① TURNER J S, HELMS D B. Life span development[M]. New York: Harcourt Brace College Publisher, 1995.

其关注处于两个相对稳定阶段交界区域的中年转型期。她认为,成长和停滞是成人中期的主要矛盾,在两个阶段交界区域的转换时期会出现危机和痛苦,出现这些危机和痛苦是正常的。发展的危机要求重新评价个人的兴趣和需要,确定新的发展目标和方向,但这种危机也可能带来创伤的危险。相反,如果没有这些危机以及危机带来的变化,成人还会在原有的阶段上停滞不前。因此,危机和问题为发展提供了可能。

莱文森的理论概括了成人发展的一般过程(参见图 7-2)。

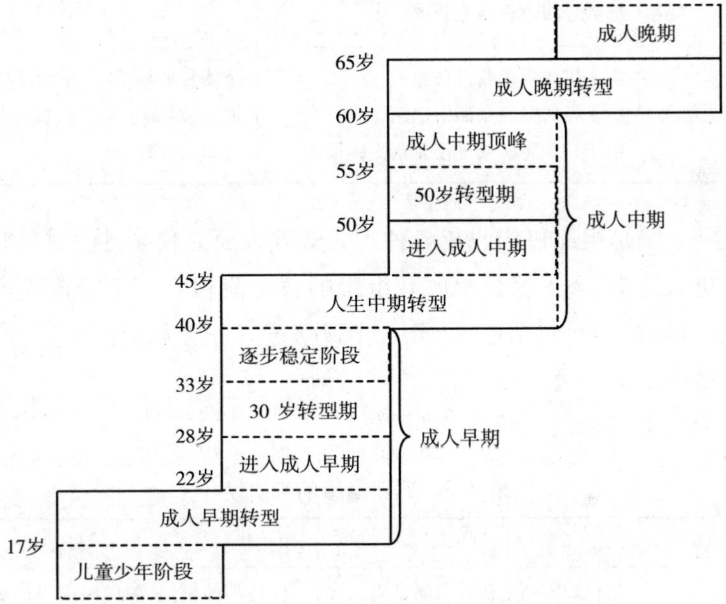


**图 7-2　成人发展阶段图(依据莱文森的理论)①**

## 二、职业生涯管理理论

职业生涯管理(career management)是从人力资源管理理论与实践中发展起来的理论。职业生涯,根据美国组织行为专家道格拉斯 · T. 霍尔(Douglas T. Hall)提出的概念,是指一个人一生工作经历中所包括的一系列活动和行为。

表 7-4 是职业生涯的三阶段。

① HODGKINSON H L. Adult development:implications for faculty and administrators[J]. Education Record,1974,55(3):263-274.

**表 7-4 职业生涯的三阶段**

| | | 个人的工作状态 | 职业环境状态 |
|---|---|---|---|
| 输出阶段 | 适应阶段 | 订三个契约:<br>对领导,我要服从你的领导<br>对同事,我要与你协同工作<br>对自己,我要使自己表现出色 | 适应工作硬软环境,个体与环境,个体与同事相互接受,此时进入职业生涯 |
| | 创新阶段 | 独立承担工作任务<br>努力做出创造性贡献<br>向领导提出合理化建议 | 受到领导和群众认可,进入事业辉煌阶段 |
| | 再适应阶段 | 由于工作出色获得晋升<br>由于发展空间小而原地踏步<br>由于自身骄傲或工作差错受到批评 | 个体要调整心态,再适应变化了的环境,此时属于职业状态分化的阶段,领导和同事看法不一 |

职业生涯系统是组织机构收集各种人力资源方面的政策、优先权和行为,并用以管理雇员进入组织、融入组织及离开组织的整个流程。一个完善的职业生涯系统能够协调雇员的行为(包括进入、融入、离开)进入一个规范的程序,这样有助于雇员尽快地适应组织环境。

表 7-5 是职业高原的三阶段。

**表 7-5 职业高原的三阶段**

| | | 职业状态 |
|---|---|---|
| 再适应阶段 | 顺利晋升 | 面临着新的工作环境的挑战,新的工作技能的挑战,原同级同事的嫉妒,领导会提出新的要求,表面的风光隐藏着一定的职业风波 |
| | 原地踏步 | 此时会有倚老卖老的不求上进的状态出现,挂在口头边的话是"此事我早已了解"或"我再熟悉不过了",对同事的发展出现心理不平衡,此时如进行职业平移或变更更适合 |
| | 下降到波谷 | 由于个体原因或客观原因,遭受上级批评,或受降级处分,工作状态进入波谷,此时如能重新振奋精神,有希望进入第二次"三三三"发展状态 |

职业生涯管理分为个人的职业生涯管理和组织的职业生涯管理。个人的职业生涯管理是以实现个人发展的成就最大化为目的的,通过对个人兴趣、能力和个人发展目标进行有效管理,实现个人的发展愿望。组织职业生涯管理的最终目的是通过帮助员工的职业发展,以求组织的持续发展,实现组织目标;组织职业生涯管理是以提高组织人力资源质量,发挥人力资源管理效率为目的的,通过个人发展愿

望与组织发展需求的结合实现组织的发展。①

个人职业生涯管理是建立在职业选择和职业发展阶段基础上的。组织和个人进行职业生涯管理都必须了解职业生涯发展的阶段。职业生涯阶段如何划分,不同研究者有不同的划分理论和方法,主要可分为以下几种类型。

### (一)金斯伯格的职业发展理论

美国著名职业指导专家金斯伯格(Ginzberg),对职业生涯的发展进行过长期研究,对实践产生了广泛影响。金斯伯格的职业发展理论分为幻想期、尝试期和现实期。幻想期是11岁之前的儿童时期,尝试期是从11至17岁,现实期是17岁以后的青年年龄段。金斯伯格的职业发展论,事实上是前期职业生涯发展的不同阶段,也就是说,它是初就业前,人的职业意识或职业追求的变化发展过程。②

### (二)格林豪斯职业发展阶段论

格林豪斯(Greenhouse)研究人生不同年龄段职业发展的主要任务,并以此将职业生涯划分为五个阶段。

第一阶段,职业准备。典型年龄段为0~18岁,该阶段主要任务是发展职业想象力,对职业进行评估和选择,接受必需的职业教育。

第二阶段,查看组织。18~25岁为查看组织阶段,该阶段主要任务是在一个理想的组织中获得一份工作,在获取足量信息的基础上,尽量选择一种合适的、较为满意的职业。

第三阶段,职业生涯初期。处于此期的典型年龄段为25~40岁。学习职业技术,提高工作能力;了解和学习组织纪律和规范,逐步适应职业工作,适应和融入组织;为未来的职业成功做好准备,是该时期的主要任务。

第四阶段,职业生涯中期。40~55岁是职业生涯中期阶段,该阶段主要任务是需要对早期职业生涯重新评估,强化或改变自己的职业理想;选定职业,努力工作,有所成就。

第五阶段,职业生涯后期。从55岁直至退休为职业生涯的后期。该阶段中继续保持已有职业成就,维护尊严,准备引退,是这一阶段的主要任务。③

### (三)萨帕职业发展阶段论

萨柏(Super)是美国一位有代表性的职业管理学家。他以美国白人作为自己

---

① 王建虹. 对教师专业发展与职业生涯规划的思考[J]. 职业教育研究,2007,8(11):59-60.

② 李贵卿,陈维政. 职业再循环的理论与实践[J]. 生产力研究,2007,7(15):114-115.

③ 格林豪斯,卡拉南,戈德谢克. 职业生涯管理[M]. 王伟,译. 北京:清华大学出版社,2006:251-287.

的研究对象,把人的职业生涯划分为五个主要阶段:成长阶段、探索阶段、确立阶段、维持阶段和衰退阶段。

第一阶段,成长阶段(0~14岁),主要任务是认同并建立起自我概念,对职业好奇占主导地位,并逐步有意识地培养职业能力。萨柏将这一阶段,具体分为三个时期:幻想期(10岁之前),儿童从外界感知到许多职业,对于自己觉得好玩和喜爱的职业充满幻想并进行模仿;兴趣期(11~12岁),以兴趣为中心,理解、评价职业,开始做职业选择;能力期(13~14岁),开始考虑自身条件与喜爱的职业是否相符合,有意识地进行能力培养。

第二阶段,探索阶段(15~24岁),主要任务是通过学校学习进行自我考察、角色鉴定和职业探索,完成择业及初步就业。这个阶段也可分为三个时期:试验期(15~17岁),综合认识和考虑自己的兴趣、能力与职业社会价值、就业机会,开始进行择业尝试;过渡期(18~21岁),正式进入职业,或者进行专门的职业培训,明确某种职业倾向;尝试期(22~24岁),选定工作领域,开始从事某种职业,对职业发展目标的可行性进行实验。

第三阶段,建立阶段(25~44岁),主要任务是获取一个合适的工作领域,并谋求发展。这一阶段是大多数人职业生涯周期中的核心部分。建立阶段可以分为两个时期:尝试期(25~30岁),个人在所选的职业中安顿下来,重点是寻求职业及生活上的稳定;稳定期(31~44岁),致力于实现职业目标,是富有创造性的时期。职业中期可能出现危机,发现自己偏离职业目标或发现了新的目标,此时需重新评价自己的需求,因此说这一时期是一个转折期。

第四阶段,维持阶段(45~64岁),主要任务是在较长时间内开发新的技能,维护已获得的成就和社会地位,维持家庭和工作两者之间的和谐关系,寻找接替自身职位的人选。

第五阶段,衰退阶段(65岁以上),主要任务是逐步退出职业和结束职业,开发社会角色,减少权利和责任,适应退休后的生活。①

## 三、学习型组织理论

在21世纪,社会变化日新月异,知识更新速度加快。学习成为组织适应环境变化的重要途径。20世纪90年代,圣吉(Senge)首先提出学习型组织理论,引起人们的广泛关注。学习型组织理论首先被运用到企业中,并取得了很好的效果。

学习型组织理论内涵十分丰富。这一理论认为,在新的经济背景下,企业要持

① 郑琼梅. 生涯辅导:高等教育的新功能[J]. 武汉大学学报(社会科学版),2004(3):76-79.

续发展,必须增强企业的整体能力,提高整体素质。也就是说,企业的发展不能再只依靠像福特、斯隆、沃森那样伟大的领导者一夫当关、运筹帷幄、指挥全局,未来真正出色的企业将是能够设法使各组织层次人员全心投入并有能力不断学习的组织——学习型组织。圣吉指出,只有拥有比对手更强的学习能力才能在竞争中保持可持续的优势。

学习型组织是指通过培养弥漫于整个组织的学习气氛,充分发挥员工的创造性思维能力而建立起来的一种有机的、高度柔性的、扁平的、符合人性的、能持续发展的组织。这种组织具有持续学习的能力,具有高于个人绩效总和的综合绩效。

圣吉认为,学习型组织理论不在于描述组织如何获得和利用知识,而是告诉人们如何才能塑造一个学习型组织。他指出,学习型组织的战略目标是提高学习的速度、能力和才能,通过建立愿景并能够发现、尝试和改进组织的思维模式并因此而改变他们的行为,这才是最成功的学习型组织。圣吉提出了建立学习型组织的"五项修炼"模型①。

第一,自我超越(personal mastery),能够不断理清个人的真实愿望,集中精力,培养耐心,实现自我超越。

第二,改善心智模式(improving mental models),心智模式是看待旧事物过程中所形成的特定的思维定式,在知识经济时代,这会影响对待新事物的观点。

第三,建立共同愿景(building shared vision),组织中人们所共同持有的意象或愿望,简单地说,就是我们想要创造什么。

第四,团队学习(team learning),发展成员整体搭配与实现共同目标能力。

第五,系统思考(systems thinking),要求人们用系统观点对待组织的发展。

学习型组织具有如下几个特征。

一是组织成员拥有一个共同的愿景。组织的共同愿景(shared vision)来源于员工个人的愿景而又高于个人的愿景。它是组织中所有员工共同愿望的景象,是他们的共同理想。它能使不同个性的人凝聚在一起,朝着组织共同的目标前进。

二是组织由多个创造性个体组成。在学习型组织中,团体是最基本的学习单位,团体本身应理解为彼此需要他人配合的一群人。组织的所有目标都是直接或间接地通过团体的努力来达到的。

三是善于不断学习。这是学习型组织的本质特征。所谓"善于不断学习",主要有四点含义:①强调终身学习,即组织中的成员均应养成终身学习的习惯,这样才能形成组织良好的学习气氛,促使其成员在工作中不断学习。②强调全员学习,

① 圣吉.第五项修炼:学习型组织的艺术与实务[M].郭进隆,译.上海:上海三联书店,2001:245.

即企业组织的决策层、管理层、操作层都要全心投入学习,尤其是经营管理决策层,他们是决定企业发展方向和命运的重要阶层,因而更需要学习。③强调全过程学习,即学习必须贯彻于组织系统运行的整个过程之中。瑞定(Redding)提出了一种被称为"第四种模型"的学习型组织理论。他认为,任何企业的运行都包括准备、计划、推行三个阶段,学习型企业不应该是先学习然后进行准备、计划、推行,不要把学习与工作分割开,应强调边学习边准备、边学习边计划、边学习边推行。④强调团体学习,即不但重视个人学习和个人智力的开发,更强调组织成员的合作学习和群体智力(组织智力)的开发。

学习型组织通过保持学习的能力,及时铲除发展道路上的障碍,不断突破组织成长的极限,从而保持持续发展的态势。

四是以地方为主的扁平式结构。传统的企业组织通常是金字塔式的,学习型组织的组织结构则是扁平的,即从最上面的决策层到最下面的操作层,中间相隔层次极少。它尽最大可能将决策权向组织结构的下层移动,让最下层单位拥有充分的自决权,并对产生的结果负责,从而形成以地方为主的扁平化组织结构。

五是自主管理。学习型组织理论认为,自主管理是使组织成员能边工作边学习,并使工作和学习紧密结合的方法。通过自主管理,可由组织成员自己发现工作中的问题,自己选择伙伴组成团队,自己选定改革、进取的目标,自己进行现状调查,自己分析原因,自己制定对策,自己组织实施,自己检查效果,自己评定总结。团队成员在自主管理的过程中,能形成共同愿景,能以开放求实的心态互相切磋,不断学习新知识,不断进行创新,从而增加组织快速应变、创造未来的能量。

六是组织的边界将被重新界定。学习型组织的边界的界定,是建立在组织要素与外部环境要素互动关系的基础上的,超越了传统的根据职能或部门划分的法定边界。例如,把销售商的反馈信息作为市场营销决策的固定组成部分,而不是像以前那样只是作为参考。

七是员工家庭与事业的平衡。学习型组织努力使员工丰富的家庭生活与充实的工作生活相得益彰。学习型组织对员工承诺,支持每位员工充分的自我发展,员工也以承诺对组织发展尽心尽力作为回报。这样,个人与组织的界限将变得模糊,工作与家庭之间的界限也将逐渐消失,两者之间的冲突也必将大为减少,从而提高员工家庭生活的质量,达到家庭与事业之间的平衡。

八是领导者的新角色。在学习型组织中,领导者是设计师、仆人和教师。领导者的设计工作是一个对组织要素进行整合的过程,他不只是设计组织的结构和组织的政策、策略,更重要的是设计组织发展的基本理念;领导者的仆人角色表现在他对实现愿景的使命感,他自觉地接受愿景的召唤;领导者作为教师的首要任务是界定真实情况,协助人们对真实情况进行正确、深刻地把握,提高他们对组织系统的了解能力,促进每个人的学习。①

建立学习型组织的意义在于:一方面,学习是为了保证企业的生存,使企业组织具备不断改进的能力,提高企业组织的竞争力;另一方面,学习更是为了实现个人与工作的真正融合,使人们在工作中活出生命的意义。

## 第三节 职业生涯规划理论:职业规划与职业发展

### 一、"职业辅导之父"帕森斯的"人职匹配"理论

人职匹配最早由美国波士顿大学教授帕森斯(Parsons)提出,强调个人所具有的特性,以及职业所需要的素质和技能间的协调和匹配。

1909年,帕森斯在其《选择一个职业》著述中,明确阐明职业选择的三大条件。

(1)应该清楚地了解自己的态度、能力、兴趣、价值观、动机等特质。

想往哪一路线发展——自己的人生目标分析(兴趣、理想、价值观、动机)。

What will I do ? 我想做什么?

(2)应该清楚了解职业选择成功的条件、所需要的知识,在不同职业工作岗位上所占有的优势、劣势、补偿、机会和前途。

适合往哪一条路线上走——自己与他人优劣势分析(知识、技能、特长、能力)。

What can I do ? 我会做什么?

(3)上述两个条件的平衡。

可以往哪一路线上发展——挑战与机会分析。

What does the situation allow me to do ? 环境支持或允许我做什么?

### 二、"职业心理学家"霍兰德的"职业倾向"或"人格性向六边形"理论

强调职业选择是个人人格的延伸和表现。一个人在与其人格类型相一致的环境中工作,容易得到乐趣和内在满足,最有可能充分发挥自己的才能。

现实型:更看重具体的事,长于动手并以"技术高"为荣。例如,木匠、烹饪、电器维修。

---

① 圣吉. 第五项修炼:学习型组织的艺术与实务[M]. 郭进隆,译. 上海:上海三联书店,2001:244.

社会型：喜欢与人交往，关心社会问题，对于别人的事很感兴趣，乐于帮助别人解决问题，对公共服务与教育活动感兴趣。例如，咨询人员、教师、社会工作者。

研究型：偏好对各种现象进行观察、分析和推理，并进行系统的创造性的探究。

企业型：喜欢从事那些包含大量以影响他人为目的的职业，喜欢冒险活动；看重政治和经济方面的成就，对领导角色和具有竞争性的活动、冒险活动感兴趣。

艺术型：想象丰富，喜欢通过各种媒介表达自我的感受（如绘画、表演、写作）。

常规型：喜欢从事结构性、规范化且较为固定的活动，喜欢有条理、有秩序的工作，讲求准确性（如数字、资料），愿执行他人命令。例如，会计、收银员、行政人员。

## 三、"职业生涯规划大师"萨伯"彩虹图"

萨伯认为职业决策是一个不断发展和成熟的过程。萨伯（1953）依照年龄将每个人生阶段与职业发展配合，将生涯发展阶段划分成：成长14（认知阶段）、探索24（学习打基础阶段，择业、初就业阶段）、确立44（建立稳定职业阶段）、维持64（升迁和专精阶段，功成名就阶段）、衰退五个阶段，之后得出一个更为广阔的新观念——生活广度、生活空间的生涯发展观，即彩虹图（见图7-3）。

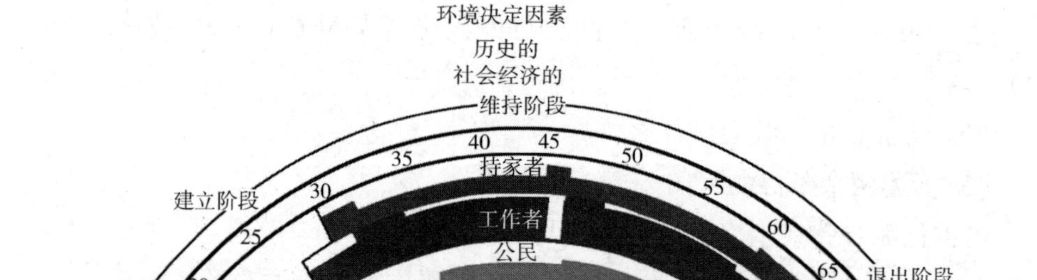


图7-3 某人的职业彩虹图

在职业发展理论中，多见以年龄为事业发展的区分参照系。这是因为我们在不同年龄阶段会表现出大致相同的职业特征和面临相似的事业发展任务。所以,大多数关于职业发展阶段的划分都以年龄为参照系。

职业彩虹=年龄(时间)+扮演角色(范围)+投入角色的深度(耗费时间)。

### (一)横贯一生的彩虹——生活广度

横向层面代表的是横跨一生的生活广度。

彩虹的外层显示人生主要的发展阶段和大致估算的年龄。

### (二)纵贯上下的彩虹——生活空间

纵向层面代表的是纵贯上下的生活空间,由一组职位和角色组成。

萨伯认为人在一生当中必须扮演九种主要的角色,依序是:儿童、学生、休闲者、公民、工作者、夫妻、家长、领导者和退休者。

## 四、埃德加·H. 施恩:职业锚理论与组织内生涯发展"甜筒"理论

### (一)职业锚

职业锚理论产生于在职业生涯规划领域具有"教父"级地位的美国麻省理工学院斯隆管理学院、美国著名的职业指导专家埃德加·H. 施恩(Edgar H. Schein)教授领导的专门研究小组,是对该学院毕业生的职业生涯研究演绎成的。

斯隆管理学院的44名MBA毕业生自愿形成一个小组,接受施恩教授长达12年的职业生涯研究,包括面谈、跟踪调查、公司调查、人才测评、问卷等多种方式,最终分析总结出了职业锚(又称职业定位)理论。

锚,是使船只停泊定位用的铁制器具。

职业锚,实际就是人们选择和发展自己的职业时所围绕的中心,是个人的长期职业贡献区,是指当一个人不得不做出选择的时候,他无论如何都不会放弃的职业中的那种至关重要的东西或价值观。

施恩教授认为职业锚的确认需要一个过程,要经过早期几年的工作实践,并不断地加深对自己的能力、动机、态度,以及价值观等的认识以后才能够达到。因此,很难在进入职业领域前就通过直接测试获得。

到底什么东西对自己是最重要的,需要有工作经历才能得出。

**1. 1978年职业锚——五种类型**

(1)自主型职业锚:希望随心所欲安排自己的工作方式、工作习惯和生活方式。

(2)创业型职业锚:用自己能力去创建属于自己的公司或创建完全属于自己

的产品（或服务），而且愿意去冒风险，并克服面临的障碍。

（3）管理型职业锚：致力于工作晋升，倾心于全面管理，沿着权力阶梯逐步攀升。他们将公司的成功与否看成自己的工作。具体的技术工作仅被看作是通向更高、更全面管理层的必经之路。他们常以升职、等级、收入作为成功标志。

（4）技术型职业锚：他们喜欢面对来自专业领域的挑战。他们一般不喜欢从事一般的管理工作。期望获得本领域专家的肯定和认可。

（5）挑战型职业锚：喜欢解决看上去无法解决的问题，战胜强硬的对手。新奇、变化和困难是他们的终极目标。

**2. 20 世纪 90 年代后的职业锚——八种类型**

在原有分类基础上，又发现了三种类型的职业锚。

（1）安全稳定型：追求工作中的安全与稳定感。他们可以预测将来的成功从而感到放松。他们关心退休金，他们并不关心具体的职位和具体的工作内容。

（2）生活型职业锚：他们喜欢允许平衡并结合个人的需要、家庭的需要和职业的需要的工作环境。他们需要一个能够提供足够的弹性让他们实现这一目标的职业环境，甚至可以牺牲他们职业的某些方面（如放弃职位的提升来换取个人、家庭和职业的平衡，更关注如何生活、在哪里居住、如何处理家庭事务等）。

（3）服务型职业锚：一直追求他们认可的核心价值（帮助他人，保障人们的安全，通过新的产品消除疾病）。他们一直追寻这种机会，因此，他们不会接受不允许他们实现这种价值的工作变换或工作提升。

## （二）组织内个人职业生涯发展方向

路有路的走向，职业也有其自身的走向，有它发展的规律。组织内个人职业生涯规划发展规律是什么呢？1971 年，美国麻省理工学院施恩教授提出个人在特定组织内的三种流动方式，以实现组织对个人职业生涯的帮助和管理。这就是著名的员工职业发展圆锥体模型，该模型指出人们在组织内部的职业发展规划表现为向内的核心维度发展、横向的职能维度发展、垂直的职级维度发展等三种模式。

**1. 向核心地位流动模式**

这种流动方式是由组织外围逐步向组织内圈方向变动。当发生这类变动时，成员对组织情况了解得更多，承担的责任也更为重大，并且经常会参加重大问题的讨论和决策。一个人进入一家企业后，由新入职的员工身份逐渐得到团队成员和老板的认同，这个过程本身就是向内发展。

有时企业会主动采取这种模式帮助员工发展。一是由于个人的能力和努力取得组织的认可，但不适合于提升到组织的更高等级；二是准备让个人沿纵向上行，但暂时无法提供相应的职位。通常，核心度越高，说明你在企业的重要性越高，职业稳定度也就越高。

图 7-4 是组织内生涯发展“甜筒”图。

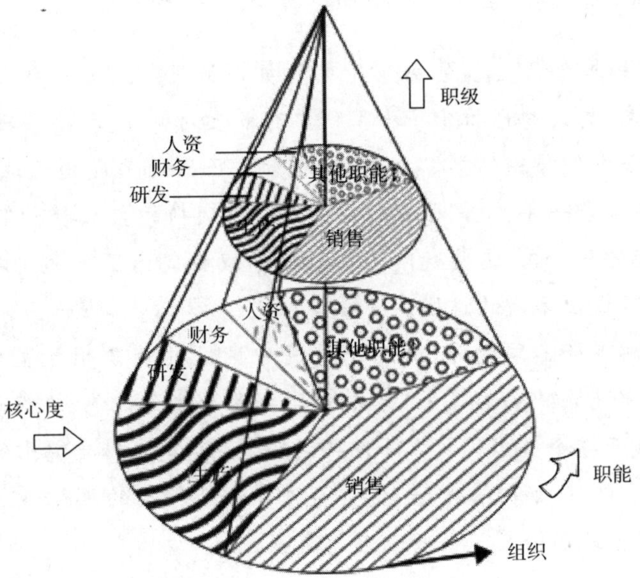


**图 7-4　组织内生涯发展“甜筒”图**

**2. 横向的职能维度发展**

这种流动方式是组织内部个人的工作或职务沿着职能部门或技术部门的同一等级进行发展变动。这种方式的流动，会让你的工作更加丰富化，对企业的运营会有更全面的了解，有利于把自己培养成掌管全局的管理人员，为以后的纵向发展做准备。

**3. 垂直的职级维度发展**

这种流动方式是指组织内部的职位的升降。在一般的观念中，只有纵向的上行流动，才是得到发展和肯定。如果某个人得到职位等级的提高，但仍然没有列入组织重要的核心活动或决策之列，则意味着“明升暗降”，或只是一种特别的待遇而已。

垂直型发展是员工职业发展的主要模式。这种发展模式要求员工达到目标职位所应具备的能力、素质等条件，员工总是在能力或素质达到一定水平后，才能上升或被提升到更高层面的职位，企业则通过设立相应的职业发展阶梯，为员工提供职业生涯持续发展的可能性和具体台阶。

在这个三维模式中，朝核心方向变动则是从圆锥体的外围向圆锥体的中心变动；横向变动是围绕圆锥体周围，从一个职能或部门向另一种职能或部门变动；纵向的变动是一种上下升降的圆锥体。现实的职业发展路线是三种模式之间的有机结合。

### 章尾案例:施耐德电气——培养"未来"一代①

对于平均年龄只有31岁的施耐德电气员工来说,对"Y一代"的关注与培养关乎企业的未来,为此公司推出了一系列卓有成效的项目,助推年轻人的发展。

作为施耐德电气集团的第二大市场,中国区已经越来越逼近北美。按照目前的发展速度,在未来一年,中国区或可成为第一把交椅的占有者。在拥有速度的同时,能否保持稳健与持久,这些疑问不仅对业务战略提出了更高要求,也对中国区的人力资源管理提出了新的挑战。

和其他成熟市场不同的是,施耐德电气中国区的员工明显呈现"年轻化"特征。据公司内部统计,"80后"员工在公司占据了50%的比例,在经理层员工中,这个比例为15%,而整个公司的员工平均年龄仅为31岁。如此突出的特点,引起了公司HR的高度重视,如何管理好、发展好这样一个特别的群体,公司为此进行了内部调研,希望借此了解员工的特点与需求。

"我们发现了一些关键点,对我们有针对性地设计人力资源管理策略非常有启发,事实上,我们发现,施耐德电气的内部调研和社会上的研究结果非常相似。"施耐德电气中国区人力资源副总裁乐海雯表示。

公司调研结果显示,年轻人第一个特点是:活在当下。首先,他们没有所谓的长期规划,关注于眼前发生的事物,对于自己的晋升,他们同样表现出了"现在就要"的特点。对HR管理来说,公司需要设计更能够吸引他们的薪酬福利计划和职业晋升制度。

其次,年轻人对于工作方式和生活态度也有了新的理解,他们比较注重生活和工作的平衡,更关注于"公司能够给我带来什么",而不像过去的员工首先想到的是"我能为公司带来什么",他们的需求非常直接。这对于高潜力人才的吸引提出了全新的挑战。

再次,他们对于尊重、信任和关注,需求十分强烈。在乐海雯看来,这很可能与"80后"独生子女的成长环境高度相关,由此带来的问题是,年轻人不希望在管理者做决策后,自己处于"被通知者"的位置,他们需要成为决策过程中的一员,希望公司以更为透明和民主的姿态,给予他们一定的话语权。

最后,这些信息时代的宠儿喜欢学习,喜欢宽松的工作环境,创新能力强,同

① 蒋艳辉. 施耐德电气:培养"未来"一代[J]. 首席人才官,2012.

时,他们也有一些明显的弱项,比如抗压能力尚需锻炼,经验阅历还不够深厚等。

“我们不会因为关注年轻人而忽略了其他,不同年龄层的人都有自己的特点,公司要做的是拿出不同的解决方案让每一位员工得到激励。当然,年轻人是新鲜的血液,我们需要不断补充。而且,如果是我们自己培养的年轻人,他们对施耐德会拥有很高的忠诚度,极有可能成为企业未来的坚实力量。”乐海雯表示。

## 一、全方位培训

施耐德中国每年需要招聘近300名应届毕业生,对于这些初出茅庐者,公司给予了更多的资源倾斜。每位新人加盟施耐德后,首先会开展为期6个月的入职培训。这些培训包括以课堂形式进行的对施耐德历史、业务和文化的了解,以及沟通技巧、团队合作等软性技能的提升,还包含3个月在业务部门的实习。公司希望通过这些量身定做的训练可以让毕业生以更快的速度完成从学生到职场人的转变。

“量身定做”主要指对于以年轻人特点开发的培训设计。比如,在入职培训中,考虑到年轻人“活在当下”的特点,公司特意开办了“职业生涯规划”类型的课程,帮助他们弥补缺失。针对“公司能够给我带来什么”的思考方式,施耐德告诉他们在企业环境中,团队合作的重要性,以及“想要却暂时未必有”的可能性,借此传递给他们更成熟的职业价值观。

考虑到年轻人对理论的接受程度远低于真实案例的分享,施耐德还特别安排了一些“过来人”分享各自的职场经历。这些人中,有非常资深的高级管理者,也有刚刚加盟企业一年的新员工,通过这些分享,新人会为自己设立长期发展的榜样,也可以预知未来一年自己将面对的挑战和成长。

在施耐德电气看来,这些对年轻人的帮助还依然不够充分。为了延续学生校园中师生关系的经验,公司针对每位年轻人的特点和未来所处的业务领域,为他们安排了导师项目。目前,施耐德电气内部共有200多位导师,他们都由企业中的资深专业人士和管理者组成,这些导师每人会带领一两位毕业生,在他们入职的第一年进行贴身跟踪。

和不少企业类似,施耐德电气的导师制度面临的挑战同样是导师自己的“分身乏术”。因为导师多为企业的高层,让他们争取到时间带人并不容易。施耐德的方法是利用导师俱乐部的形式,点燃每位导师的激情,通过每月一次的俱乐部活动,将企业“培养人”的文化建立起来。

乐海雯强调:“导师中,有很多人的态度还是非常主动的,通过俱乐部活动,我们将大家集中在一起,HR会给他们一些培训,他们之间也会相互影响,看到周围的人花时间在学生上,会给一些还没有采取行动的人一些压力和提醒。每个人的时间都很紧张，我们希望挖掘大家的内在驱动力。同时我们也鼓励学生自己主动联系导师，双方的努力才能够把导师制的效果最大化。"

除了常规的校园招聘，对于最优秀大学中的佼佼者，施耐德电气也特别开发了管理培训生项目。每年，施耐德电气都会精选10~20位学生，进行为时3年的定向培养。由于这些学生的培养方向是企业未来的领导者，所以对这部分学生的选择，施耐德电气格外花费心血。通常，他们会安排各种形式的面试和小组活动，观察其在团队中的表现，尤其是主动性、沟通技巧和领导力，这些是领导者不可或缺的素质。

之后，施耐德电气会让这些学生进行轮岗实习，在这个过程中不仅会安排各种形式的培训，也会举办一些沙龙性质的交流活动，随时获取学生的反馈，解答他们的疑问。"这是一个非常好的机会，学生们很尽力，我们希望这个轮岗的过程让他们真正有所收获，而不是走形式般地到各个部门'打杂'。所以培训的设计很重要，学生以及经理的反馈也很重要，HR在这个过程中要随时跟踪，需要改进的地方我们也会随时调整，目前看来效果达到了我们的预期。"乐海雯强调。表面看来，施耐德电气在管理培训生项目上属于后进者，因为直至今年，这个项目才刚刚举行两届，和那些将此项目进行了几十年的大型企业相比，他们谈到的效果还没有转化为实际的生产力。但背后的真实原因是，施耐德在此项目之前实施了多年的类似项目"马可波罗"。和如今的管理培训生不同的是，马可波罗项目是将中国校园中选拔的优秀人才直接送到国外实习工作，这样做可以让高潜力人才迅速打开视野，但是由于这些员工没有在施耐德中国区工作的经历，导致其与中国区的感情联结显得薄弱，所以项目结束后，真正选择回到中国区的人才并不多。

乐海雯表示："中国区非常需要优秀的人才，我们希望通过这样的项目可以让这些学生帮助中国业务的发展，因此，我们将马可波罗项目进行了一定的调整，让学生首先在中国区完成他们的实习和培训。实际上，管理培训生在3年的高速发展中，公司也会给他们提供国外轮岗的机会，因为海外经验也是现在的年轻人所看重的。"

## 二、给年轻人机会

在施耐德电气看来，"buy"人才和"build"人才同样重要。buy的过程主要强调从外部引进人才，而build则是实实在在的发展内部人才。几年前施耐德电气针对30岁左右、熟悉公司业务与文化、业绩突出的高潜力人才专门设计了"老虎"项目，其目的是将他们培养为企业未来的管理者，而且，这部分人承载了"打江山"的任务。

“施耐德电气中国面临的不是常规的业务发展,无论是未来二三线城市市场、新的业务模式,还是收购后的企业重组,我们都需要一群开创性人才,他们要具备战略视野,也要有良好的领导力,这是我们这个项目的培养关键点。”乐海雯表示。

现在看来,老虎项目已初见成效,在施耐德电气,30 岁左右的中高层管理者不乏其人。去年,施耐德电气新开了 5 家分公司,其中 3 位 GM 是经由老虎项目培养出来的。实际上,任用年轻人的文化和施耐德的用人理念高度相关。在施耐德,一旦出现职位空缺,首先会考虑企业内部员工,而且,公司在人才选拔上,不重资历重能力,破格晋升的情况在施耐德并不罕见。这样的文化和中国区的人力资源市场高度相关。在人才活跃市场,年轻人需要快速地发展与晋升,如果企业没有给这些人创造成长的条件、搭建施展的舞台,极可能造成优秀人才的流失。“公司看到了这样做的好处,这些年轻人的体力精力都非常充沛,他们不畏挑战,愿意冒一定的风险去开创新的天地,在企业需要转型与突破的时候,年轻人身上的这些特质正是企业所需要的。”

对公司来说,年轻人任用的一个关键问题是“冒风险”,乐海雯自己感同身受。2005 年,乐海雯加入了施耐德电气旗下品牌奇胜中国,担任人力资源经理。在乐海雯加盟的同时,奇胜刚被施耐德收购。两年后,她到香港担任了亚太智能终端事业部及香港共享服务中心人力资源负责人。2009 年,公司希望她担任中国区人力资源总监时,她自己都有些不敢相信。

“我问我的老板,你真的认为我可以吗?”乐海雯接着表示,“首先,公司在人员任用上很包容,我实际上来自被并购的企业,但是公司并不在乎你的背景;其次,公司愿意承担任用年轻人的风险,容忍犯错;再次,公司在进行风险评估后,一旦做出决定,就会不遗余力地给予年轻人需要的支持。对于高速成长的企业,这些都是非常难得的。”现在回想起来,乐海雯在刚担任 HRD 这一职位时,有些事情处理得并不完美,但是公司还是愿意将挑战给予年轻人,给他们成长的时间。

除了敢于任用,在 HR 体系上,公司也为年轻人的发展提供了政策保障。在施耐德电气,有个独特的“3+3”项目,即员工在一个岗位工作 3 年后,如果自己有内部转换岗位的计划,直接经理必须支持,并在 3 个月内完成交接。这样的制度给希望不断有新尝试的年轻人提供了人才发展的政策保障,让他们有条件对公司业务有全面了解的机会,以丰满自己的羽翼。同时,“3+3”也给经理人提出了一定的挑战,他们必须不断培养新人以提升团队能力。

在人才发展的过程中,HR 花了大量的时间同经理人和一线员工进行沟通。很多新人加盟施耐德电气后,经常认为 HR 系统不够完善,一些行政事务依然需要通过纸质的办法来进行。为此,公司加强了信息化程度以提高工作效率。但是在乐海雯看来，这种“慢节奏”某种程度上也为面对面地有效沟通创造了机会。

“信息化是双刃剑，因为我们这方面的落后，反而让我们的经理人和HR的关系非常紧密，良好的沟通造就了很高的信任度，只要经理人需要帮助，HR一定会尽力给予支持。”

# 第八章　案例游戏:模拟操作,掌控节点

**章首案例:人力资源管理沙盘培训动力机制与对抗实践感悟——特等奖(2016年)**

进入21世纪,"人才是第一资源"已经被越来越多的企业所认同。同时,"人力资源部"亦转变角色,成为企业的战略合作伙伴。如何能更有效地提高企业的人力资源战略管理水平,是当前各企业、管理培训机构及相关教育工作者亟待解决的问题。当大量的以营利为目的的培训机构,通过ERP沙盘模拟使众多企业老总感到管理学之魅时,我们也不能不看到,ERP虽然注重的是一个物流、财流、产品流、营销流的配置过程,但它恰恰忽略了对企业有决定性意义的"人力资源"的配置过程。首都经济贸易大学积极响应并参加首届全国大学生人力资源管理知识与技能(精创教育杯)大赛,笔者承担了有关人力资源管理沙盘模拟对抗培训与指导的任务。在经历校赛、省赛、全国总决赛(以下简称"国赛")三级选拔赛,一校一个代表队的赛制情况下,首都经济贸易大学代表队——"经贸部落"队,勇夺全国总决赛特等奖。

## 一、沙盘培训的动力机制

### (一)源动力——游戏

沙盘模拟培训也有学者将其称为"游戏式学习",这种学习方式的动力源自世人习性中那种根深蒂固的玩性,而玩性的表象就是游戏。游戏是一种极为古老、朴素和普遍的活动。就游戏对于人类的意义而言,史前洞穴中留下的壁画,许多都可以看作是人类童年游戏的写照。游戏锻炼着人类的能力,游戏孕育着人类智能的发展,游戏中也包含人类的智慧。如今激动人心的奥林匹克运动会,其中所充满的对于心智、体魄乃至完美精神的追求与向往,便是源自古老的游戏。

在古希腊语中,"游戏(paidia)"与"教育(paideia)"只有一字之差,二者均与儿童(pais)的"成长"密切相关。

英语中的"学校(school、schule)"则源于拉丁语"schola","schola"又源于意为"闲暇""休息"的希腊语"skhole"。

由此看来游戏一开始就与教育结下了不解之缘。"教育即生活""教育即生

长”“教育即经验的改造”是杜威教育理论中的三个核心命题。并且，他以此为依据，对知与行的关系进行了论述，提出了举世闻名的“做中学(learning-by-doing)”原则。杜威认为“做中学”充分体现了学与做的结合，也就是知与行的结合。

“您可以选择十年的时间去摸索，也可以选择两天的时间来体验！”这是很多网站对案例沙盘游戏巨大作用的精辟总结。案例沙盘游戏最大的特点就是“在参与中学习”，强调“练中学，学后用，先行后知”，以学生为中心，以提升实战管理水平为目标。

### (二)变革力——经验感受

中国高等教育传统培养模式，有如下三种用餐方式，即“大锅饭”式的课堂培训，“免费午餐”式的企业实习，以及“自助餐”式的在线学习。三种教育模式各有利弊。

“大锅饭”式的课堂培训，一直是大学生们学习知识和技能的主流模式，该方式能够帮助大学生们系统学习、及时消化，面授式教学方式还能增加师生间的互动和交流。然而因为课堂培训要顾及每一位学生，所以讲授内容普遍性有余，针对性不强。

“免费午餐”式的企业实习，由企业高层管理人员、特定领域或职位上的资深员工以及专业培训机构的培训师来负责授课，虽然很多时候课程本身带有实战、实践的色彩，但大多都是停留在经验分享、情景重现、小组讨论等以讲授者为主导的教育模式上，而要保证课程质量因此对讲授者要求很高，如要求讲授者具有丰富的同业经验、管理经验甚至是操作经验。

“自助餐”式的在线学习，如各高校的BBS，就是大学生们利用网络更为灵活的时间与空间特性，根据自己的实际情况灵活安排自我学习内容的一种自主学习方式。但是，在线学习模式也会有两方面的缺憾：一方面，缺乏面对面的交流，学习中累积的疑问会影响到学习效果；另一方面，大学生也不全是为学习而上网。从表8-1中，我们可以看到，在校大学生们利用网络，首先是为了加强“与朋友同学联系”；其次是为了“下载电影歌曲”和“看时事新闻”；再次是为了“寻找与专业相关资料”。至于我们所担心的“玩网络游戏”和“看电子小说”排到了最后，表明当代大学生非常明确自己在校的主要任务。

**表8-1 当代大学生网上活动情况表**

| 活动名称 | 经常(%) | 时常(%) | 偶尔(%) | 得分 | 排序 |
|---|---|---|---|---|---|
| 与朋友同学联系 | 44.8 | 25.0 | 15.7 | 2.001 | 1 |
| 寻找与专业相关资料 | 14.9 | 14.3 | 8.8 | 0.821 | 4 |

续表

| 活动名称 | 经常(%) | 时常(%) | 偶尔(%) | 得分 | 排序 |
|---|---|---|---|---|---|
| 看时事新闻 | 14.9 | 17.9 | 21.4 | 1.019 | 3 |
| 网上购物 | 4.6 | 6.0 | 12.6 | 0.384 | 6 |
| 下载电影歌曲等 | 12.1 | 24.4 | 17.0 | 1.021 | 2 |
| 关注生活娱乐等信息 | 4.6 | 8.3 | 13.8 | 0.442 | 5 |
| 看电子小说 | 1.1 | 0.6 | 3.1 | 0.076 | 8 |
| 玩网络游戏 | 2.9 | 3.6 | 7.5 | 0.234 | 7 |

资料来源：笔者在2009年2月17日，对中国67所高校的在校大学生的网上问卷调查结果。

近年来，承担人力资源管理课程教学的老师，尽管普遍采用案例教学法，虽然从一定程度上能够调动学生的主观能动性，提高学生分析问题、解决问题的能力，但终究是纸上谈兵，学生无法真正深入其中，获得切身的真实感受。这是因为，经验是无法复制的。他人的经验虽然可以给人以启迪，但不能代替管理实践。因此，我们人力资源管理专业毕业的学生走到工作岗位上，不会做人力资源管理业务也就不足为怪了。但是，如果给他们一个实战模拟的机会，那么结果就会改变。

可以设想一下：人力资源管理专业学生站在沙盘前，一起从组织结构框架的构建开始，然后是进行岗位分工、职位定义、沟通协作、工作流程到岗位评价、绩效考评、薪酬体系建立，直到培训开发与个人职涯的规划、劳动关系、职业安全与健康，沙盘游戏将让每个参与的学生团队，从初期组建、短暂磨合，逐渐形成团队默契，到完全进入协作状态。在这个过程中，原本各自为战导致的效率低下、无效沟通引起的争论不休、职责不清导致的秩序混乱等情况，都可以让学生深刻地理解局部最优不等于总体最优的道理，学会换位思考。明确只有组织的全体成员有着共同愿景、朝着共同的绩效目标、遵守相应的工作规范、在彼此信任和支持的氛围下，组织目标与个人目标才能最终实现双赢。

## 二、国赛备战与对抗实践的师生感悟

### (一)人力资源沙盘教学实践

笔者积极将人力沙盘教学运用到人力资源管理专业教学课堂中，笔者要求同学们从上课伊始，开始选择自己队友，创办一家企业，这两个班有100多位同学，共组建30家企业。

就时年刚大二的人力专业学生而言，首先需要理解并掌握人力资源管理沙盘评分规则：让考虑了短期人力资源计划与中长期人力资源战略规划结合的企业获得好成绩；让擅于组织内部协调配合与沟通的企业获利；让能灵活运用规则以应对企业内外部环境变化的企业获利；让能通过企业间竞合的企业获利，即不仅需要考察企业应对环境变化的战略调整，而且要企业根据这些其他企业的战略调整而适时地做出自己的战略调整，通过合作实现双赢；让知法懂法的企业获利。

备战国赛的团队成员，刚开始对我们其他同学组成的团队对抗练习中，高居榜首。但在备赛团队学生分享了他们的经验后，未能参与人力资源大赛的同学们，不仅燃起了人力资源管理理论知识深入探讨的兴趣，而且在计入期末总评成绩的决赛中，取得不错的战绩。

（二）参赛队员的感悟

杨队员感悟：近三个月的积极备赛和为期两天的全国决赛让初出茅庐的我切身体会了苦尽甘来之味，"经贸部落"，一个由两位大四师姐、一位大三师姐、三位大二师弟的我们组成的团队，恰巧侧面证明了著名的贝尔宾团队角色理论，全体成员各司其职，互相促进，团队协作能力达到了一个新的高度。在备赛期间的各种"刀尖跳舞""生死存亡"的关键时刻的人力决策，令我们越来越意识到感性往往不能替代理性，最终想要获胜，还需要人力资源管理理论的指导，特别是年初的人力资源战略规划制定，这在平时课堂中觉得枯燥的内容，现在有了切实的体验。

孟队长感悟：在备赛期间，为了能和更多的对手进行切磋交流，汲取经验，我们积极组织并参加与其他拥有人力资源管理专业的高校间的网络比赛，以便更好地观察人力市场运营环境与人力资源战略。可是让人崩溃的是，我们参加了多少轮的网赛我们的压力就会加重一分、自信心就会减少一分：在网赛中我们从未胜利过，一直在破产，不断在破产……但是我们也有进步之处：一开始我们经常在前三年破产但是后面我们基本上是在第六年破产……但就算如此，我们也从未有过放弃之心，一直在苦苦坚持着。也正是这份坚持让我们在这段漫长而又煎熬的时光中，总结并设计出了适合我们自己，且十分有效的人力运营策略。

韦技术感悟：在备赛期间，除参加日常团队训练外，在周末其他队员休息的时候，我还会额外参加比赛。慢慢地，我将人力市场策略数理模型从1.0版本升级为5.0版本，我们团队网赛成绩也从倒数到中等，从中等到上等，总体成绩在向上的良性发展中。事实上，也证明了"一分耕耘，一分收获"，我们奔跑到最后，拿到了参赛以来的最高奖。

何队员感悟：国赛中，我们一直紧张地进行着比赛，丝毫不敢有任何的放松。从19号早上九点半到20号凌晨三点半，终于完成比赛。心里悬起的石头总算是落下了，保守估计，我们稳拿第一。正如边文霞老师要求我们，无论比赛现场出现何种状况，我们都不能放弃，只有积极应对并快速调整人力战略，才能赛出首都经济贸易大学的专业风范,证明“人力精英,唯我经贸”的比赛口号。

正在我们高兴之余,有一位其他高校同学向我们走来,问我们取胜的法宝。大家很认真也很真诚地跟他说我们的策略。韦技术说:“我们设计了一套人力资源运营计算模型,大大减轻了我们的计算负担。在之前训练时的运用,证明我们的模型是比较准确的。”那位同学也说:“我们甚至做了 30 多个计算模型,但在比赛中,发现模型计算结果与团队成员手工计算结果间不统一,关键是团队成员间的各自计算结果也不统一,这使得人力决策的选择变得很困难。”

刘队员与马队员感悟:“经贸部落”队通过无数次与其他高校网赛所积累出的模拟市场环境与人力运营环境的数据,创造并不断修订人力市场模拟运算模型,将人力理论与人力实践有机结合,特别是在做人力决策时,在参考模型运算结果的同时,也发挥团队集体决策的优势,经过 19 个小时的激烈角逐,最终脱颖而出。而参加全国总决赛的 92 所高校的参赛队,从之前网上的约赛,到面对面的现场比赛,再到赛后交流,使得我们个人的人力运营经验增长的同时,增强对人力资源管理理论学习兴趣与学习积极性,从而升华了人力理论的理解深度。

## 第一节 人力资源管理流程设计与评分规则

在游戏活动开始前,首先要明确知道人力资源管理流程,具体需要了解的流程如下。

第一,人力资源战略规划流程。

第二,岗位分析流程。

第三,招聘管理流程

第四,培训管理流程。

第五,职业生涯开发流程。

第六,岗位评价流程。

第七,绩效管理流程。

第八,薪酬管理流程。

第九,劳动关系流程。

本书主要针对培训管理和职业生涯开发,各个团队交换所设计流程,在指出其他团队所设计流程问题的同时,需要讲解原因,最后提出修改流程建议。

### 一、流程设计操作练习评价指标

(1)流程的完整性。

(2)流程分工的合理性。

(3)运用流程制作工具的正确性。

(4)流程流向的准确性。

## 二、流程再造操作练习评价指标

(1)对原流程评价的准确性。

(2)新流程的准确性。

(3)新流程比旧流程再造的合理性。

## 三、评价指标考核表

表8-2是人力资源管理流程设计与修改评价考核表。

**表8-2　人力资源管理流程设计与修改评价考核表**

| 评分标准 | | 优<br>(4分) | 良<br>(3分) | 中<br>(2分) | 差<br>(1分) |
|---|---|---|---|---|---|
| 流程设计操作练习评价指标 | 流程的完整性 | | | | |
| | 流程分工的合理性 | | | | |
| | 运用流程制作工具的正确性 | | | | |
| | 流程流向的准确性 | | | | |
| 流程再造操作练习评价指标 | 对原流程评价的准确性 | | | | |
| | 新流程的准确性 | | | | |
| | 新流程比旧流程再造的合理性 | | | | |

# 第二节　培训管理沙盘游戏设计与评分规则①

初始资金500万在人力资源总监手中，培训经理根据公司下一年度发展需要，向其申请培训费用总预算。

## 一、人力资源状态

(1)公司设立了六个部门，分别为总经理、人事部、财务部、研发部、销售部、生产部，还设立了三种岗位，分别为经理、主管、专员(见表8-3)。

① 精创教育科技有限公司开发的“培训与开发专业技能实训系统”。

表 8-3 管理幅度

| 部门 | 管理层级 | 管理人数 |
|---|---|---|
| 人事部 | 经理 1 人 | 主管 1~3 人 |
| | 主管 1 人 | 专员 2~4 人 |
| 财务部 | 经理 1 人 | 主管 1~3 人 |
| | 主管 1 人 | 专员 2~4 人 |
| 研发部 | 经理 1 人 | 主管 1~3 人 |
| | 主管 1 人 | 专员 2~4 人 |
| 销售部 | 经理 1 人 | 主管 2~4 人 |
| | 主管 1 人 | 专员 4~6 人 |
| 生产部 | 经理 1 人 | 主管 3~6 人 |
| | 主管 1 人 | 专员 4~6 人 |

(2)现有人员配置，每个部门岗位的人员都有初始的基础薪资与效益，如表 8-4 所示。

表 8-4 员工薪资与效益表 单位：元

| | 等级 | 市场薪酬表 | | | | | | 效益等级 | |
|---|---|---|---|---|---|---|---|---|---|
| | | 总经理 | 人事 | 财务 | 销售 | 生产 | 研发 | 效益最低 | 效益最高 |
| 经理 | 1 | 34 000 | | | | | | 44 200 | |
| | 2 | | 8 000 | 8 200 | 8 400 | 7 700 | 9 100 | 9 936 | 10 764 |
| | 3 | | 7 400 | 7 600 | 7 800 | 7 100 | 8 500 | 9 216 | 9 984 |
| 主管 | 4 | | 6 200 | 6 400 | 6 500 | 6 000 | 7 000 | 7 704 | 8 346 |
| | 5 | | 5 800 | 6 000 | 6 100 | 5 600 | 6 600 | 7 224 | 7 826 |
| | 6 | | 5 400 | 5 600 | 5 700 | 5 200 | 6 200 | 6 744 | 7 306 |
| 专员 | 7 | | 4 500 | 4 600 | 4 700 | 4 400 | 5 100 | 5 592 | 6 058 |
| | 8 | | 4 300 | 4 400 | 4 500 | 4 200 | 4 900 | 5 352 | 5 798 |
| | 9 | | 4 100 | 4 200 | 4 300 | 4 000 | 4 700 | 5 112 | 5 538 |
| | 10 | | 3 900 | 4 000 | 4 100 | 3 800 | 4 500 | 4 872 | 5 278 |

## 二、新员工入职培训

根据公司情况管理者自行控制，按照人员比例选择人员流入。人员流入最大数量为公司现有人数的30%且人员流入是固定的。根据公司要求，当期有人员流入就必须进行新员工入职培训。

## 三、培训需求调查与分析

首先，选择合适的培训需求调查方法。例如①问卷调查法；②现场观察法；③工作任务分析法；④重点团队面谈法。

其次，根据每个员工对每项培训的期望值不同，可以对每个员工所需要的培训项目，按1,2,3,4,5,6,7,8,9优先等级进行排序(1=极端需要,3=强烈需要,5=明显需要,7=稍微需要,9=需要)。利用所收集到各级各类员工培训需求信息，撰写相应的培训需求分析报告。需求分析的结果内容包括员工编号、培训项目、期望值。

## 四、培训计划的制定

### (一)培训项目选择

每一项培训的进行都需要花费相应的费用，不同的培训项目的培训费用明细见表8-5。

**表8-5 培训项目费用表** 单位:元

| 培训项目 | | 基础费用 | 个人费用 |
|---|---|---|---|
| 新员工培训 | | 500 | 40 |
| 技能培训 | 在岗 | 1 000 | 100 |
| | 脱产 | 3 000 | 400 |
| 管理人员培训 | | 5 000 | 200 |
| 企业文化培训 | | 500 | 50 |
| 安全教育培训 | | 600 | 60 |
| 拓展训练 | | 6 000 | 300 |
| 商务礼仪培训 | | 1 500 | 100 |
| 转岗培训 | 在岗 | 1 500 | 300 |
| | 脱产 | 2 500 | 500 |

每个员工每期最多可安排2种在岗培训，或者是一种脱岗培训，在岗和脱岗培训不能同时进行，且此时不能晋升或转岗。参加转岗培训后员工等级与原岗位等级相同，效益不变，薪资调整为转岗后岗位的薪酬。

### (二)培训环境选择

公司进行培训时,需要选择培训环境。培训环境包括师资水平、培训场地、教材资料等。培训环境从高到低分6个等级,不同级别的培训环境产生不同的费用,不同的培训环境会对培训效果产生影响,具体如表8-6所示。

**表8-6 培训环境使用费用及对人才素质提升影响百分比** 单位:元

| 环境等级 | 一 | 二 | 三 | 四 | 五 | 六 |
|---|---|---|---|---|---|---|
| 聘请费用 | 30 000 | 25 000 | 20 000 | 15 000 | 10 000 | 5 000 |
| 环境影响率 | 40% | 30% | 20% | 10% | 5% | 0% |

式8-1是培训计划费用公式。

培训计划费用=基础费用+个人费用×人数+聘请费用 (8-1)

## 五、培训实施

根据制定的培训计划对公司员工实施培训。每个人进行不同培训项目会增加个人的效益值,当月培训,效益于下一期开始增加,当期不变,在岗培训的员工本期产生原有效益,脱产培训的员工本期不产生效益。每种培训在个人期望达到基准期望值的状态下产生的基础效益增加量如表8-7所示。

**表8-7 培训提升素质能力增加值及对此培训项目的培训效果期待基准值**

| 项目 | 基础效益增加 | 期望基准值 |
|---|---|---|
| 技能培训(在岗) | 500 | 80 |
| 技能培训(脱岗) | 700 | 70 |
| 管理人员培训 | 300 | 60 |
| 企业文化培训 | 100 | 80 |
| 安全教育培训 | 150 | 60 |
| 拓展训练 | 660 | 50 |
| 商务礼仪培训 | 300 | 60 |
| 转岗培训(在岗) | 0 | 60 |
| 转岗培训(脱岗) | 0 | 50 |

由于培训最终产生的效益增量不仅与个人的培训期望相关,而且与培训师资、场地、教材等环境因素相关,因此培训最终得到的效益增量计算公式参见式8-2。

实际效益增量=(期望值/期望基准值)×基础效益增量×(1+环境影响率) (8-2)

其中,"期望值/期望基准值"是培训评估中的反应评估值。

## 六、晋升或转岗培训

根据公司实际情况对员工进行晋升或者转岗。员工效益增加后,根据效益等级表(参见表 8-4),可选择晋升到相应的等级,薪资待遇也随之上升,如果薪资等级不想提升可以放弃,但是会增加流失风险。如果此员工可转岗可晋升,当年只能进行一项,且此时无法对员工进行培训操作。

## 七、人员流失

公司每年会有人员流失,市场的自然流失率为 30%(公司总人数为基础),公司每年安排的培训会降低公司的流失率,效益与工资比值大的优先流失。不同的培训项目对应的流失率加权如表 8-8 所示。

**表 8-8　不同培训项目的人员流失加权值表**

| 项目 | 流失率加权 | 项目 | 流失率加权 |
|---|---|---|---|
| 技能培训(在岗) | 0.7 | 拓展训练 | 0.7 |
| 技能培训(脱岗) | 0.8 | 商务礼仪培训 | 0.3 |
| 管理人员培训 | 0.6 | 转岗培训(在岗) | 0.2 |
| 企业文化培训 | 0.4 | 转岗培训(脱岗) | 0.3 |
| 安全教育培训 | 0.2 | | |

$$\text{员工流失数}=\text{公司总人数}\times[\text{自然流失率}-\text{流失率加权值}\times(\text{培训费用}/1\,000)] \quad (8\text{-}3)$$

## 八、培训管理评分规则

$$\text{总收入}=\text{总效益} \quad (8\text{-}4)$$

$$\text{总支出}=\text{需求调查费用}+\text{培训项目实施费用}+\text{培训评估费用}+\text{晋升费用}+\text{薪酬}+\text{损失费用}+\text{年末管理费} \quad (8\text{-}5)$$

$$\text{净利润}=\text{总收入}-\text{总支出} \quad (8\text{-}6)$$

$$\text{预算准确率}=1-(\text{培训费用预算}-\text{实际培训费用})/\text{培训费用预算} \quad (8\text{-}7)$$

$$\text{总评分}=\text{公司人数}\times(\text{净利润}/\text{培训费用}+\text{预算准确率}) \quad (8\text{-}8)$$

表 8-9 为各游戏竞争团队成绩单。

**表 8-9　各游戏竞争团队成绩单**

| 团队名称 | A 团队 | B 团队 | C 团队 | D 团队 | E 团队 | F 团队 |
|---|---|---|---|---|---|---|
| 总评分 | | | | | | |

# 第三节　职业生涯开发 CASVE 游戏设计与评分规则

采用生涯决策 CASVE 模型(参见图 8-1)。

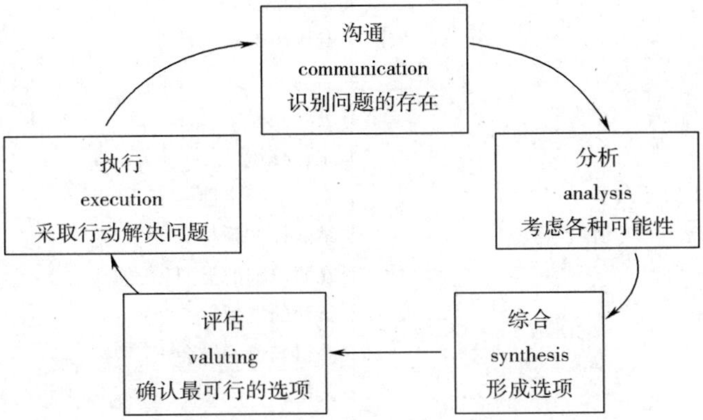


**图 8-1　生涯决策 CASVE 模型**

这里依据 CASVE 循环流程对于培训能力和职业生涯规划流程的基本要素进行了解，具体包括五个阶段：沟通、分析、综合、评估和执行，CASVE 是这五个词的英文单词首字母。它可以在整个职业生涯问题解决和决策制定过程中提供指导。

本游戏环节主要通过讲述实际案例故事让学生抽离各个因素，通过抽离因素了解各个环节及其组成。

## 一、游戏前的准备

(1)员工个人信息：个体需要、个人兴趣、自我觉察、自我控制和监督、个体决策风格、个体经验(个体内部因素)。

(2)支持者信息：培训师、同事、父母、其他重要朋友。

(3)岗位信息：职业特点、职业数量、独立性、变化性、晋升的机会、离家远近、工资或收入(职业相关内容)。

(4)案例故事准备：由受训人员用 STAR 方式讲述自己生活和职业生涯中最成功事件或最失败事件，从中筛选受训人员最为感兴趣的事例，进行下述活动。

(5)观念卡与机会卡准备：由影响员工职业生涯因素制作完成。

可采用头脑风暴方式，由员工与培训师共同完成表 8-10。

表 8-10 影响员工职业生涯因素

| 工作活动 | 雇主的性质 |
| --- | --- |
| 成绩<br>创造力<br>独立性<br>才智激励<br>助人的机会<br>领导的机会<br>社会声望<br>多样性<br>在你的专业领域中的工作<br>其他：__________(请填写) | 声誉<br>提供的产品和服务<br>多样的工作计划<br>晋升的机会<br>与同事的兼容性<br>与雇主的兼容性<br>公司规模<br>工作环境<br>工作的稳定性<br>绩效评估系统<br>在职培训的类型和数量<br>行业的类型<br>获得知道的机会<br>其他：__________(请填写) |
| **生活风格** | **工资和福利** |
| 社区规模<br>需要正规深入地学习<br>地理位置<br>对你配偶和孩子及家人的影响<br>(个人和社会需要)<br>在规定工作时间之外的社会期望<br>所要求的轮班工作<br>所要求的与工作有关的出差<br>离家近便<br>文化和娱乐机会<br>其他：__________(请填写) | 生活消费<br>教育资助<br>专业发展机会<br>工资和收入(目前的)<br>工资和收入(潜在的)<br>交通消费<br>协会成员<br>休假<br>保险项目<br>健康俱乐部<br>儿童看管<br>其他：__________(请填写) |

## 二、CASVE 循环

(1)沟通(communication)：你决定了要主动选择还是随遇而安？

在这个阶段，我们收到了关于职业理想与现实之间存在差距的信息。这些信息可能通过内部或外部交流途径传达给我们。

内容沟通包括情绪信号，例如不满、厌烦、焦虑和失望；还有身体信号，例如昏昏欲睡、头痛、胃部疾病等。

外部沟通包括父母对你的职业规划的询问，同事、朋友对你的职业评价，或者是杂志上关于你的专业正在逐渐过时的文章。

这是意识到自己需要做出选择的阶段。在这个阶段,我们通过各种感官和思考充分接触问题,发觉存在一个差距已不容忽视。

(2)分析(analysis):你了解你自己吗?

在这阶段,问题解决者需要花时间去思考、观察、研究,从而更充分了解差距,了解自己有效地做出反应的能力。

好的生涯决策者阻止用冲动行事来减小在沟通阶段所体验的压力或痛苦,因为他们知道,这是无效的,甚至可能令问题恶化。他们弄清楚,要解决这个问题我需要了解自己的哪些方面,了解环境的哪些方面,需要做些什么才能解决问题,为什么我有这样的感受,家庭会怎么看待我的选择等问题。

这是了解我自己和我的各种选择的阶段。在这一阶段,生涯问题解决者通常会改善自我知识,不断了解职业世界和家庭需要。简单说,在分析阶段,生涯决策者应尽可能了解造成在第一阶段发现的差距的原因。

分析阶段还需要把各种因素和相关知识联系起来,例如,把自我知识和职业选择联系起来;把家庭和个人生活的需要融入职业选择中。

(3)综合(synthesis):你看到所有选择了吗?

这阶段主要是综合和加工上一阶段提供的信息,从而制定消除差距的行动方案。其核心任务是,确定我可以做什么来解决问题。

这是一个扩大并缩小选择清单的过程:首先,尽可能多地找到消除差距的方法,发散地思考每一种办法,甚至采用"头脑风暴"进行创造思维。然后,缩小有效方法的数量,通常缩减到3至5个选项,因为这是我们头脑中最有效的记忆和工作容量就是这个数目。

(4)评估(valuting):你做出承诺了吗?

评估阶段将做出选择。

它的第一步是评估每一种选择对生涯决策者和他人的影响。例如,如果选择了专职炒股,这一选择将会给自己、父母,以及未来的家庭等带来什么影响?每一种选择都要从对自己和对他人的代价和益处两方面进行评价,并综合物质上和精神上的因素。

第二步就是对综合阶段得出的选项进行排序。能够最好消除差距的选项排在第一位。次好的排在第二位,以此类推。此时,职业规划决策者会选出一个最佳选项,并且做出承诺去实施这一选择。

(5)执行(execution):你全力以赴了吗?

这是实施选择的阶段,把思考转换为行动。很多人都觉得在执行阶段制定行动计划是令人兴奋的和有价值的,因为他们终于可以开始采取积极行动去解决问题了。

(6)沟通再循环:你的选择好吗? 如果变化是不是代价更大?

CASVE 循环是一个不断重复的过程,在执行阶段之后,生涯决策者又回到沟通阶段,以确定已经选取的选择是不是最好的,是否能最有效地消除理想与现实间的差距。

最后,CASVE 决策技术,无论是对解决个人职业规划问题,还是解决团体问题都非常有用。用系统的方法思考这五个步骤,能够提供一个有用的工具,使你成为一个更有效率的人。

## 三、机会卡与观念卡

由政府(即培训师)掌握此套卡片,卡片内容主要是劳动关系案件评判及个人非理性信念,当然回答正确给予奖励,回答错误给予惩罚。特别涉及个人职业生涯规划的 3 项机会卡,每通过一次测验,即可获得 100 元的货币奖励和 10%的个人价值增长率。

### (一)机会卡

案例中涉及的经济补偿金问题,年限设定为 3 年,其他形式都是员工工资的几倍,可在实际操作中,根据当时的工资合算即可。

机会一:由于招聘工作的疏忽,该期企业检查出一名 A 级员工的简历存在严重欺诈行为,他真实学历是本科,简历上却伪造成硕士学历,公司正是因为硕士学历才决定录用他,现在查清了事情真相,企业面临下面的选择。

第一,鉴于劳动者在工作期间未出现重大错误,目前没有给公司带来严重损失,故公司决定不追究其法律责任,但接下来的一期立即与其解除劳动合同。

第二,鉴于劳动者在工作期间未出现重大错误,目前没有给公司带来严重损失,故公司决定不追究其法律责任,经公司商议决定:鉴于劳动力市场 A 级人员紧缺,决定继续任用该 A 级员工,但企业需支出 5 万元的培训费用,培训时间为期一年(即接下来这一期该 A 级员工不能为企业工作,企业需另行找人或通过加班来完成其工作量,下一期该 A 级员工才可继续为企业工作)。

备注:两种处理办法均正确,都可供企业选择,但如果选择第二种方法则企业可获得 2 万元的奖金,鼓励企业对员工的栽培。

机会二:随着竞争压力的增大,企业中一名 A 级员工出现绩效降低的情况,不能胜任目前 A 级的工作任务,企业面临下面的选择。

第一,立即与员工解除劳动合同,并支付一个月的经济补偿金

第二,对该 A 级员工进行工作调整,将 A 级员工降成 B 级员工,企业不支付任

何费用。

第三，对该A及员工进行再培训，需支付5万元的培训费用，培训时间为期一年（即接下来这一期该A级员工不能为企业工作，企业需另行找人或通过加班来完成其工作量，下一期该A级员工才可继续为企业工作）。

备注：选择第二和第三种方法为正确处理方法，但如果选择第三种方法则企业可获得2万元的奖金，鼓励企业对员工的栽培；若错误地选择了第一种方法则企业除需按第二或第三种方法的规定正确处理该事件，还需将本期的离职率均抬高3%作为惩罚。

第一种方法错在立即解除，企业应提前30日通知才可解除。

机会三：随着竞争愈加激烈，工作压力增大，本期有一名A级员工提出要带薪休假1年，进行生理和心理的疗养，企业面临下面的选择。

第一，公司予以批准，并按照当期工资标准每月全额支付此A级员工工资，在其休假1年中，企业可以选择外包、加班来完成本其工作量，或将此岗位空缺；下一周期，此名A级员工继续为企业工作。

第二，企业与劳动者解除劳动合同，不支付任何经济补偿金。

备注：选择第一种方法为正确处理方法，若错误地选择了第二种方法则企业除需按第一种方法的规定正确处理该事件，还需将本期的离职率均抬高3%作为惩罚。

## （二）观念卡——11种非理性信念

观念卡主要体现在个人价值积累上，通过对每个参与职业生涯开发的受训员工各种表现给分，并最终折算成个人价值增长率上。当小组成员拿到这些卡片时，拿出写有这11个观念的大模板，请员工就其抽取的特定观念进行询问。

11种非理性信念及其矫正观念解释如下。

观念1：在自己的生活环境中，每个人都绝对需要得到其他重要人物的喜爱与赞扬。

认知矫正：要别人的称赞与喜爱，而且认为能够得到生活中重要人物的喜爱与称赞是一件好事。但他认为，如果把这当作是绝对需要的话，就是一个不合理信念，因为它不可能实现。

观念2：一个人必须能力十足，在各方面至少在某方面有才能、有成就，这样才是有价值的。

认知矫正：一个有理性的人，凡事会尽力而为，但不会过分计较成败得失，因为重要的是参与过程而不是结果。

观念3：有些人是坏的、卑劣的、邪恶的，他们应该受到严厉的谴责与惩罚。

认知矫正：每个人都会犯错误，责备与惩罚不但于事无补，而且会使事情更糟。

观念4:事不如意是糟糕可怕的灾难。

认知矫正:一个有理性的人应该正视不如意的事,寻求改善之法;即使无力改变,也要善于从困境中学习。

观念5:人的不快乐是外在因素引起的,人不能控制自己的痛苦与困惑。

认知矫正:外在事物并不能伤害我们,真正伤害我们的是我们自己对这些事物的信念与态度。

观念6:对可能(或不一定)发生的危险与可怕的事情,应该牢牢记在心头,随时顾虑到它会发生。

认知矫正:考虑危险事物发生的可能性,计划如何避免,或思虑不幸事件一旦发生如何补救,不失为明智之举。但过分忧虑,反而会扰乱一个人的正常生活,使生活变得沉重而缺乏生机活力。

观念7:对于困难与责任,逃避比面对要容易得多。

认知矫正:逃避困难与责任,固然可以得到暂时的解脱,但问题并没有解决,而且会因贻误时机而使问题变得越来越难以解决。

观念8:一个人应该依赖他人,而且依赖一个比自己更强的人。

认知矫正:由于社会的分工、个人经历的多寡、闻道的先后等原因,有时我们确实需要他人的帮助,此时,如为了证明自己的所谓价值而拒绝他人帮助,反而是不明智之举。但这并不是我们时时事事都依赖他人的理由。在生活中,任何人都是具有独特价值的个体,在大多数时候,他需要独立面对生活中的种种问题,所以,独立自主能力的发展对一个人的成长至关重要。

观念9:一个人过去的经历是影响他目前行为的决定因素,而且这种影响永远不可改变。

认知矫正:无可否认,过去的经历对人有一定的影响,有的影响还比较大,但这并不是说它们就此决定了一个人的现在与未来。因为人是可以改变的,只要我们客观地分析过去对现在可能存在的限制,善用自己的能力和机会,就可突破这种限制,使自己的现在与未来充满希望与生机。

观念10:一个人应该关心别人的困难与情绪困扰,并为此感到不安与难过。

认知矫正:关心别人是人的一种美德,但我们无须为别人的困难与不安感到难过,我们需要做的是帮助他们面对自己的困难与情绪困扰,并早日走出阴影。

观念11:碰到的每个问题都应该有一个正确而完美的解决办法,如果找不到这种完美的解决办法,那是莫大的不幸,真是糟糕透顶。

认知矫正:世界上有些事物根本就没有答案,凡事都要追求完美的解决是不可能的。完美主义只能使自己自寻烦恼。

因为个人价值积累的存在,防止搭便车现象的发生,每一位团队成员都要尽力做好自己的职责;特别是,当公司中扮演高层或中层管理者的受训人员有失职行为时,或表现不好时,其他低层次员工在顶替高层次职位时,会增加其个人价值积累,这也体现公司中"能者上,劣者下"的人才流动理念。

**章尾案例:网龙公司游戏化管理的本质及实现机制①**

网龙公司创办于 1999 年,2007 年在香港创业板上市。公司主营网络游戏,近年来逐渐进入在线教育领域。2013 年国内网游上市公司中排名第 8(艾瑞咨询集团,2014)。

网龙公司员工平均年龄只有 28 岁,(2015 年)大都是 80 后的员工,这些伴随游戏长大的员工,使用物质激励已经很难奏效,他们更需要有乐趣的工作和精神性的激励。为此,这家游戏起家的公司将游戏引入企业管理中。

## 一、游戏公司的"游戏化"

网龙的游戏化管理实验自 2004 年开始设计并试运行,2007 年在试运行基础上进行了整体机制设计和 IT 架构搭建,此后的几年里持续地进行任务运营系统的完善。就目前的体系看来,与传统管理方式对比,网龙游戏化管理实践主要涉及了六个方面,如图 8-2 所示。

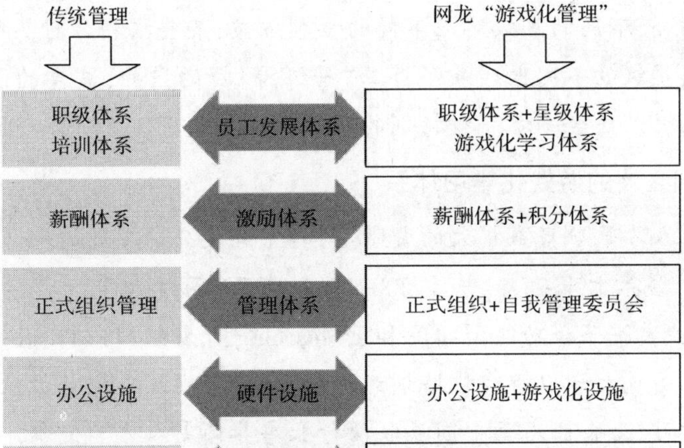


**图 8-2 网龙公司"游戏化管理"体系主要内容**

① 苑木辛,于中江. 游戏化管理成功之道:网龙公司游戏化管理实践分析[J]. 中国人力资源开发,2015(24):40-42.

### (一)职级之外的星级体系

一般企业都会有一套自己的职级体系，通常的职级体系是根据员工的所承担管理责任和所要求的管理能力而设计的。网龙在职级体系之外还有一套星级结构。网龙的星级结构包括两类：一类是基础星级，对应员工的职级、公司工龄和专利技术等相对稳定的项目，通常基础星级从进入公司开始计算，终生保留；另一类是浮动星级，奖励符合公司"追求卓越、学习、创新、客户至上、公平、激情、争取"等核心价值观的行为和成果。比如参加员工社团，担任公司各类活动志愿者，担任公司内部讲师等都会按照既定的标准获得对应的星级。当然，如果出现了违反公司核心价值观的行为也会被扣分，这些扣分也会扣减浮动星级。浮动星级一年有效，过期后自动清零；同时，公司在星级结构中还加入了勋章元素，比如忠诚勋章、贡献勋章、孔夫子勋章、文化勋章。忠诚勋章根据员工在公司服务年限按 5 年、10 年、15 年分别授予不同颜色的勋章。贡献勋章是根据员工在年度绩效所获级别和年度评优获奖次数分别授予铜、银、金等勋章。孔夫子勋章是奖励员工兼任内部讲师的不同级别分别给予不同档次的勋章。文化勋章则是根据员工每月星级的上浮程度授予铜质和银质勋章。

网龙的星级和勋章每月都会更新一次，并体现在员工的工牌上，通过星星数量的多寡体现了员工不同的星级。因此，即使一个新入职的员工都会通过对工牌上星级和勋章来判断对方在网龙的"江湖地位"。星级除了这种精神激励以外还与弹性福利相结合，不同的星级对应不同的福利方案，某些福利只对某些星级高的员工开放，所以，星级的不同也代表了员工"星级特权"的差异，这样的设计让员工在享有物质奖励之外还会平添一种特别的荣誉感和自豪感。

### (二)培训之外的游戏化学习体系

在行业性人才缺口日益扩大的背景下，为了满足公司发展的人才需求，网龙着重在内部人才培养上下功夫，并于 2007 年创建了"网龙大学"，大学设有商学院、游戏学院、体验学院三个功能型学院和 E-learning 开发组、培训运营组两个培训管理支持部门。网龙大学以游戏化培训为特色，以传播网龙文化与最佳实践，推动网龙的创新与学习，为企业乃至中国互联网行业培养顶尖人才为使命。

网龙大学基于游戏化培训的思路搭建了 M-learning 学习平台，这一学习平台设计了多样化的场景，包括前期的学习计划制定、培训组织，中期执行的实战训练、团队学习，以及后期的学习评估，全部培训流程都以场景的形式在平台上呈现。

在网龙大学，借助移动终端配合线上线下信息的交互，学员可以利用微信等社交工具通过在线课程、面授 O2O 培训、知识库等多种形式，根据自己的时间安排和学习需求进行灵活的学习安排。同时,网龙大学的培训内容也实现了场景化,将游戏化元素比如动漫、情景剧或者互动练习等融入课程学习中,使学习过程也更有趣。比如,网龙大学在学习评估阶段为员工加入了智力竞赛的模块。游戏一开始,先出现一个简单问题,问游戏者的学历水平是什么。如果是本科,系统记录下来,然后据此每天给游戏者出 10 道题。游戏者全部答对的话,就相当于“练级”练了两个小时。这样,玩家就可以在游戏中不断学习。“游戏化”的方式体现在网龙大学的许多课程设计过程中,比如网龙大学新员工的入职培训中,学员满意度最高的一门课竟然是本应枯燥乏味的公司规章制度培训,主要原因是这门课借鉴了娱乐节目流行的“PK”形式,让原本非常枯燥的规章制度培训课变得趣味盎然。

### (三)薪酬之外的积分体系

网龙的积分体系是最像“游戏”的机制设计,员工可以通过公司内部的悬赏系统和纠错系统获得积分,并通过竞拍系统将虚拟的积分兑换为自己喜欢的各类物质或者精神回报。

网龙的积分与回报机制和游戏玩家在网络游戏里“练级打怪”一样,都有非常明确的方向性和具体的规则,员工可以通过多种渠道赢得积分:公司内部的 ERP 嵌入了悬赏系统,公司或者其他员工将需要解决的各类问题形成“专案”,并根据问题类别和难度设计分等级的积分标准,只要员工有兴趣就可以参与解决,这非常类似于网络游戏中的“做任务”,任务一旦完成,系统就自动兑现积分奖励;员工还可以通过内部“BUG”系统获得积分,所谓“BUG”就是员工发现的公司内部的管理缺陷,BUG 可以分为建议类和意见类,只要员工认为所发现的问题符合“BUG”的标准,就可以通过公司内部管理系统提交,公司内审部会推动 BUG 的解决,并对提出 BUG 的员工授予相应的积分。

员工还可以因为具备公司鼓励的行为而获得积分。这些行为往往是符合公司价值观要求却无法完全穷举的一些具体的行为或结果,包括员工分享学习资料,自愿参与新产品测试,主动发现程序缺陷,积极参与公司组织各类活动并担任志愿者,每天坚持跑步锻炼,良好的出勤等,不一而足。这些行为只要符合公司价值取向,都会取得积分。

员工获得的积分一方面可以折算为员工的星级,另一方面也可以参与公司定期的竞拍。网龙每季度和重大节假日都会举行竞拍,公司会购买员工感兴趣的商品来竞拍,各种生活用品、数码产品甚至汽车都可以成为竞拍的对象。为了保证员工的参与热情,竞拍品的设计成了公司管理部门每天都在思考的大事,后来发现车位是很多人更感兴趣的奖品,于是公司的车位就成了积分竞拍系统主打奖励。同时,网龙还将员工积分和竞拍制成榜单在公司内网公布,这两个排行榜的每次变化都会成为公司内的热点话题。

### (四)正式组织之外的自我管理委员会

为了保障公司管理体系的开放性,除了必要的正式组织结构和职能部门以外,网龙设置了多样化的委员会。网龙对员工业余活动、企业文化建设和食堂餐饮等非经营事项都建立了相关员工委员会,由感兴趣的员工负责管理,包括组织采购招标等,通过自我管理的委员会为公司其他员工提供服务。以食堂为例,刚开始由员工自行组织招标采购,他们会通过问卷调查等方式了解员工需求和建议,并根据调研结果进行针对性地改善,这样几轮下来,食堂的服务不断优化,同时参与食堂经营的员工则会对企业内部管理有了更为深刻的理解和认识。

### (五)办公之外的游戏化设施

与绝大多数公司不同,网龙除了拥有自己的两幢办公楼外,还有占地1万平方米的员工会所和健身设施,前半部分是露天游泳池、露天水吧、攀岩,后面是面积接近4 000平方米的员工会所,会所里应有尽有:健身房、理发室、食堂、健身操室、跆拳道馆、武术馆、保龄球道、射箭馆、乒乓球室。除员工会所外,网龙还拥有自己的数码电影院,其中的音箱、投影机、捕捉设备、3D 扫描设备和 3D 引擎都是世界顶级的。凭借这些设备,员工不仅可以欣赏电影,还可以把真人和虚拟人结合在一起,拍摄自己的电影。

这些设施不仅保证了员工工作之余的放松,同时也创造了具有创意的、游戏化的氛围。

### (六)信息系统之外的游戏化管理系统

网龙的游戏化管理各项措施的有效运行,完全依赖精密的IT系统。电子办公会(EA)是网龙一个很特别的例会,每两周举行一次,主题是如何将游戏化管理思想更有效地通过IT系统实现落地。网龙对IT管理工具和管理信息化极为重视,每天都有很多奇思妙想要由程序部门的需求分析处来实现。

在强大的IT系统支持下,公司的纠错、悬赏系统、排行榜、星级体系等才能得以高效实现。这些系统通过电子化的方式,记录、处理、跟踪和统计所有来自企业内部的数据,并通过生动化的方式呈现出来。网龙游戏化管理的背后是一套强大的ERP,集成网龙一套智能的管理系统。相对完善的机制设计和IT系统工具的支撑让网龙的游戏化管理实现自动触发,简单有效。

## 二、从网龙经验探寻"游戏化"的成功之道

游戏化管理在网龙和其他一些企业的实践已经表现出了它在提高员工投入度

和改善组织氛围方面的强大威力，游戏化管理在中国虽然是“小荷才露尖尖角”，但也已经有相当多的企业尝试借鉴游戏化管理激发员工积极性，提高组织效率。

首先，游戏化管理的本质还是“管理”，如何通过管理的变革发挥游戏化的作用是其前提。正如网龙在游戏化过程中所坚持的理念：好玩不代表有效，但好的管理一定要卓有成效。好玩的游戏虽然能够激发参与者的热情，但是企业作为商业组织在引进游戏化机制的时候一定要避免流于炫酷的表面，为了游戏化而游戏化。点数、徽章和排行榜只是游戏化的外在形式，有效的游戏化管理要围绕企业管理本身，通过优化企业目标、工作内容、流程、管理规则，打破缺乏活力的组织文化，建立无边界组织，给予员工更广泛的权力，使得员工愿意参与企业的游戏化过程中来，愿意成为游戏化管理中的“玩家”。所以，只有彻底的管理改变才能真正发挥游戏化的本质作用。

其次，成功的游戏化管理需要分析员工的需求和组织的要求，并且选择两者之间的平衡点。一个引人入胜的游戏必然是满足了参与者无法在现实中实现的需求。游戏玩家的需求可以分成四种类型：成就者、探险家、社交家和杀手。而企业中的员工的需求可能比游戏玩家要复杂得多，他们的兴趣是多样的：和谐的人际关系，职务的不断晋升，多样化的工作内容，新奇的物质奖励，等等。员工主体特征不同，其需求也会呈现出不同的特点，企业在实施游戏化管理过程只有深入分析和掌握了员工需求，才能保证设计出有针对性的激励物、适宜的难度和合理的规则。

再次，游戏化管理的目的是实现企业的目标，而游戏化管理不可能实现企业所有的目标，企业引进游戏化管理系统可能是为了激发员工的工作热情，设计更有效的激励系统，培养员工的领导力，提高组织的创造力等等，不同的管理目标对员工有差异化的要求。因此，企业在实施游戏化管理过程中应明确其实现的目标是什么，要实现这个目标需要员工做什么。而企业的要求常常与员工需求之间并不完全匹配，需要企业寻找最大的公约项，并选择好两者之间的平衡点。

最后，游戏化管理的实施需要实时维护系统的乐趣，将游戏化管理作为日常管理工作的一部分。保持乐趣是游戏的生命，一个无趣的游戏化管理系统不是改善企业管理而是在损害企业价值。游戏化管理系统应该通过各种形象化手段以及及时更新的、丰富的游戏表现，满足员工挑战的乐趣、放松的乐趣、变化的乐趣、交互的乐趣，保持员工的参与热情，比如网龙就用每月工牌的更新和激励物的变化为员工带来了新鲜感。因此企业应通过对员工需求的及时跟踪，分析员工需求的变化，通过激励物升级、交互系统设置、游戏进程和规则的变化等满足员工乐趣焦点的改变。只有这样才能使游戏化管理真正成为企业管理的一部分，发挥游戏化管理的作用。

### 三、总结

管理游戏化能够有生命力，是因为它尊重人性的特点，通过管理工具实现良性引导和开发，正如网龙公司企业文化所倡导的："我们将探索快乐基因，创造精彩生活作为我们的使命，力求打造中国最大的无线用户平台，共创互联娱乐精彩生活，成为最具创新活力的公司。"同时也应看到，游戏化管理的本质还是管理，忽略了这一本质而沉迷于游戏化的炫酷外壳的话，对企业反而弊大于利。所以，要实施游戏化管理的企业管理者们还应从管理目标出发，从关心员工的需求入手，改善工作任务的内容和结构，优化企业氛围、组织系统和信息化设施，这才是游戏化管理的成功之道。